不可一世的
大清帝国

史海渔夫◎著

中国铁道出版社有限公司
CHINA RAILWAY PUBLISHING HOUSE CO., LTD.

图书在版编目（CIP）数据

不可一世的大清帝国 / 史海渔夫著 . — 北京：
中国铁道出版社，2017.3（2022.1重印）
（正说中国史）
ISBN 978-7-113-17711-9

Ⅰ . ①不… Ⅱ . ①史… Ⅲ . ①中国历史 - 清代 -
通俗读物 Ⅳ . ① K249.09

中国版本图书馆 CIP 数据核字（2016）第 241270 号

书　　名：正说中国史：不可一世的大清帝国

作　　者：史海渔夫　著

责任编辑：刘建玮　　　　　　电　　话：（010）51873038

装帧设计：天下装帧设计　　　电子信箱：liujw0827@163.com

责任印制：赵星辰

出版发行：中国铁道出版社有限公司（北京市西城区右安门西街8号 邮编100054）

印　　刷：永清县晔盛亚胶印有限公司

版　　次：2017年3月第1版 2022年1月第2次印刷

开　　本：710mm×1000mm　1/16　印张：14　字数：224 千

书　　号：ISBN 978-7-113-17711-9

定　　价：49.80元

清朝是中国历史上最后一个封建专制王朝，也是中国历史上第二个由少数民族建立并统一全中国的大一统政权。

清朝的前身是努尔哈赤于 1616 年建立的后金政权，1636 年皇太极正式改国号为大清。1644 年，趁李自成的农民起义军攻破明朝首都北京城之际，清军以势如破竹般的气势进入关内，并定都北京。其后，又风卷残云般一统全中国，历经十三朝十二帝，享国二百九十六年。

这是一个曾经不可一世的王朝。在近三百年的时间里，统一的多民族国家继续得到巩固，现代中国的版图基本奠定，疆域西跨葱岭，西北达巴尔喀什湖，北接西伯利亚，东北至黑龙江以北的外兴安岭和库页岛一带，东南到台湾及附属钓鱼岛、赤尾屿等，南至南沙群岛的曾母暗沙。最鼎盛时期，其领土面积达 1300 多万平方公里。历经康熙、雍正、乾隆三朝的"康乾盛世"，更达至中国封建社会的顶峰。

这一时期，也是中国历史上风云变幻的时代。改朝换代的血腥征战、壮怀激烈的开疆拓土、钩心斗角的宫廷算计、思想文化的野蛮钳制、此起彼伏的农民起义、西方列强的侵略蹂躏、志士仁人的不屈抗争、开明官僚的变法图存……一桩桩，一幕幕，共同构成了这个末世王朝的沧桑巨变。最后，随着 1911 年辛亥革命的爆发，清王朝的统治土崩瓦解，统治中国两千多年的封建帝制宣告结束。

中国历史由此进入了一个新纪元。

本书以历史事件发生的时间顺序为主要线索，全景再现了大清王朝近三百年间在政治、经济、军事、艺术、科技、社会生活等方方面面的历史大事、风云人物和兴亡嬗变。

本书通俗易懂，雅俗共赏。既没有正史的艰深枯燥，又不似野史般的信口开河，而是以生动幽默的文笔叙述严肃的历史故事，全面详细地剖析历史事件，解读历史人物，研读历史智慧，力图给读者还原一个直观而又贴近生活的清朝历史。

衷心感谢您对本书的关注，希望本书能带给您不一样的感受。

清朝(后金)简要大事年表

1583 年　爱新觉罗·努尔哈赤袭封为指挥使,开始统一女真各部的战争。

1616 年　努尔哈赤统一女真各部,称汗,国号曰大金,史称后金,年号天命,定都于赫图阿拉。

1618 年　努尔哈赤以"七大恨"为由发动叛乱。同年,爆发了萨尔浒之战,明军大败。

1621 年　后金迁都辽阳。

1625 年　后金迁都沈阳。

1635 年　皇太极废除女真族名,正式定族名为"满洲"。

1636 年　皇太极改国号"大金"为"大清"。

1640 年　明清松锦之战开始,至 1642 年结束。明将洪承畴降清。

1644 年　李自成攻陷北京,崇祯帝在景山吊死。明朝覆灭。同年,清军入关,定都北京。明宗室福王、鲁王、唐王、桂王先后建立南明政权(1644—1661 年)抗清。

1661 年　郑成功占据台湾反清。同年,永历帝(桂王)朱由榔被俘,南明政权告终。

1662 年　永历帝于昆明遇害。

1673 年　康熙帝下令削藩,三藩之乱爆发,至 1681 年被平定。

1683 年　清军攻台湾,郑氏投降,中国统一。

1685—1686 年　清军与俄军两度雅克萨之战,清军大捷。

1689 年　《尼布楚条约》签订,划定了中俄东部边界线。

1690—1723 年　康熙帝屡征准噶尔、青海,平定新疆叛乱。

1712年　清政府宣布此年（康熙五十年）以后，"盛世滋丁，永不加赋"。

1747年　乾隆帝开始征伐藏边回疆等地，自记"十全武功"。征伐直到1792年结束。

1760年　乾隆帝拟"平定准噶尔勒铭格登山碑"。

1776年　清朝人口达31150万。同年，乾隆帝开始宠信和珅，使清朝步入中衰。

1782年　《四库全书》编成，分经、史、子、集四部。

1793年　清政府制定和颁行《钦定藏内善后章程二十九条》。同年，英使马嘎尔尼来华，要求开放贸易被拒。

1796年　川陕白莲教起事，至1805年平定。

1813年　英使马嘎尔尼第二次来华亦无功。

1820年　清朝人口达38310万。

1839年　林则徐于虎门销毁鸦片。

1840年　中英第一次鸦片战争爆发（1840—1842年）。

1842年　中英签订《南京条约》，英占香港岛，开放五口通商。

1843年　中英签订《五口通商章程》《虎门条约》。同年，洪秀全创立拜上帝会。

1844年　中美《望厦条约》、中法《黄埔条约》订立。

1851年　清朝人口达43610万。同年，拜上帝会在广州金田村起事，建号太平天国。

1853年　太平军攻入南京，改名天京，定为国都；并颁《天朝田亩制度》。

1856年　第二次鸦片战争（1856—1860年）爆发。英法联军侵华。同年，天京事变爆发，太平天国内讧，渐趋败亡。

1858年　英法联军攻陷大沽，清廷与两国签订《天津条约》，又与俄签订《瑷珲条约》。

1859年　英法联军再次入侵中国。

1860 年，英法联军火烧圆明园；攻陷北京。中英、中法、中俄分别签订《北京条约》。

1861 年 8 月　咸丰帝在热河驾崩。11 月 1 日，辛酉政变，慈禧太后登上中国政治舞台。同年，洋务运动（1861—1894 年）开始，创办军事工业、实业，编练陆海军，设西式学堂。

1864 年　洪秀全病死，清军攻入南京，太平天国败亡。同年，中俄签订《勘分西北界约记》。

1883 年　中法战争（1883—1885 年）爆发。

1885 年　中法签订《越南条约》，法国占领越南。

1888 年　清廷建立北洋水师，加强军备，巩固海疆。

1894 年　中日甲午战争（1894—1895 年）爆发。同年，孙中山在檀香山创立兴中会。

1895 年　中日签订《马关条约》，割让台湾及辽东半岛。经俄、法、德三国干涉后，日本归还辽东半岛。同年，洋务运动宣告终结。

1896 年　《中俄密约》签订；此后列强纷纷在华租借港湾，划分势力范围。

1897 年　德国强租胶州湾；沙俄侵占旅顺及大连。

1898 年 6 月　光绪帝在康有为等推动下宣布"戊戌变法"，同年 9 月，慈禧发动政变，变法失败，又称"百日维新"。

1899 年　义和团兴起，在山东各地杀教士、教民。

1900 年 6 月 21 日　慈禧太后对列强宣战。8 月 16 日，八国联军攻陷北京。同年，兴中会惠州起义失败。

1901 年　清政府和西方列强十一国签订《辛丑条约》。清廷下令筹划新政。

1905 年　清政府罢科举，派五大臣出洋考察宪政。同年，孙中山创立中国同盟会，提出三民主义。

1906 年　清政府宣布"预备立宪"。

1907—1908 年　同盟会发动六次起事均失败。

1908 年　光绪帝、慈禧太后先后驾崩；宣统帝即位。

1911 年 4 月　黄花岗起事未成；5 月，清攻府宣布铁路国有，引起保路风潮；10 月，武昌起义，南方各省纷纷宣布独立，史称辛亥革命。

1912 年 1 月 1 日　中华民国成立。2 月 12 日，宣统帝溥仪宣布退位，清朝灭亡。

Contents

目录

第一章 崛起于白山黑水间

一代枭雄横空出世

距今四百多年前，有一个叫努尔哈赤的女真（后改名为满洲）人在东北大地呱呱落地。此后，中国的历史因他而改写……

明朝万历四十四年（1616 年）的一天，蒙古草原碧空如洗。喀尔喀蒙古（明清漠北蒙古族诸部的名称）首领莽古尔岱的宠妾、刚嫁人一年多的叶赫部大龄女青年（史称"叶赫老女"）东哥病逝，时年 34 岁。这本是历史长河中微不足道的一滴水，却因为一段征战、一个人，而映射出一片历史洪波。

这段征战，是女真族的统一战；这个人，叫爱新觉罗·努尔哈赤。虽说努尔哈赤与美女东哥之间没什么交集，但这两人却影响着历史，引领着女真族走向统一。

女真族是我国东北一个古老的民族，商周时代叫肃慎，唐代叫靺鞨，五代和宋辽时叫女真，曾建立统治北方半个中国的金朝。元朝末年以后，女真族散居在东北地区，分为多个部落。在吉林绥芬河流域，有一支比较大的女真部落，明朝在这里建立了三个卫所（军事、行政合一的军事单位），分别叫建州卫、建州左卫和建州右卫，实行统治。这片地区的女真族，叫作建州女真，另外还有野人女真、海西女真等较大的部落。

明朝政府对建州卫采取一种自治的统治形式，封当地女真部落的酋长为卫所的官员，管理地方事务，但是他们又受明朝政府的管辖。努尔哈赤的祖父觉昌安、父亲塔克世，以及他本人，都做过建州左卫的官员。

努尔哈赤于明朝嘉靖三十八年（1559 年）出生于赫图阿拉（今辽宁省新宾县境内），少年时就死了母亲，独立生活能力很强。他胆大心细，能骑马，会射箭，敢跟大人们到深山里挖人参，打猎，采山货，再到抚顺城里与汉族商人做交易，换回布匹、粮食等生活用品。他后来投在明朝辽东总兵李成梁的部下当兵，作战勇敢，常立战功。他还学会了汉语，读过《水浒传》《三国演义》等名著，从中学会了许多作战的谋略。他对明朝官员、商人和一般老百姓的想法和生活习惯，都比较熟悉。

当时女真各部落，相互间常有争斗，也不时跑到汉人地区抢掠财物和奴隶，对明朝边疆的安定，始终是个潜在的威胁。为了防止其中任何一个部落过分强大，明朝将领便利用他们的相互争斗，不断参加调停，以此来巩固明朝在这一地区的统治。

明朝万历十一年（1583 年），明军由建州左卫酋长、土伦城城主尼堪外兰引导，镇压古勒城城主阿台的反抗。阿台是努尔哈赤祖父觉昌安的孙女婿。当时，觉昌安与努尔哈赤的父亲塔克世都去阿台那里看望孙女，但在战斗中，他们都被杀死了。也不知他们到底死在谁的手里，但努尔哈赤将一腔仇恨和怒火都洒在明军和尼堪外兰身上。

为了平息努尔哈赤的愤怒，明朝政府让努尔哈赤从李成梁部队回到建州，接替他父亲塔克世，任建州左卫指挥。

努尔哈赤知道自己的力量很小，不能找明军算账，他只好去找尼堪外兰。他的父亲给他留下十三副铠甲，他挑选了一些勇士，用这些铠甲武装起来，率领他们攻打尼堪外兰的土伦城。经过激战，尼堪外兰被打败，丧失家园，到处逃亡，后来逃到鄂勒浑（今黑龙江齐齐哈尔附近），躲到明军营里。明军仍然希望通过和平的手段，平息努尔哈赤的怒火，避免战争，竟然将尼堪外兰杀了。这让努尔哈赤看到了明军的软弱，而报仇雪恨的想法则受到了鼓励。

其实，努尔哈赤雄心勃勃，他想要以报祖父和父亲的血海深仇为借口，统一女真部落，将来与强大的明朝对抗。

占领尼堪外兰的土伦城后，努尔哈赤又打败了建州女真内部其他有实力的部落，实力越来越强大。海西、野人等女真部落，还有附近的蒙古部落，害怕努尔哈赤的扩张威胁到自己的生存，就联合起来向努尔哈赤进攻。这个部落联军，号称九部，共有三万人，领头的是海西部的叶赫部落，声势赫赫。

美女东哥就是叶赫部落的公主，即前首领卜寨的女儿、现首领布扬古的妹妹，全名叫叶赫那拉·布喜娅玛拉。据说，东哥出生时，叶赫部的巫师曾危言耸听："此女可兴天下，可亡天下。"

东哥自幼就是一位名扬塞外的美女，有沉鱼落雁之容，闭月羞花之貌，据说任何语言都难以形容她美貌的万分之一。因此，她的一生注定只是一个政治武器，而且屡试不爽。她也确实是一位绝代美女，引得数位英雄竞折腰。围绕着她，战争接二连三地爆发，一个个英雄为她裹尸疆场。

明朝万历十九年（1591年），女真哈达部首领岱善得知东哥的芳名，便向东哥父亲卜寨求婚，这年东哥才9岁。心怀叵测的卜寨立即应允了这桩婚事，并要求岱善亲自前来迎亲。

聪明一世的岱善一时高兴，丝毫没有想到杀身之祸竟扑面而来。早已怀吞并之心的卜寨在迎亲的路上暗布伏兵，趁岱善仍沉浸在美梦之中，将其射杀。

岱善被杀，哈达部群雄激愤，向叶赫索要凶手。卜寨找个替罪羊杀掉将其头送到哈达部，而忙于争王位的岱善亲属则顺势大事化小。明朝廷也乐见女真各部相互仇杀，彼此削弱，因此虽知其中有诈，但对真正的元凶却不予深究，默认了事。

就这样，东哥年仅9岁就成了寡妇。从此这个女人的一生便与草原上的争斗紧密地联系在一起。

经此劫难，哈达部内讧纷起、势力渐衰。而巧施美人计的叶赫部在该地区的强势地位则越发稳固，成为海西女真四部（另三部为乌拉、哈达、辉发）的盟主。

不久，乌拉部开始崛起，乌拉部首领布占泰能征善战，附近部落纷纷归附，而努尔哈赤统治的建州女真也蒸蒸日上，日渐强大。如何令两强火并，自身从中渔利，叶赫部又心生毒计。

为诱使乌拉部参与讨伐建州女真的战争，卜寨将东哥许配给乌拉部首领布占泰。这样，布占泰以叶赫女婿的身份，统率乌拉兵参加九部联军并作为先头部队攻打建州。但在古埒山一战中，乌拉兵战败，布占泰成了努尔哈赤的俘虏，并被押在建州赫图阿拉（故址在今辽宁省新宾县）三年之久。

好在努尔哈赤并未杀布占泰，为了笼络他，还将侄女额实泰许给他为妻。被扣押期间，布占泰对东哥念念不忘，日夜思念。但他万万没想到的是，还没等他获释，东哥竟被哥哥布扬古转手许给了自己的敌人努尔哈赤。

不过，这个计划并没有实现。

原来，当九部联军的大部队进攻努尔哈赤时，努尔哈赤运用从《三国演义》等书里学到的智谋，在敌军进攻的路上，于险要的山谷里，埋伏了一支精兵，并在山崖上准备好滚木礌石，专等敌军进入，自己则安心地睡起大觉来。

当九部联军来到努尔哈赤伏兵的地方时，突然遭到一百多名剽悍骑兵袭击，连损两员大将，顿时惊慌失措，全军大乱。努尔哈赤的军队则勇猛地冲下来，打得联军大败，四散奔逃。

在这场战争中，东哥之父卜寨被努尔哈赤部将额亦都所杀。努尔哈赤恨卜寨阴险毒辣，挑拨离间，将卜寨一劈为二，仅将卜寨血肉模糊的上半身还给叶赫。看见父亲残缺不全的尸身，东哥悲痛欲绝。哥哥布扬古却为避免部落灭亡，向杀父仇人发出和解信号，表示愿将妹妹东哥许配给努尔哈赤为妃。

性情刚烈的东哥死活不嫁，不仅如此，发誓为父报仇的东哥还说出一句狠话："努尔哈赤是我的杀父仇人，谁能够杀了他，我就嫁给谁！"

任由布扬古百般规劝，东哥始终不动心。无奈，布扬古只好说服自己的姑姑代替东哥嫁给了努尔哈赤。

大败九部联军是建州女真由弱到强的一个转机，但海西四部联盟的存在对要实现统一大业的努尔哈赤来说仍是最大的障碍。要想扫除这个障碍，首先需要拆散四部联盟，然后一个一个地将它们吃掉。就在努尔哈赤四处寻找出兵时机时，东哥的毁婚不嫁为他提供了出兵的理由。

明神宗万历二十七年（1599年），海西女真哈达部发生内讧，叶赫部趁机将哈达部劫掠一空。哈达部向努尔哈赤求援，请求努尔哈赤出兵相助。此举正中努尔哈赤下怀，他当即派兵两千前往援助。

这个消息很快就传到了叶赫部。大敌当前，叶赫部首领布扬古惊恐之下，又将时年芳龄17的东哥推了出来，对哈达部首领说如果他们倒戈击杀努尔哈赤，就将东哥嫁给他。极具诱惑力的东哥果然不负众望，成功让得到婚约的哈达人倒戈。听闻消息的努尔哈赤大怒，以此为借口，发兵讨伐哈达部，随即灭之。就这样，刚荣升为东哥第四任未婚夫的哈达部首领赔了夫人又折兵，还搭上一条小命。

不久，海西女真的辉发部也发生内乱。其首领王机努死后，他的孙子拜音达礼杀死了他的七个叔叔后，成为辉达人的首领。但是部众很多都叛离了他，逃到叶赫部去了。拜音达礼不敢向叶赫部提出要回部众的要求，只好向努尔哈赤寻求帮助。叶赫部首领布扬古见此情景，故伎重演，仍以时年已25岁的东哥为诱饵，将第五任未婚夫的"爵位"赐予拜音达礼，后者立刻神魂颠倒，当即与努尔哈赤断交。努尔哈赤找到口实，挥师直捣辉发部，杀掉刚订了婚约的拜音达礼。辉发部至此灭亡。

海西四部至此仅存乌拉与叶赫两部，而且乌拉部首领布占泰与努尔哈赤又有联姻，叶赫人感到孤立无援、恐慌至极，使出最后的杀手锏——自然又是貌若天仙的东哥（此时已31岁），表示要东哥与布占泰重续前缘。痴情的布占泰受宠若惊，马上囚禁了当年努尔哈赤送给他的妻子，并以子女为人质，投向叶赫，唯恐叶赫人反悔。

色迷心窍的布占泰以为终于得到了东哥的旧船票，浑不知握住的是地狱的邀请函。

明万历四十三年（1615年）正月，努尔哈赤亲率大军征讨乌拉。布占泰统兵三万人出城迎战。两军相接，努尔哈赤拍马舞刀冲杀，乌拉兵抗不住建州大军潮水般地冲击，阵脚顷刻大乱。兵溃如山倒，乌拉兵弃盔卸甲，四散奔逃，布占泰只率百名亲兵逃回城里。这时城上建州大旗迎风飘扬，他大惊失色，正想拨马脱逃，被努尔哈赤次子代善率兵团团围住。布占泰无心恋战，杀开重围，夺路逃往叶赫部。乌拉部至此亦告灭亡。

布占泰投奔叶赫后，叶赫部首领布扬古以布占泰失国无用为理由，并没有把东哥嫁给他。布占泰最终在感情的煎熬中死去。

此时，命运多舛的东哥已经33岁，昔日的美女已变成了"剩女"。幸运的是，就在33岁这一年，她终于找到自己的"真命天子"——蒙古喀尔喀部首领莽古尔岱——当然也是政治婚姻，叶赫部为了联合蒙古部族制衡努尔哈赤而为。但不管如何，东哥总算结束了漫长的单身待嫁生活。然而不幸的是，正所谓"红颜薄命"，东哥次年就魂断漠北。

更加不幸的是，东哥的香消玉殒并未让战争也烟消云散。

明朝万历四十四年（1616年），也就是东哥去世的那一年，随着势力的迅速发展壮大，努尔哈赤于赫图阿拉称汗，建立大金，改元"天命"。1616年也成为天命元年。为与宋代的金朝相区别，史称"后金"。努尔哈赤自此成为东北女真人的最高首领。在此期间，他还正式建成了影响中国历史近三百年的八旗制度。

明万历四十七年（后金天命四年，1619年），努尔哈赤见随着东哥芳魂归天，蒙古部族与叶赫的联姻已名存实亡，便向海西联盟最后一个目标发起进攻。九月，努尔哈赤统帅四万八旗大军突袭叶赫部，最终将其灭亡。从此，努尔哈赤统一了女真各部。

在统一女真的过程中，努尔哈赤采取了一个很高明的策略：不与明王朝为敌。这是几乎所有雄才大略的人物共有的一个优秀品质——有自知之明，在力量不济的时候，隐藏雄心，免树强敌。而一旦羽翼丰满，就马上树起大旗。从十三副铠甲起兵到建立后金政权，努尔哈 赤用了整整三十五年，时间确实长了点，但也从中可以看出他不同凡响的韬晦功底。现在，根据地已确保无虞，鞭指明王朝的时候终于到了。

明亡清兴的分水岭——萨尔浒之战

萨尔浒战役是明清（后金）战争史上一个重要的转折点，是明清兴亡史上一次具有决定性意义的战争，也是一场以少胜多的典型战例……

建立政权后，努尔哈赤励精图治，举贤用能，很快便网罗了一批骁勇无比的猛将和足智多谋的人才。这些骁将谋士尽心竭力地辅佐努尔哈赤，使后金在与大明王朝的对抗过程中逐渐强大起来。努尔哈赤在积累了大量的财富和兵力后，决定向明朝发起大规模的进攻。

明万历四十六年（后金天命三年，1618 年）正月，努尔哈赤趁明朝朝廷党争激烈、防务松弛的时机，决意对明用兵。二月，努尔哈赤召集诸臣讨论用兵方略，决定先打辽东明军，后并叶赫部，最后夺取辽东。三月间，后金加紧秣马厉兵，扩充军队，修治装具，派遣间谍，收买明将，刺探明军虚实。在经过认真准备和精心筹划之后，努尔哈赤在四月十三日以"七大恨"作为伐明的檄文，分兵两路向明军发动进攻。努尔哈赤亲率右翼四旗（正黄、正红、镶红、镶蓝）攻打抚顺，明军守将李永芳举城投降；同时还命左翼四旗（镶黄、正白、镶白、正蓝）攻占东州、马根单（均在今辽宁省抚顺市境内）等地。明朝辽东巡抚李维翰急遣总兵张承荫率明兵一万去镇压，遭后金兵伏击，全军覆没。七月，努尔哈赤又率八旗兵进入鸦鹘关（古关隘名，在今辽宁省新宾满族自治县境内），围攻清河城，明将邹储贤固守抵抗，结果城破被杀，接着后金又占领一堵墙、碱场二城（均位于今辽宁省本溪满族自治县境内）。

努尔哈赤在军事上的节节胜利，不但使"全辽震动"，而且北京也"举朝震骇"，就连饱食终日、万事不理的神宗皇帝万历也深感"辽左覆军殒将，虏势益张，边事十分危急"。

明朝为了安定辽东，早日把后金势力镇压下去，决定发动一次大规模进攻后金的战争。

万历帝任命杨镐为辽东经略，以杜松、李如柏、刘綎等为副，调兵筹饷，经过九个多月的准备，到了明万历四十七年的四月，赴辽的明军都先后到达，再加上征调的两万三千名朝鲜兵，总共有二十七万余人，号称四十七万大军。杨镐与诸将议定，分四路进攻后金，总兵刘綎率军出宽甸向东；总兵马林率军出三岔口向北；杜松率军出抚顺关向西；李如柏率军出鸦鹘关向南，其中以西路杜松为主力，皆直指赫图阿拉。此外，王绍勋总管各路粮草，杨镐坐镇沈阳。

熟读《三国演义》的努尔哈赤掌握了明军的战略部署和行动计划，正确地分析了形势，认为明军是采用分兵合击、声东击西的战术。因此，努尔哈赤只派五千人抵御和阻滞南路的刘綎军，而把全部兵力集中起来，打击从西面而来的杜松的明军主力，所谓"凭尔几路来，我只一路去"。这一部署是正确的，因为从兵力上看明军有二十万多人，而后金只有六万人，处于劣势。但明军分成四路，兵力分散，再加上刘綎、马林和李如柏三路山高水险，行军困难，一时不易到达，只有杜松一路出抚顺，渡浑河，沿苏子河而上，道路平坦易行，两日就可到达赫图阿拉。于是他亲自统率八旗大军迅速开赴西线，阻击明军。两军在萨尔浒（今辽宁抚顺东大伙房水库附近）一带相遇，揭开了著名的萨尔浒战斗的序幕。

这次战役大致经过三个阶段。

第一阶段后金军围歼西路杜松军。西路军为明四路大军的主力，除杜松为主将外，还有总兵王宣和赵梦麟，统率官兵三万余人。杜松，字来清，陕西榆林人，官至山海关总兵，作战勇猛，威名远扬，被塞外民族称为"杜太师"。但杜松此人乃一勇夫而已，缺乏谋略，曾经因为小事情违反军纪而焚毁甲胄兵器泄愤，被撤职回乡。此次因为努尔哈赤兴起而被重新起用，杜松兴奋异常，准备抢头功，一举击溃努尔哈赤八旗大军。在这样一种急功近利并对努尔哈赤八旗军一无所知的心态下，杜松统率西路军，于二十九日出抚顺关，迅速前进，急贪首功。

杜松军点燃火炬，星夜兼程，一昼夜间行进一百余里，直抵浑河。参将龚念遂的辎重营速度慢，没有赶上杜松行进速度，远远地落在后面。杜松也不管这多么，他派人查看水深，得知"河水不及马腹"，便催促士兵渡河。

努尔哈赤早已经侦知杜松军是明军主力，最难对付，所以，提前在浑河设下埋伏，在浑河上游筑坝蓄水，等明军渡河时候，水淹明军，再分别进行围歼。

明军诸将怀疑努尔哈赤在对岸有埋伏，要求宿营，明日勘察完毕后再渡河。杜松不听，执意渡河，而且亲自上阵，赤裸全身，挥舞大刀，准备渡河。众将请杜松穿上盔甲，以备遇敌时作战。杜松笑道："穿铠甲上阵作战，那不是男子汉。我从军打仗，从来都是不穿盔甲的！"于是不顾劝阻，准备裸泳过去。埋伏的八旗军看到杜松军渡河，扒开大坝，浑河水暴涨，正在渡河的明军猝不及防，被淹死千余人。军队也被迫一分为二，尚未渡河的两万余人在萨尔浒山扎营。已经渡河的一万人随杜松继续前进，猛攻吉林崖。

吉林崖只有数百名八旗兵防守，地势险峻，设施坚固。在筑城民夫的帮助下，八旗军防守严密，杜松率队数攻不下。而此时的努尔哈赤决定先集中兵力，破萨尔浒明军大营。努尔哈赤对手下将领们说："先破萨尔浒山所驻之明军，此兵破，则吉林崖杜松之兵皆丧胆矣"。于是命次子代善、八子皇太极等率两旗兵增援吉林崖；自己亲率六旗兵四万余人，进攻萨尔浒一带杜松军主力。以两倍于明军萨尔浒大营的绝对优势兵力，猛扑明军萨尔浒大营。

明军挖壕固守，开大炮，放火铳，射弓箭。但八旗铁骑在大雾掩护下，纵横驰骋，发矢挥刀，所向披靡，锐不可当。后金军很快就越过堑壕，拔掉栅栏，攻入明军营垒。

萨尔浒大营中的杜松军主力全线崩溃。一半被当场杀死，一半溃逃，向西逃过萨尔浒河。但是，在八旗精锐骑兵追击下，最终，明军在西萨尔浒附近的得力阿哈一带被全部歼灭。

攻克明军萨尔浒大营之后，努尔哈赤立即命令攻打萨尔浒的六旗兵增援吉林崖，会合吉林崖的两旗兵，围困杜松军团，意欲围歼杜松军。杜松和王宣、赵梦麟率领官兵奋勇作战，试图突破重围。但是，八旗铁骑数量多，精于骑射，杜松等奋战数十余阵，不能冲出。于是试图抢占山头，居高临下，收集溃兵，等待援军。但山头上的八旗军奋勇作战，杜松不能成功，而且树林中伏兵四起，八旗军以数倍于杜松的兵力，在河畔与莽林、山麓与谷地将杜松军团团围住，四面攻杀。此时大风飞扬，对面不见人，明军在对垒鏖战时，点燃火炬，从明击暗，铳炮打入丛林，很难击中丛林中的八旗军；而八旗军从暗击明，箭矢如雨，明军成片倒下，死伤惨重。

杜松左右冲杀，手持大刀砍杀敌军，但被八旗军密如骤雨的弓箭击中，落马而死。总兵王宣、赵梦麟也战死。就这样，杜松军全军覆没，尸横遍野，血流成渠，军器和明军尸体冲入浑河，和初春刚刚解冻的浮冰一起顺流而下。

第二阶段，是发生在尚间崖、斐芬山一带的作战。歼灭明军西路军后，努尔哈赤转兵北上，集中力量对付北路军。北路马林军于三月一日夜抵达尚间崖，在听到杜松全军覆没的消息后，军心动摇，士兵丧胆。马林不敢前进，调整部署，转攻为守，将部队分驻三处：一部由杜松余部龚念遂辎重营组成，在斡珲鄂谟（今吉林市东团山一带）凿壕列炮防守；一部在东南，扎营尚间崖西三里处斐芬山，由开原兵备使、监督潘宗颜统领；马林自己率主力驻尚间崖，环营挖掘三层壕沟，壕沟后面排列大炮火器，再以骑兵做预备队继后，就地防御，试图决一死战。三个营构成一个"品"字阵型，形成牛头阵，试图互相支援，互为犄角。

实事求是地说，马林得到杜松军被歼灭的消息之后采取的战术是正确的，不再进攻，就地防御，是一个正确的作战手段。但是，对手努尔哈赤的八旗铁骑大军太强悍了，马林分兵防御，布置铁桶阵，也无法阻挡努尔哈赤八旗铁骑四面扑攻。此役，努尔哈赤八旗军将四面扑攻的野战围歼战术发挥到极致，说明明军与强悍、精于骑射的八旗军在战斗力上根本就不是一个级别。

努尔哈赤对马林的铁桶阵，还是采取擅长的四面扑攻、各个击破的方式。三月初二，努尔哈赤下达了对龚念遂营的总攻命令，他首先命八子皇太极率铁骑大军奋勇冲击。皇太极八旗铁骑率先破阵，然后，努尔哈赤亲自率领一千精骑，从龚念遂营薄弱的侧后发起冲击，也迅速破阵。后续八旗军从缺口万马奔腾而入，在明军阵营中纵横驰骋，明军全线崩溃，参将龚念遂战死，明军再次全军覆没。

歼灭龚念遂营后，三日晨，努尔哈赤集合兵力向挖有三道壕沟、由众多火器大炮护卫的马林据守的尚间崖扑来。努尔哈赤首先命令八旗军占领附近山头，但当他突然发现明军部分兵力冲出壕沟后，下令不必占领山头，立刻接战。代善首先率兵冲入明军阵中，随后，侄子阿敏（努尔哈赤弟舒尔哈齐的次子）、五子莽古尔泰各自率领本部人马冲入明军阵中，冲出壕沟的明军瞬间即大半被杀。八旗军也不再整理队形，直接向三道壕沟内的明军大营扑去，明军发炮，然而装药即泄，无法阻挡迅猛的八旗铁骑大军；八旗大军则将马林军团团围住，发矢挥刀，铁骑驰突，大败明军。明军副将麻岩等阵亡，马林仅率少数残兵败将一直逃到张家楼子（今吉林宽甸满族自治县境内），才止住奔逃的脚步。

努尔哈赤又率军进攻潘宗颜营据守的斐芬山。潘宗颜占据山上有利地形，居高临下，布置好火炮火枪，准备依山死守。努尔哈赤将攻山的八旗军分成两队，一队攻山，一队骑马待战。其中，攻山的八旗铁骑下马进行步战，也分成两队，一队是重甲兵敢死队，身穿重甲，可以抵御明军火枪射击，冲锋在前；另一队是原来的铁骑部队，下马步战后，变成了轻甲步兵，持弓箭在后，以强大的弓箭射击压制明军火力，跟着重甲敢死队前进。

无所畏惧的潘宗颜招呼士兵奋勇射击，并拼杀在前。在他的带动下，明军居高临下，施放火器，但八旗军重甲步兵敢死队身披重甲，明军枪炮不能射入，伤亡很小。明军完全领略到了八旗军强悍的战斗力。

在努尔哈赤督战下，八旗重甲敢死队奋不顾身冲上山顶，和明军短

兵相接，发生激烈战斗，八旗轻甲骑兵下马组成的轻甲步兵，也随后跟进，顺势登顶，加入围歼明军的战斗。训练不精的明军根本无法与之战斗，全线崩溃，潘宗颜背部中箭战死，窦永澄、江万春二将也都战死阵中。八旗军在斐芬山横扫北路马林军的最后一个营地，明军守山部队全军覆没。北路军至此全军覆没。

第三阶段，是努尔哈赤在阿布达里冈、富察（均位于今辽宁省新宾县境内）一带歼灭刘綎的作战。刘綎，江西南昌人，嘉靖年间猛将刘显之子，万历年间武状元，精于骑射，尤其擅使大刀，所用镔铁大刀重一百二十斤，与三国时的关羽关云长有一比，人称"刘大刀"，有晚明第一猛将的美誉。

刘綎久镇四川，在四川有一支训练有素的亲兵劲旅，明朝为了平定努尔哈赤，调刘綎赴辽东作战。刘綎仅率少数亲兵前往，在四川的主力部队则来不及到达。刘綎为此请求稍晚时候进攻努尔哈赤，以待其主力部队到达。但朝廷不允，刘綎被迫仓促带领临时征调的乌合之众，并汇合一万余朝鲜兵，于二月二十五日出宽甸，进攻努尔哈赤。但是通往赫图阿拉的道路上崇山峻岭，山路崎岖，树木参天，丛林密布，而且八旗军还布下了很多路障，道路难行。时逢雨雪纷飞，寒风刺骨，刘綎军军装湿透，在艰难中行进，疲惫不堪，直到三月二日才到达浑河。

这里是八旗军重点阻击地区。当刘綎军到达时，八旗军五百精骑突然出现，阻击明军。刘綎军仗着人多，将八旗军五百骑兵全部包围，试图歼灭。八旗精骑奋战多时，冲出重围，向后撤退，干扰了刘綎军进军的速度。此时，努尔哈赤八旗主力大军正在进行围歼马林的战斗。而由于联系不畅，刘綎竟一无所知。

三月初三，努尔哈赤击败马林军后，立即马不停蹄，直奔刘綎军而来。为全歼刘军，努尔哈赤采取诱其速进、设伏聚歼的打法，事先以主力在阿布达里冈布置埋伏，另以少数士兵冒充明军，穿着明军衣甲，打着明军旗号，持着杜松令箭，诈称杜松军已迫近赫图阿拉，要刘綎速进。

刘綎信以为真，立即下令轻装急进。

努尔哈赤的八旗军在阿布达里冈的设伏情况是：皇太极隐藏在阿布达里冈上的丛林中；阿敏潜伏在山冈的南面，以待放过刘綎军一半后，从中段截击；代善在山冈隘口处埋伏，准备进行正面冲击。三面围攻，要一举歼灭刘綎军。

等到刘綎军全部进入八旗军的伏击圈后，隐伏在山顶、丛林、隘口的八旗伏兵四起。由于刘綎军呈单列状分布，蔓延数里，阿敏和皇太极的左右突击轻易就将其截为数段，代善趁势从山上冲下，攻击其首部。八旗军熟悉山地地形，精于骑射，漫山遍野冲杀，刘綎军猝不及防，迅即被八旗军分割包围。刘綎挥舞他著名的镔铁大刀奋战，左臂中箭，继续作战，右臂受伤，仍鏖战不止，自巳时战至酉时。他面中一刀，被砍去半边脸颊，还在使用他的镔铁大刀奋战不已。只见他左右冲突，手杀数十人，身中多箭，最后力竭而死。其养子刘招孙全力来救，手杀多人，也战死。

见主帅战死，乌合之众的明军"抱头鼠窜"。八旗军仗着数量和气势上的绝对优势，大砍大杀，明军无一漏网，全部被歼。至此，东路刘綎军也彻底失败。

杨镐坐镇沈阳，掌握着一支机动兵力，对三路明军没有作任何策应。及至杜松、马林两军战败后，才在三月初五慌忙传令李如柏军回师。李如柏军行动迟缓，当时仅行至虎拦岗（位于今辽宁本溪市境内）。当接到撤退命令时被后金哨探发现，后金哨探在山上鸣螺发出冲击信号，并大声呼喊。李如柏军以为是后金主力发起进攻，明军惊恐溃逃，自相践踏，死伤千余人。

就这样，明朝二十多万大军以惨败告终。努尔哈赤的八旗军取得了萨尔浒之战的全面胜利。

萨尔浒之战是中国历史上一次以少胜多的典型战例。在这场战役中，后金军队集中优势兵力、灵活机动、反应迅速，采用各个围歼的方法，最终取得完胜，为后人领兵作战提供了宝贵的经验。

通过这场战役，后金不仅取得了丰厚的战利品，充实了军备，而且军威远扬、军心振奋，后金当权者的政治野心和掠夺财富的欲望也开始极度膨胀，这为后金以后的攻城略地和南侵中原打下了坚实的基础。

萨尔浒之战的意义还不仅于此。战争结束后，明金之间的局势发生了逆转。明朝上下一片恐慌，闻战色变，从此开始由进攻转为防御，其在东北地区的主体统治地位也不复存在；后金方面则由防御转为进攻。明王朝的日子已日益难过了。因此，有人将此役称为明亡清（后金）兴的分水岭，也不为过。

"新汗上任四把斧"

人们常说"新官上任三把火"，而皇太极继承努尔哈赤的汗位后，却挥起了"四把斧"，并为清王朝最终入主中原，打下了坚实的基础……

经过萨尔浒大战的胜利和彻底消灭叶赫部后，努尔哈赤的八旗军更加不可一世，他图谋中原的野心也昭然若揭。

明天启元年（后金天命六年，1621年），努尔哈赤迁都辽阳，在辽阳城东太子河东岸修建新城——东京城。

次年，努尔哈赤大败明朝辽东经略熊廷弼和辽东巡抚王化贞，夺取明辽西重镇广宁（今辽宁北镇市）。紧接着后金连陷义州、锦州、大凌河等辽西四十余城堡。熊廷弼、王化贞率明军残部与数十万流民往山海关而去。

明天启五年（后金天命十年，1625年）三月，努尔哈赤迁都沈阳，并将其改名盛京。在统治辽东期间，努尔哈赤多次在征战中进行血腥杀戮。

次年一月，努尔哈赤发起宁远之战，明朝守将袁崇焕以葡萄牙制的红夷大炮将其击败，努尔哈赤在这次战争中负了重伤。

宁远一役，是后金与明王朝交战以来的第一次惨败，对努尔哈赤本人也是一个沉重的打击。这年的八月十一，他就在一片遗憾中留下未尽的事业，离开了人世。几天后，皇太极继承汗位，宣布次年为天聪元年，接管了后金政权。

皇太极是努尔哈赤的第八子，出生于明万历二十年（1592年），他出生时面色绯红、长相俊秀，而且长大后聪明伶俐、博闻强识，所以很受努尔哈赤的宠爱。皇太极少年时期即表现出极高的理家治业能力。当时，皇太极的父亲和兄长长年在外征战，年仅7岁的皇太极自己在家独撑大局。皇太极不但把家里的钱物管理得井井有条，而且还能把家里的大事小情处理得稳妥恰当，甚合努尔哈赤心意。

女真族是一个崇尚武力的民族，皇太极继承了女真人崇武善战的血统，加上自身勤奋好学，练得一身好武艺，文武双全。后来，皇太极不但协助父亲努尔哈赤建立了后金政权，还粉碎了兄长褚英寻机造反的阴谋。皇太极在多次军事作战中积极出谋划策，为稳固后金政权立下了赫赫战功，被封为"四大贝勒"之四（另三人为大贝勒代善、二贝勒阿敏、三贝勒莽古尔泰），得到了"共议国政，各置官属"的特权。

接管后金汗位的皇太极踌躇满志、雄心勃勃，立志在父亲创业的基础上大展宏图，开创金国的全新局面。

俗语云：新官上任三把火。皇太极则是"新汗上任四把斧"。

第一斧，皇太极"砍"向内政。他改变对内政策，尤其是对待汉民，"治国之要，莫先安民"，他采取安抚政策，强调满洲、蒙古、汉人之间的关系"譬诸五味，调剂贵得其宜"。他决定：汉人壮丁，分屯别居；汉族降人，编为民户；善待逃人，放宽惩治，从而"民皆大悦，逃者皆止"。此外，他明白任何时候人才都是最关键的制胜因素，因此重视对汉族文人的提拔，让他们入朝为官。

第二斧，皇太极"砍"向朝鲜。后金的左邻朝鲜一直是明朝的附庸国，对皇太极来说是潜在的威胁，于是，他两次东征朝鲜。第一次，逼迫朝鲜定下"兄弟之盟"；第二次，利用朝鲜使臣搅乱登基大典的借口，一直打到朝鲜的京都汉城，朝鲜王吓得龟缩于南汉山城，向后金臣服，定下"君臣之盟"。这下，彻底断绝了朝鲜与明朝的关系。

第三斧，皇太极"砍"向蒙古。漠南地区察哈尔部林丹汗日渐强盛，逐渐控制了辽河以西的蒙古部落，并时有东进行动，骚扰后金。皇太极继位后，把林丹汗作为主要征讨对象。他三次向西用兵，将林丹汗驱逐至青海，占领了漠南蒙古。

第四斧，皇太极"砍"向杀父仇人袁崇焕。在导致父亲受重伤的宁远之战中，皇太极亲临战场，目睹了八旗军战史上这场最惨痛的失败，发誓要为父亲报仇，于是发动了宁锦之战。然而，明天启七年（天聪元年，1627年）五月，皇太极在宁远、锦州又败于袁崇焕之手。这使他认识到，袁崇焕是他经山海关进入中原的"拦路虎"。

看来硬拼是不行的，只能智取。

于是皇太极从《三国演义》"蒋干中计"的故事中汲取了智慧，也决定施行"反间计"。

明崇祯二年（后金天聪三年，1629年）十月，皇太极亲率大军，避开山海关，绕道内蒙古进攻北京城。这时袁崇焕被明朝崇祯皇帝任命为兵部尚书，督师蓟辽。袁崇焕在山海关巡视的时候，得到皇太极进攻京师的军报，急忙点起九千骑兵，日夜兼驰，前来救援，保卫北京。

袁崇焕驻兵在北京广渠门外，兵无粮，马无草，白天作战，夜间露宿。袁崇焕身先士卒，连获广渠门和左安门两捷，北京转危为安。

然而就在这时候，北京城里突然到处流传着袁崇焕引导后金兵入关的谣言。因此，尽管袁军连战皆捷，已疲惫不堪，急需休整，但崇祯却仍然猜疑他，不允许他的军队进城休息。袁军只好驻扎在北京城东南郊。

很显然，是皇太极的反间计发生了作用。

那么，皇太极是如何施行反间计的呢？原来后金兵刚打到北京城下的时候，活捉了两个明朝太监，押在军中。皇太极让副将高鸿中、参将鲍承先按计行事。高、鲍二人夜里回营，坐在靠近关押两个太监的地方，故意小声地说："今天撤兵是计谋，和袁督师（指袁崇焕）早有密约，这回大事可成了。"一个太监假装睡觉，把高、鲍的话记在心里。接着，后金军又故意放走太监。太监跑回皇宫，向崇祯皇帝报告了袁崇焕"通敌"的情报。

就在这当口，北京城里的明军又捉住好几个奸细，一个叫刘文瑞的人说袁崇焕曾让他带信给后金军，一个工匠说他知道袁督师想谋反。说来也怪，这些奸细招供之后就全都不见踪影了。

崇祯皇帝本来就多疑，听了太监的报告和京城里数起"奸细"的招供，信以为真，便以商议军饷为名召见袁崇焕。

待袁崇焕到了宫里，崇祯立刻喝令锦衣卫把他捆绑起来，押进了死囚大牢。

第二年八月十六日，一代名将袁崇焕在北京西市被凌迟处死。据清初一本名叫《明季北略》的书记载：袁崇焕受刑时，人们咬牙切齿，买从袁崇焕身上割下的肉下酒喝，喝一口，骂一声。这个记载，未必可靠，但说明当时北京城上下都中了皇太极的"反间计"，误认为袁崇焕"通敌"。直到过了一百多年后，袁崇焕的冤案才由乾隆皇帝给予平反。

皇太极用反间计使崇祯皇帝"自毁长城"后，《明史·袁崇焕传》说："自崇焕死，边事益无人，明亡征决矣。"

看来，皇太极这"四板斧"，斧斧斩实，每一下都砍在明朝外围，却痛在大明心里。对朝鲜与蒙古的征服，一方面为自己扫除威胁，一方面也切段了明朝的左右两翼，相当于砍掉了一个人的左右助手，完全将明朝孤立起来。而袁崇焕之死，则让大明王朝犹如断了擎天一柱，难以自立。

一番大刀阔斧的斩砍之后，皇太极率领着各位贝勒大臣们祭告努尔哈赤说："朝鲜已纳贡，察哈尔等部已归附，今为敌国，唯有明国耳。"

接下来，皇太极开始积极筹划统一中原之事。

明崇祯九年（后金天聪十年，1636年），皇太极自立为帝，将国号由"金"改为"清"，将年号改为崇德，将族名改为满洲。这一做法充分显示出皇太极意欲统一天下、称帝中原的胆识和气魄。

对于皇太极将国号改为清的初衷，史学界历来颇有争议。史学家对"清"的解法颇多，其中一种比较主流的说法是：北方信奉萨满教的各族尊崇青色，满洲也信萨满，故以清为国号。还有一种说法是：从满族文字来分析，"清"与"金"虽然在汉语的写法和读法上完全不同，但这两个字在满语中发同一个音，因此"清"即为"金"。另外，乾隆皇帝曾解释"清"意为"祚土于清"。但究竟孰是孰非，已无从考证，难下定论。

总之，皇太极坚持更定新国号为清，既有历史原因和统治者的意志，又是政权建设的发展和制度的革新所需；既是为了争取民心夺取更大胜利，又是为了夺取全国政权的需要，并从而开辟了清朝历史的新纪元。

定鼎中原成一统

毋庸置疑，在清朝的创建史上，皇太极是功劳极大的人。但是，入关后大清王朝的实际创立者，却是一个叫多尔衮的人，雄才大略的他才是大清王朝定鼎中原成一统的实际操盘者……

皇太极称帝后，全力以赴地对明朝发动侵略。就在称帝这年的秋天，他命阿济格统兵南侵，掠夺人畜十八万。明崇祯十一年（崇德三年，1638年），又命多尔衮、岳托率军南侵。攻破城池五十多处，掳获人口四十六万，金银百余万两。为了从正面打开山海关，自崇祯十三年（崇德五年，1640年）三月起，清军发动了松锦战役，将锦州明军团团围住。

明朝廷派蓟辽总督洪承畴率十三万大军前往锦州援助守将祖大寿。皇太极亲自指挥作战，后明军因塔山粮草被夺而决定分成两路突围。洪承畴等人突围未成，被俘投降，祖大寿也在锦州投降。至此，明朝在关外仅剩宁远一座孤城。

就在清军虎视眈眈，随时准备入侵中原时，皇太极不幸于明崇祯十六年（清崇德八年，1643年）八月初九，猝然病死，享年52岁。

皇太极的死让三个人有机会坐上皇帝的宝座，一是皇太极的长子豪格，二是他的第九个儿子福临，三就是他的十四弟多尔衮。

这三个人中除了福临之外，另外两个都是当皇帝的热门人选，可是福临却成为后来的顺治帝，这又是怎么回事呢？其实，豪格和多尔衮手里头都有不小的兵权，实力相当大。不过福临却是皇太极的宠儿，只是因为那时候还是 6 岁的小毛孩儿，所以大家都不看好他。

在后来争夺皇位的过程中，豪格与多尔衮两个集团可谓谁也不让谁。此外还有一个集团，他们除了不支持多尔衮以外，至于究竟是豪格还是福临当皇帝都无所谓，反正只要是皇太极的儿子就行。正在这几方闹得不可开交的时候，皇太极的挚友、在满洲贵族中威望极高的亲王济尔哈朗提出一个折中方案：让福临当皇帝。

鹬蚌相争，渔翁得利。没想到这个提议居然让豪格与多尔衮双双妥协，他们两人的妥协使得清室内部避免了一场内战，也让幼小的福临不费吹灰之力登上帝位。

福临，明崇祯十一年（清崇德三年，1638 年）正月三十日生于盛京，其母为永福宫庄妃博尔济吉特氏，即人们常说的孝庄太后。福临登基后，改次年年号为顺治，因此历史上多称之为顺治皇帝。

顺治帝虽然君临天下，毕竟只是一个幼童，国家大事全委托给两位叔父多尔衮和济尔哈朗打理。由于济尔哈朗为人宽厚不计较，因此多尔衮在宣誓辅政之后，就一步一步将朝政大权掌握在自己手中，成为"首席摄政王"。

多尔衮是努尔哈赤的第十四个儿子，生于明万历四十年（1612 年）。努尔哈赤死时，多尔衮才 15 岁，皇太极即位后，封多尔衮为贝勒，因按年龄序列第九，故称九贝勒或九王。

明崇祯元年（后金天聪二年，1628 年），多尔衮随同皇太极进军蒙古察哈尔部，因作战英勇，被皇太极封为墨尔根岱青，意为"聪明王"。明崇祯八年（后金天聪九年，1635 年）二月，皇太极封多尔衮为元帅，进攻察哈尔部林丹汗之子额哲。多尔衮不费一兵一卒，圆满地解决了察哈尔向清朝的归顺问题，再立奇功，在满洲贵族中赢得了极高的威信。明崇祯九年（后金崇德元年，1636 年）四月二十三日，皇太极在沈阳论功封兄弟子侄，多尔衮被封为和硕睿亲王，成为六大亲王之一，其政治地位和实力已没几人可比。

福临登基后，尊多尔衮为皇父摄政王。多尔衮充分利用手中的职权，积极参与大小国事，并在很短的时间内加强了中央集权。他先借口议政王大臣"众议不决，反误政务"，收回议政王大臣的议政权力；然后撤掉诸王管理部，将所有事务归由尚书掌管，并规定尚书直接对摄政王负责；接着，多尔衮授权都察院督管诸王贝勒的言谈举止。此外，多尔衮还规定摄政王有权先于诸王知晓各衙门奏闻、记入档案的各项事务。这些举措削弱了诸王参政的权力，多尔衮逐步为自己独揽大权铺平了道路。

明崇祯十七年（清顺治元年，1644 年），礼部制定出台了一套礼仪规则，规定摄政王多尔衮内行外出，诸王不得与之位列同等、平起平坐。这样一来，多尔衮的特权在法律上得到了认可，多尔衮成了大清王朝的实际统治者。

多尔衮确实是一个非凡之人。在分析问题时，他总有比其他朝臣更独到的见解。最初，多尔衮提出攻占北京、进而统一全国的设想时，朝中百官响应的人很少。大多数王公大臣都想偏安一隅，没有如多尔衮那样长远的志向。

顺治元年的春天，当李自成的农民军攻陷北京、明朝崇祯皇帝自杀的消息传到大清国时，多尔衮敏锐地意识到这是举兵入关、定鼎中原的大好时机。于是，多尔衮力排众议，在数日之内集齐兵马，浩浩荡荡向北京进发。当多尔衮得到明朝已经灭亡的准确消息后，下令全军加速前进，同时打出"复仇灭贼""仁义之师"的旗号，明确表明清军此次出兵的目的是为明朝"报仇"，以此招揽明朝人的心，图谋夺取整个中原。

多尔衮这一高瞻远瞩的决断使清军掌握了主动权。清军在南下入关的过程中长驱直入，势如破竹。虽然李自成的农民军已抢先一步占领北京城，但在因"冲冠一怒为红颜"的明朝降将、原明朝山海关总兵吴三桂的帮助下，很快就打败李自成的农民军，顺利进入北京城。

多尔衮经朝阳门入主紫禁城后，接受百官朝贺，并正式宣布定都北京。不久，多尔衮下令以国礼厚葬明朝崇祯皇帝，军民服丧三日。随后，多尔衮迎顺治帝入京，同时诏令辽沈满洲民众随行入关，充实京户。同年秋，顺治帝登临太和殿，在燕京重行加冕大礼，并颁布大清律，大赦天下。至此，大清王朝正式开始了在中原地区的统治。

多尔衮深谋远虑，凭借非凡的军事、政治才华，毅然决定定都北京，开启了清朝在中原长达二百六十八年的统治史。多尔衮作为入关后大清王朝的实际创立者，他为大清王朝所作的历史贡献不可磨灭。

只可惜，天妒英才。顺治七年（1650年）十一月的一天，多尔衮出猎古北口外，不慎坠马跌伤，因医治不及时，病情急转直下。十二月初九日，多尔衮病逝于喀喇城，时年仅39岁。多尔衮灵柩运回北京安葬，庙号成宗，其葬礼依照皇帝的规格举行。

次年正月，距多尔衮去世尚不到三月，他的贴身侍卫苏克萨哈向顺治皇帝递上一封检举信，揭发多尔衮生前曾与党羽密谋，有篡位之心。此时，年仅13岁的顺治皇帝终于摆脱了皇父摄政王多尔衮的控制而第一次亲理国政。七年的傀儡生涯，他韬光养晦，时刻砥砺自己，最终玉汝于成，磨炼出了过人的胆识和才干。他也利用这一契机，迅速召集王爷、大臣密议，历数多尔衮的罪状，并最终认定："多尔衮谋逆都是事实。"

不久，顺治就宣布了多尔衮的十大罪状，并下诏追论多尔衮生前"谋逆罪"，抄其家产，罢其封爵，撤其庙享，诛其党羽。当时在北京传教的意大利教士卫匡国在《鞑靼战纪》中曾这样记载说："顺治帝福临命令毁掉阿玛王（多尔衮）华丽的陵墓，他们把尸体挖出来，用棍子打，又用鞭子抽，最后砍掉脑袋，暴尸示众，他的雄伟壮丽的陵墓化为尘土。"

可怜一代英才，身前权势熏天，享尽人间荣华富贵，身后却遭此劫难，怎不令人感叹！

过了一百多年后，乾隆四十三年（1778年），乾隆帝发布诏令，正式为多尔衮翻案，下令为他修复坟茔，复其封号，"追谥曰忠，补入玉牒"。如此，"铁案"又再度被翻了过来。直到此时，有清一代对多尔衮的评价总算有了定论。

"痴情"皇帝的短暂人生

顺治在位只有18年，24岁便离开帝位。那么，顺治究竟是病死了，还是因一个叫董鄂妃的女人之死而看破红尘到五台山当了和尚？这给历史留下了一个疑案……

顺治是清朝入主中原后的第一位皇帝。他在位期间颇有作为，承认并吸取了汉文化的精髓，大力提拔汉官，警惕朋党祸患，整饬官场风气，主张与民休息，这些措施为稳定清初统治打下了良好的基础。

当然，你也可以说，这些多半都是多尔衮的功劳。此话自是不假。但应当看到的是，多尔衮早在顺治七年即已去世，而顺治亲政后，其所作所为相比多尔衮时期，不但毫不逊色，而且更加出色。多的不说，只看一件。

顺治十年（1653年）五月，顺治下诏说："天下初定，疮痍未复，频年水旱，民不聊生，饥寒切身，迫而为盗。魁恶虽多，岂无冤滥，胁从沈陷，自拔无门。念此人民，谁非赤子，摧残极易，生聚綦难，概行诛锄，深可悯恻。兹降殊恩，曲从宽宥，果能改悔，咸与自新。所在官司，妥为安插，兵仍补伍，民即归农，不愿还乡，听其居位，勿令失所。咸使闻知。"

顺治不但这么说，还这么做。他亲政时，认识到"兵饥则叛，民穷则盗"的道理。为稳定好社会经济，他接受大学士范文程等人建议，推行屯田垦荒。重点地区是受战争破坏严重的四川及北方各省，由政府发给牛犋籽种，招民开垦，三年不收税。在辽东一带更实行招民垦荒授官令，鼓励人们赴辽东开发。

顺治十三年（1656年）秋，他下令鼓励富人垦荒："如有殷实人户，能开至二千亩以上者，照辽阳招民事例，量为录用。"次年夏公布督垦荒地劝惩则例。则例中规定督抚及道府、州县、卫所等各级官员在一年内，按垦荒数量给以记录或加升一级的奖励，同时还规定了文武乡绅及贡监生民人等垦荒的奖励办法。并规定"若开垦不实及开过复荒，新旧官员俱分别治罪"。顺治十五年（1658 年）冬，又实行捐资开垦法："州县士民暨见任文武各官并闲废缙绅有能捐资开垦者请敕部，分别授职升用。"垦荒政策的推行取得了很大成效，对困弊不堪的社会经济起到了复苏的作用。

此外，顺治为了不"苦累小民"，多次下令免除一些省份的土特产贡品，并一再减免受灾地区的钱粮，以休养生息。

如上这些举措，极大地稳定了清初的社会局势，赢得了天下百姓的心；同时，开启了康乾盛世的大格局。

只可惜，就在人们原本以为顺治要放开手脚大开一场，进而为自己书写明君篇章的时候，他却于顺治十八年（1661 年）正月初七逝于清宫养心殿，年仅 24 岁。

顺治之死固然让人痛惜，而且他还由此给历史留下了一个不解之谜——他究竟是怎么死的？

数百年来，人们对此有颇有议论。最具代表性的意见大抵有两种。其一，是顺治于 24 岁时因病去世（病因多半是天花）；其二，顺治根本就没有死，而是因一个叫董鄂妃的女人之死而看破红尘到五台山当了和尚。

那么，究竟哪一种说法更接近历史的真相呢？

我们不妨先从董鄂妃说起。

董鄂妃复姓董鄂，她的父亲叫董鄂顺，满洲正白旗人，是一个有二品世职的男爵。她大约 14 岁时，被选入宫，配给了顺治的十一弟襄亲王博果尔。当时，清廷有个制度规定，宗室及亲王府中的贵妇人必须轮流入宫侍奉后妃。董鄂妃作为弟媳，自然也不例外。不料，她竟被顺治一眼看中，闹出一场绯闻来。

原来，顺治的皇后和妃子都是太后的侄女。顺治不满意她们，根本没有感情，形同陌路。这次，他和董鄂妃一见钟情，使他从孤寂愁苦的感情中解脱出来，一下子燃烧在忘我的恋情中了。据说，襄亲王申斥了董鄂妃，顺治竟因此狠狠地掴了他一个耳光。不久，襄亲王因羞愤而死。顺治遂把董鄂妃收入宫中，封为贵妃。

顺治自小登基之后，名为皇帝，实不掌权。先有雄才大略的多尔衮摄政，后有刚毅多谋的母后临朝称制，因此形成了喜怒无常、骄顽暴烈的脾性。而董鄂妃的贤良温驯、知书达理，似乎"以柔克刚"，二人竟情投意合，恩爱非常。顺治多次要废弃皇后，立她为后。第二年，她为顺治生下了第四子，狂喜之余的顺治帝却把他称为"第一子"，并规定这个儿子为皇太子。为此，董鄂妃遭到了皇太后和皇后的敌视。过了三个月，这个太子夭折了，董鄂妃更因受到皇太后的迫害，心情抑郁。不出三年，她也忧郁而死。

失去了心爱之人的顺治从此心灰意冷悲愤交集，无心再理朝政。民间传说，董鄂妃去世半年之后，顺治即"看破红尘"，遁入空门，将帝位传给了其子玄烨（即康熙）。

但对此说法民间一直有争议。有人认为顺治确实是为了出家做和尚才传位于其子玄烨，也有人认为玄烨之即位是因顺治病死而致。

相信顺治出家做和尚的人认为有文证、事证、物证可以证明。所谓"文证"，是说顺治的儿子康熙，曾四次上五台山，目的就是探视他出家的父亲。所谓"事证"，是说顺治生前信佛，爱佛入迷。曾请浙江报恩寺主持玉林秀入宫，为自己取法名"行痴"，并制了个"痴道人"玺章。董鄂妃死后，他无比哀痛。顺治十七年（1660年）十月的一天，他强令他的佛门师兄茆溪森给他落发为僧。

师父玉林秀知道后，认为让皇帝当和尚，天下不容，自己的祸闯大了。于是，他把茆溪森架上柴堆，要施以火刑。顺治心知不怨茆溪森，不忍加害于人，只得答应蓄发还俗，并用一个太监替他出家，才结束了这场闹剧。

所谓"物证"，是说康熙年间，康熙曾有一次出外打猎路经晋北，地方供给不了御用器皿，只得去五台山求借。借来的器物精致非常，非民间所有。人们认为，这肯定是当年顺治所用之物。

综上所述，许多人倾向于认为顺治后来的确出了家，当了和尚。

但也有人认为，事实并非如此，顺治的确是因病而死，并未出家为僧。

时人王熙在《王文靖集·自撰年谱》中记载：顺治十八年元旦，朝臣应援旧例庆贺朝见，而朝廷却突然下令朝臣免见。然而，顺治却在养心殿破例地召见了王熙，并赐座、赐茶。第二天，他再次进宫，顺治与他进行了长谈，直到晚上才出宫。初三日，顺治又在养心殿召见了他，并破例让他坐在龙床上，两人说话多时……

很多人认为，这三天的密谈，肯定是绝密的大事。按说"立储"是件大事，但此时的顺治才24岁，身体康健，何必为"立储"而如此与大臣紧急磋商？

王熙又进一步记载说，初六日夜，他又被顺治召入养心殿，顺治说："朕患痘，势将不起，尔可详听朕言，速撰诏书，即就榻前书写。"他三拟诏书，顺治三次过目、钦点，直至第二日中午才算定稿。当天晚上顺治就去世了。

《王文靖集·自撰年谱》一书的作者王熙，是顺治最宠信的汉族大臣，他亲临亲见，应该是可靠的。但是他也曾说三次面君的内容关系重大，不敢在书中披露。

顺治朝的另一大臣张宸在其《青碉集》一书中也记载说，顺治十八年正月初二，皇帝曾到悯忠寺观看太监吴良辅削发为僧仪式，初四九卿大臣到皇宫问安，方知顺治帝染病。初五，早朝的大臣们发现宫廷有些异样，庆祝春节的对联、门神已全部撤掉，整个皇宫笼罩在一派肃杀、惨淡的气氛之中。初七晚，朝廷下大赦令，刑狱囚犯几尽一空，同时传令民间不要炒豆，不要点灯，不要泼水——这正是当时民间祈福天花患者的风俗。

顺治死后，继位者的选择是已经出过天花的康熙。这一切记载都表明顺治确实死于天花，而并非出家做了和尚。

然而，又有人认为，这可不可能是顺治精心策划的一场骗局呢？

怀疑的理由是，在清东陵中的孝陵是顺治帝的陵寝，可是这里埋藏的不是顺治的棺木，而是一个骨灰罐！为什么和其他帝王的陵墓不同呢？确实令人诧异。

也有人把"病死说"和"出家说"结合起来分析，认为应该是这样的：顺治从小处于皇太后和多尔衮的重压之下，精神和心理都受到了严重的扭曲。不幸的婚姻又给他带来无尽烦恼，而昙花一现的爱情虽然给他带来极大的喜悦，然而也给他带来了无尽的哀怨，他的出家是完全可能的，在即将出家时病死也是可能的——现代的医学知识告诉我们，像他这样处境的人，是很难有一个健康的心理、生理，从而长寿的。

无论如何，顺治终究在中国历史上烙下了属于他的印迹。至于他是爱江山还是更爱美人，就任由后人评说吧。

她，撑起了半边天

一提起孝庄，人们大多知道他是皇太极的妃子、顺治皇帝的生母、康熙皇帝的祖母。其实，真实的孝庄卓尔不凡，堪称中国历史上最杰出的女性之一……

孝庄（1613～1688 年），全名博尔济吉特·布木布泰（为了叙述和阅读的方便，后文统称孝庄），蒙古科尔沁部贝勒寨桑之次女。蒙古部落居无定所，长期游牧于水草各地，出则骑马打猎，入则饮食肉奶。因此，孝庄自幼练习骑马射猎，性格坚毅，泼辣勇敢。

孝庄在 13 岁之时，便已经是天仙一样美丽动人了。她身材高挑、健美，脚穿鞋底嵌有三寸多厚四方木块的马蹄底鞋，更显得亭亭玉立。

此时的东北大地，努尔哈赤经过一番打拼，已将明朝在辽东辽西的军事重镇大都纳入己手。

努尔哈赤为了对抗明朝，很注重联合蒙古各部，首创满蒙联姻。一提到"联姻"或"和亲"，人们便会想到昭君出塞、文成公主入藏。联姻政策自古以来就是汉族王朝稳定政局、通好边疆民族的重要手段之一。

满蒙联姻则以其规模之大、人数之众、持续时间之长，将中国历史上的联姻政策推向了高峰。满族与蒙古族的政治联姻从清入关前开始，持续了三个世纪，总计达数次，是清代民族政策和"边政"结构中最为引人注目和不可缺少的组成部分。这一国策使中国北方两大尚武勇悍的民族保持了长期和平友好的关系，对清朝入关问鼎中原以及以后清廷对边疆的统辖治理起到了重要的作用。

正是在努尔哈赤满蒙联姻政策的感召下，也是为了加强和后金在政治上的联盟，维护自己部落的好处，蒙古科尔沁部落贝勒莽古思决定将他的孙女孝庄嫁给努尔哈赤的第八子皇太极。

此时年仅13岁的孝庄，在今天看来，当然不够法定结婚年龄。然而当时北方女真、蒙古等少数民族有早婚的习俗，有的年仅10岁即嫁。后来皇太极即位称汗后，改革早婚习俗，也只是规定女孩12岁以前不许出嫁。

就这样，在哥哥吴克善的护送下，小小年纪的孝庄于明朝天启五年（后金天命十年，1625年）二月初二，领着自己的贴身侍女苏麻喇姑，来至后金的新都城辽阳，正式成为34岁的皇太极的侧福晋（即侧室夫人）。

在皇太极的所有妃嫔中，孝庄一开始的地位并不是很高。皇太极即汗位后，孝庄的地位也并没有水涨船高，只排在所有妃嫔中的第五位。然而相比皇太极的其他女人，孝庄并非仅仅长得漂亮。据清《内政辑要》记载，孝庄"无它好，独嗜史书""性知书"。由于她聪慧过人，又饱读诗书，因而从谋略过人的丈夫那里学到了诸多韬略，并成为丈夫宏图大业中不可或缺的助手。

每当皇太极遇见棘手的事情时，孝庄总是挺身而出，为其献计献策。帮助丈夫谋得后金汗位并巩固政权，就是其杰作之一。

努尔哈赤去世时，觊觎后金汗位的人又何其多。四大贝勒代善、阿敏、莽古尔泰、皇太极都蠢蠢欲动，多尔衮等人也有问鼎之意。

眼见形势危急，孝庄给皇太极出主意说："夫君依仗功勋，所缺乏的不过是名分，如果能有大贝勒代善的支持，何愁继承不了汗位呢？"皇太极听取了孝庄的建议，争取了大贝勒代善的支持，最终坐上了最高权力宝座。

皇太极继位后，明朝内部农民运动风起云涌，后金内部矛盾也不少，他一方面继续对明朝战争，一方面忙于处理内部事务。年轻的孝庄也尽可能地协助皇太极，替他分忧解愁，在政治纷扰中慢慢地成熟起来。

一次，皇太极因设计除掉了明朝大将袁崇焕而举行庆功宴会。谁知，努尔哈赤的第七子阿巴泰，以天冷无衣御寒，拒不赴宴。原来，直爽粗鲁、作战勇猛的阿巴泰觉得自己职位低于其他贝勒，心有不满。

孝庄得知后，立即以大汗的名义亲自前往邀请，并给阿巴泰送去了珍贵的衣物。阿巴泰见大汗妃亲自来请，立即表示认罪，从此之后忠心耿耿，成为皇太极的得力干将。事后，皇太极赞许孝庄，不但帮他处理好了家事，还为国家建立功劳。

皇太极的赞誉并不为过。孝庄确实具有过人的德才胆识，临事处置沉静果断，后来在被立为皇后之后，她经常参与清廷的政治活动，尽心尽力地辅佐皇太极。其中，最为人知的贡献是说服明朝重将、蓟辽总督洪承畴投降清军。

洪承畴（1593～1665年），字彦演，号亨九，福建泉州府南安县（今福建南安市）人。

明崇祯七年（1634年），时任陕西三边总督的洪承畴，以功加太子太保、兵部尚书衔，总督河南、山西、陕西、湖广、四川五省军务，成为明朝廷镇压农民起义的主要军事统帅。洪承畴文韬武略，治军有方，在镇压农民起义中军功卓著。他先是俘杀闯王高迎祥，又多次打败李自成，迎得明廷内部一片赞声。后来辽东边关告急，崇祯皇帝任命他为蓟辽总督、明朝抗金前线八路总兵的主帅，可见崇祯视他为安内攘外的中流砥柱。可惜，松锦大战后，洪承畴兵败被俘。

之前，被俘的明朝将领大都被杀掉，由于洪承畴是一代名将，皇太极惜才，将洪承畴囚于沈阳三官庙，希望将他收为己用。然而任凭皇太极软硬兼施，洪承畴仍绝食明志，拒不肯降，这让皇太极煞费苦心，也毫无办法。

看见皇太极焦头烂额的样子，孝庄主动请缨，表示自有办法劝降洪承畴。

得到皇太极的允许后，孝庄身着汉族侍女的服饰，提着人参汤来到了三官庙。在狱中，面对洪承畴闭目面壁、凛然不屈的神态，孝庄软言款语，眼神顾盼流连，充满了对英雄的仰慕。她对洪承畴说："我知将军忠心耿耿，绝食明志，对将军这种殉节精神，衷心钦佩，岂敢夺将军之志。现备毒酒一壶，助将军早脱苦海，免受绝食之苦。"然后，将被说成是毒药的人参汤喂到洪承畴嘴里，并百般劝导。

洪承畴饮下"毒酒"之后，回想美人的软语劝慰，千思万虑，泪如泉涌。孝庄一边为他拭泪，一边轻声劝道："殉国，将军可谓忠贞不贰，但在我看来，确是大为可惜。清主求才若渴，必定厚待将军……"

孝庄凭借着一碗参汤、几番话语和令人着迷的女性魅力，一时唤起了洪承畴的思乡之念、求生之志，竟然后悔喝药起来。

皇太极乘机推门而入，问寒问暖，见洪承畴衣服单薄，当即脱下自己穿着的貂裘，披在洪承畴的身上。洪承畴瞠目视之良久，叹曰："真命世之主也。"遂翻身下跪，"叩头请降"。皇太极终于收服了这个以"君恩深似海，臣节重如山"矢志效忠明朝的重臣。

此后洪承畴被委以重任，跟随多尔衮入关，攻城略地，灭明辅清，平定江南，扫荡云贵，败李定国，除明桂王，为清王朝驰骋疆场二十余年，真正成为清朝扫平中原的霹雳先锋。

而这些，在很大程度上要拜孝庄所赐。

后来，皇太极去世，年幼的福临登极后，逐鹿中原、奋有天下的宏图大业就落在了摄政王多尔衮的身上。

清军入关后，多尔衮掌握军政大权，成为清政府的实际统治者和最高决策人。随着权势的不断扩大，他开始结党营私、打击异己、独专朝政。济尔哈朗被罢黜辅政，豪格被迫害致死，其同母所生的两个兄弟阿济格和多铎权倾一时。而且，清廷所有的题本奏章均需全部先行送给他，再宣示中外。多尔衮的野心和权欲也给形同傀儡的顺治心中增添了仇恨的阴霾。

多尔衮在喀喇城英年早逝后，阿济格企图逼宫夺权，制造动乱。孝庄得知后，沉着应战，下令做好一切万全的准备。当阿济格随多尔衮的灵柩进京时，他的手下立即被一网打尽，阿济格也成为阶下之囚。

孝庄为了稳住政局，特别要防止多尔衮的党羽犯上作乱，于是以退为进，授意顺治亲率诸王、贝勒、文武百官出东直门迎接灵柩，依照皇帝的规格举行葬礼，并追尊多尔衮为义皇帝，庙号成宗。两月后，局势稳定，顺治方才反攻倒算，并将多尔衮的亲信党羽施以严厉打击，使多尔衮强大的势力网被连根拔掉。

顺治不幸早逝后，年仅8岁的康熙成为大清王朝的新君，饱经风霜的孝庄又再次走到了政治舞台的前排。

由于康熙的生母早逝，培养教育小皇帝成长的重任就当仁不让地落到了太皇太后孝庄肩上。她教导康熙参加辅臣议政，学习执政经验，并经常向康熙灌输"得众则得国"的治国思想，并让自己的贴身侍女、聪明灵巧的苏麻喇姑帮助康熙学习满语蒙文。

康熙在祖母的管教之下，很小的时候就知道发奋学习，很爱读书，也非常爱好书法，且对典籍也极为留心。后来他竟然因为太过劳累而晕倒，但也并没有丝毫的懈怠。

因为孝庄的督导和影响，康熙的文化基础与其父顺治一样都打得极为牢固，给他以后治理国家奠定了很好的基础。

对于康熙在用人、行政、管理国家上的能力，孝庄尤其注意培养和锻炼。她说："自古以来当皇帝就很难。苍生至众，天子以一身临其上，生养抚育，无不引领而望。必深思得众则得国之道，使四海之内咸登康阜，绵历数于无疆惟休。汝尚其宽裕慈仁，温良恭敬，慎乃威仪，谨尔出话，夙夜恪勤，以祗承乃祖考遗绪，俾予亦无疚于厥心。"

孝庄把这些话写于纸上，令康熙细心揣摩，来加深他对自己责任的认识。在孝庄的精心教导下，康熙认识到了作为帝王的大义之道，他命令儒臣对《大学衍义》一书进行翻译，成书之后奉予孝庄阅示。孝庄极为欢喜，进一步教导说："皇帝位居四海与臣民之上，关系重大。然而管理天下最重要的是在于勤恳，要想治理得兴旺发达，那就一定要先修己身。这些话很是重要，你一定要加编进去，令儒臣进行刊刻，然后务必要向诸臣进行颁赐，这样我心里便会很欣慰。做这样的工作需要一定的费用，我拿出一千两白金，可赐予做这些事情的官员们。"

孝庄对于儿孙在生活上的琐碎细节，甚至是一举手一投足，说每一句话，她都细心观察，逐步地加以诱导。假如他们有了进步和成绩，便及时给予支持和鼓励；假如他们有了缺点和毛病，她便及时给予教育和劝阻。

康熙小的时候曾经染上了吸烟的不良习惯，孝庄知道以后，马上教育康熙，对他说明："以后你还是不要再吸烟了，吸烟不但对你自己的身体没有好处，还非常容易导致火灾，真是百害无益。"

经过孝庄的劝导，康熙的烟瘾便从此彻底戒掉了。到他自己当了皇帝以后，还总是对臣下们的吸烟行为进行劝诫。

由于孝庄的教育，康熙从小对于喝酒毫无兴趣，他很明白酗酒的危害性，因此，他对自己的要求总是"能饮而不饮"。即便是在节日及重大的喜庆之日，也只喝一小杯。

正是在孝庄的悉心教育下，康熙终成为一代明君。

孝庄一生虽然贵为皇后、皇太后、太皇太后，但她历来就反对奢侈，崇尚节俭。

她首先由自己做起，率先垂范。她自己宫里的器物损坏了，总是能焊则焊，能修则修，只要能用就坚决不换新的。

她的这一美德对整个宫廷影响很大，当然对皇帝也影响很大。宫廷上下全部厉行节俭，使宫里的开支少得不能再少，为以前所未有。

大臣们在康熙二十九年（1690年）正月，把那时候宫里的用人、用物和开支情况与明代作了一个比较：明代宫里每年用金花银接近九十七万两，现在已全部充饷；明代光禄寺每年送内廷所用各项银是二十四万多两，现在只三万多两。明代每年宫里用木柴接近两千七百万斤，现在只有六七百万斤。明代各宫床帐、舆轿、花毯等项每年用银接近三万两，现在都不用。唐太宗是唐朝的有道明君，然而一次遣发宫女就有三千多人，其余则更有数千人可知。现在除了慈宁宫、寿康宫以外，乾清宫妃嫔以下使用的老媪、洒扫宫女，合计只有一百三十四人。

宫廷里节俭成这个样子，节省下来的银两都到哪里去了呢？

顺治十年（1653 年）七月，整日不停地下大雨，使得房屋倒塌，庄稼淹没，百姓无家可归，困难到了极点。为了救济百姓，孝庄把宫里省下来的八万两银子全部拿了出来。顺治十一年拿出四万两、顺治十三年又拿出三万两，全部用作救灾。孝庄在康熙十三年（1674 年）二月，又把宫里节省下来的银两拿出来，对平定三藩叛乱的出征兵丁进行奖赏。

孝庄做了十八年皇太后、二十六年太皇太后，但她从没有想着要为自己建一处园囿来享乐。想避暑，也只能到塞外喀喇城一带；想休闲洗浴，也只能到赤城与遵化的汤泉，而且要长途跋涉。

孝庄如此地节俭，不但让皇宫的浪费之风大为改观，同时也让朝廷提高了威信，获取了人望。

孝庄的一生是幸福的一生，尤其是在她的晚年，天伦之乐给了她莫大的幸福。

对于孝庄太后的教育和培养，顺治感激异常，他常说："朕从很小的时候，父皇就宾天而去，教训与抚养，只凭圣母皇太后。"

孝庄于顺治十二年，患了一场重疾，一直到岁末方痊愈。顺治看母亲的病真正好了，兴奋得亲自去天坛、地坛、太庙和社稷坛感谢上苍，且赏赐给八旗官兵与畿辅的贫民帑银十万两，对于侍奉皇太后的官员、侍卫、医生和兵丁、杂役人员都升官封爵，大行封赏。同时，他还高兴地说："大赦天下！大赦天下！"

康熙皇帝对于自己的祖母更为尊敬和孝顺，对她的教诲也极为重视，就算在自己亲政以后，在重大事情上还是要先征求祖母的意见，然后再施行。

康熙曾经深情地对自己的皇子们追忆道："朕打自能学着走路学着说话的时候，就奉圣祖母的慈训，凡饮食、动履、言语，全有矩度，即便是在平常的生活当中相处，也教朕以罔敢越轶，稍有瑕渍便督朕改过，这样朕才得以成长。"

康熙还向大臣们言道："朕8岁的时候便遇父皇崩逝，11岁之时又遭母后归西。二十余年来，皆靠圣祖母太皇太后的抚育和教训……思念慈恩，无法报答。"

孝庄于康熙二十六年（1687年）十二月病危，康熙皇帝不分白天与黑夜都守候于榻旁，亲自奉汤奉药，且亲自带领着王公大臣们步行至天坛，向上苍祷告，愿折损自己生命来增加老祖母的寿限。但是谁也无法改变自然规律，是月二十五日，他的老祖母便走完了她的人生旅程，享年75岁。

综观孝庄的一生，实际上，在顺治去世之前两年左右的时间里，基本上是她在主持朝政。顺治去世后，她又设立了四大臣辅政的机制，帮助康熙治理国家，取得了很好的效果。

此后，孝庄尽力教养幼主，护卫着大清王朝的政权避过了重大的风险和暗礁，到达盛世的彼岸。

总之，孝庄在大清由乱到治的关键历史时期，在民族矛盾及满洲贵族内部斗争十分复杂的形势下，辅佐丈夫、儿子、孙子三代帝王统理朝纲。她节俭爱民的做法一直影响到康熙、雍正两朝。孝庄的政治才华堪与唐代女皇武则天相媲美，并远远超过清朝另一个皇太后慈禧。可她既没有称帝，也从未垂帘听政，只是以一个妻子、母亲和祖母的全部心力默默地奉献着自己的才智，直到生命的终结。她之所为，当为历史所永远铭记。

第二章　生机勃勃的康熙帝国

小孩子也能成为大政治家

人们常说:"自古英雄出少年。"清朝入关后的第二代皇帝康熙,就是这样一个少年英雄……

在今天,当听说某某人20多岁或30岁不到就已成为高级别干部时,许多人也许会禁不住啧啧称羡。然而,政治素质的区分真的只能以年龄为标杆吗?至少清朝康熙皇帝玄烨的亲身经历告诉我们,年龄不是问题,小孩子也能成为大政治家。

玄烨出生于顺治十一年(1654年),其母为顺治帝之妃佟佳氏。玄烨之所以能成为日后的康熙,是与他曾得过天花分不开的。可见,生病并不一定就是坏事,没准还能因祸得福,成就大事。康熙就是一个活生生的例子。

玄烨出生的年代,天花流行,当时的皇帝、后妃以及阿哥们,为了躲避天花,经常出宫"避痘"。因此,玄烨生下来不久就由奶妈抱出宫外,在紫禁城西华门外的一处府第(即今北京的福佑寺)中哺养。但是,玄烨在两岁时仍染上了天花。值得庆幸的是,他平安度过了这生死一劫,并获得了对天花病毒的终身免疫力。而此后,这竟成了他登上帝位的一个关键性因素。

顺治十八年(1661年)正月,顺治帝福临病重。由于当时年仅24岁的福临正值盛年,此前并没有考虑过立嗣之事,只好临时裁决。顺治帝倾向于立皇次子福全，而其母孝庄太后则主张让皇三子玄烨即位。顺治帝犹豫不决，就派人征询他素来敬重的外国传教士汤若望的意见。汤若望认为玄烨已出过天花，具有终生的免疫力，是即位的理想人选。顺治帝一生非常相信和尊重汤若望的意见，于是便下诏立皇三子玄烨为帝，命索尼、苏克萨哈、遏必隆和鳌拜四位重臣辅政。正月初七，顺治帝病逝于养心殿，把大清江山和沉甸甸的责任留给了年仅8岁的玄烨。正月初九，玄烨正式即帝位，从下一年开始，改年号为康熙，清王朝的历史从此便进入了一个蓬勃发展的新时代。

康熙刚即位时，还不能亲自处理国家大政。顺治帝任命的四大臣本着协商一致的原则共同辅佐幼帝，最初几年尚相安无事，然而随着四辅臣内部势力的增长变化，本来排在四辅臣末尾的鳌拜的势力日益增长壮大，致使四辅臣之间的权力制衡被打破。鳌拜是个权力欲最为强烈的人，逐渐地由恃功自傲走向了欺君弄权。

康熙六年（1667年）六月，索尼去世。康熙鉴于四大臣辅政体制已经名存实亡，反而成为鳌拜专权的工具，便上奏祖母孝庄太后，请求亲政。祖母理解孙儿现在的处境，自然应允。康熙乃于七月七日，举行亲政大典。然而，康熙虽然亲政，但鳌拜却仍然继续掌握着批理章疏的大权，并迫害死了苏克萨哈，使遏必隆亦依附于自己，他甚至对康熙有不轨的企图。有一次，鳌拜故意装病不朝，康熙亲自到他家里问候，却在他的寝室里发现炕席上放了一把短刀。按照规定，臣属面见皇帝，身边不许携带任何兵器，否则即以图谋不轨罪论处。由此可见，鳌拜根本就未曾把康熙放在眼里。年少精明的康熙当然也装作毫不介意的样子，慰劳了几句，便回宫去了。

这件事更加深了康熙要除掉鳌拜的决心。然而康熙也知道，鳌拜势力根深叶茂，亲信党羽遍布朝廷，控制了许多重要部门和中枢要害，如强行拘捕，可能反会遭遇不测，所以只能智取，不能力敌。

主意拿定后，康熙便开始了一系列的准备工作。首先是稳住鳌拜。表面上，康熙饮酒作乐，不理朝政，特别是在有鳌拜及其死党聚集或参

与的场合，便说些人生几何、江山粪土的话，表示自己无心恋政。其次是培养一支自己信得过的侍卫队。满洲人有一种唤作"布库"（布库系满语，意为摔跤手）的摔跤游戏，康熙以玩耍为名，从皇帝直属的满洲上三旗贵族子弟当中，挑选了几十名身强力壮的少年，组成了善扑营，天天练习"布库"之术。善扑营既是准备用于擒拿鳌拜的格斗队，又是保卫康熙的侍卫队。鳌拜果真以为这都是小孩子们在闹着玩儿，就没往心里去。康熙通过和这些少年们一起嬉戏，摔跤踢打，不但武功有了长进，而且也和这些少年之间建立起了一种深厚的感情。经过一段时间的练习，这些脸上还带着稚气的少年们均成为擒拿格斗的好手。康熙又以寻找棋友为名，将自己信得过的很有组织能力并擅于角扑之术的索额图（索尼之子，康熙的皇后的叔叔）由吏部右侍郎调任为一等侍卫，放在自己身边，实际上是掌管善扑营，为执行擒拿鳌拜的任务做准备。

康熙八年（1669年）五月，擒拿鳌拜的工作已经准备就绪。为了确保万无一失，在正式行动之前，康熙先将鳌拜的党羽以各种名义派出，削弱其在京城的势力。部署完毕后，十六日的早晨，康熙集合了担任此次擒拿任务的善扑营全体队员，亲自做了战前动员。他用激昂的语调问这些少年伙伴们："你们都是我的左膀右臂、我的好朋友，你们是敬服我呢，还是敬服鳌拜？"这些少年伙伴们齐声回答："只敬服皇上一人！"见此，康熙大声宣布："好！我今天就交给大家一个任务——捉鳌拜！"接着，康熙向小伙伴们宣布了鳌拜的罪行，又向小伙伴们做了具体的布置，将他们隐藏在进宫大门的两厢。安排好了以后，康熙派人去请鳌拜进宫。鳌拜不知是计，一点戒心也没有，大摇大摆地便来了。看到鳌拜仍然如此横行，康熙不禁怒火上冲，大声地喝道："来人！把这个逆臣给我拿下！"说罢，冲出一群少年，把鳌拜团团围住，有的扭胳膊，有的拧大腿，有的搂脖子，有的抱后腰。鳌拜初时还以为这是在跟他开玩笑，待发觉情形不对之后，已来不及反应，被这些少年们七手八脚地用绳子捆了个结结实实。康熙见鳌拜已经被拿住，便下令将他投入大牢，并马上升朝，宣布已经逮捕鳌拜，命令大臣们调查他的罪行，紧接着将鳌拜的党羽们也一个个地捕捉起来。

鉴于鳌拜所犯的罪行，康熙原拟将他革职处斩。但在提审鳌拜时，鳌拜脱下衣服，指着身上的累累伤痕说，那是他以往在搭救清太宗皇太极时留下来的。康熙于心不忍，便赦免了他的死刑，改为终身软禁。康熙又收回了辅政大臣批阅章疏之权，此后各处奏折所批朱笔谕旨，皆出自他本人之手，而从无代书之人。这翻天覆地之举，竟出自于一个15岁的少年之手，所谓"艺高人胆大"是也。这表明了康熙在政治上的早熟，也初步显示了少年天子过人的治国理政才华。

平生最大的一次冒险

平定"三藩之乱"，是康熙皇帝一生最大的冒险，然而这位少年天子凭借自己的勇敢和智慧，最终赌赢了……

就像做生意一样，一个天大的机会砸在你面前，干不干？不干，会错失发展壮大的良机，然而也可能平平稳稳过一生；干，弄不好会连底裤也赔掉，但也有可能实现跨越式发展。这就是冒险！在这种情况下，大多数人可能会选择保守的做法。康熙偏不，在大臣的一片反对声中，少年皇帝冒了平生最大一次险，这就是平定"三藩"。结果，他赢了，而且赚得个金钵满满。

所谓"三藩"，是明末清初天下巨变之时，投降清朝的汉族军阀官僚所组成的地方割据势力。他们在稳定清初的国势、镇压李自成部队、击溃南明小朝廷的一系列战争中，发挥了重要的作用。论功行赏，有三家汉人被封为藩王，割据一方，即驻守云南的平西王吴三桂，驻守福建的靖南王耿仲明（耿仲明父子去世后，由耿仲明的孙子耿精忠袭藩王爵位），驻守广东的平南王尚可喜。

顺治时，本想依赖三藩守边，达到"以汉攻汉"的目的，借以"屏藩王室"，但实际情况却与之相反。由于"三藩"都身拥重兵，割据一方，并不那么听命于朝廷，并且横征暴敛，鱼肉百姓，而清廷每年还需向其供应大量饷银，造成财政的沉重负担。因此，三藩最终形成了一股和清廷抗衡的强大力量，构成尾大不掉的祸患。

康熙除鳌拜后，决意削平三藩，强化政权，但又考虑到三藩拥有重兵，不敢贸然行事。于是，康熙首先对三藩的势力逐步削弱、限制。比如：康熙二年（1663年），收缴吴三桂的大将军印；康熙四年和康熙六年，分别裁减其兵丁和兵饷；对三藩及其属下欺压百姓、危害地方的事件予以惩处；解除藩王管理地方民事、政事的职权；规定藩王下属不得任总督、巡抚等地方大吏；委派自己的亲信到藩地担任督抚，精练官兵，视察地形，以事牵制。另外，康熙加紧撤藩的准备：整顿财政，筹措经费；扩编佐领，加强训练，提高八旗兵的战斗力；采取缓和民族矛盾和阶级矛盾的措施，以争取民心，并拉拢支持撤藩的朝臣等，只待有利时机一并撤藩。

机会总会垂青那些有准备的人。康熙十二年（1673年）三月，镇守广东的尚可喜上疏请求回辽东养老，让他的儿子尚之信承袭王爵。康熙见时机已到，便回复说：藩王既然活着，没有儿子承袭王位的先例；藩王既然回乡养老，他的家属兵丁等也应一起带回去，而绿旗官兵应该留在当地。这样，清政府顺势撤销了尚氏的藩封。这件事惊动了吴三桂、耿精忠。他们也知道康熙的用意，但明里也不得不装出与"中央"保持一致的样子，也提出撤藩的请求，并分别于七月三日、九日将撤藩申请送到北京，以此试探朝廷态度，解除朝廷的怀疑。对吴三桂的请求，清政府中产生了不同的意见：一派主张撤；一派担心吴三桂兵力强大，如果造反，难以对付，因此主张先不撤为宜，日后从长计议。不主张撤的人在朝廷中占有大多数。但康熙认为，虽然这是一次巨大的冒险，但这个险值得冒。他对众大臣说："吴三桂蓄谋已久。如果不早点下手，一定会养痈遗患，到后来不可收拾。何况形势发展到了这种地步，撤也反，不撤也反，不如先发制人！"于是康熙于八月下达了撤藩的诏令，命耿精忠率军进京听候调用，令吴三桂调往山海关外驻扎。

撤藩的举措击中了这些称霸一方的骄兵悍将的痛处，吴三桂在康熙十二年（1673年）十一月，首先公开发难，起兵叛乱。为了笼络民心，他脱下清朝王爵的穿戴，换上明朝将军的盔甲，在死了几百年的明朝永历皇帝的墓前假惺惺地痛哭一番，说是要替明王朝报仇雪恨。不久耿精忠、尚之信也相继起兵响应。耿精忠还联络了当时统治台湾的郑成功之子郑经，约为援军。郑经率军队进犯闽、粤沿海，转入江西，以为策应。一时间，一些叛明降清的汉籍将领、督抚、提督、总兵以及与清廷有矛盾的云贵土司相率附和。

由于叛军来势凶猛，清军一时抵抗不力。所以，很快叛军就由云南，出贵州，略湖南，攻四川，入江西，占浙江，并蔓延到山（西）陕（西）甘（肃）诸省。仅一年间，叛军就占据长江之南，几与清廷形成对峙之势，形势十分严重。

叛报传来，举朝震惊，年方20岁的康熙果断刚毅，否决了部分大臣主张与三藩叛军议和的提议，并下令削夺吴三桂的王爵，公布其罪状，将留居京师的吴三桂之子应熊、之孙世霖等处死，以断和谈后路、团结人心。然后，发兵讨伐叛军。

在这次战争中，康熙表现出杰出的政治、军事才能。他指挥有方，处置得当，临危不惧，运筹帷幄。在知己知彼的基础上，做出详尽的战略部署。在兵力调度上，他将清军分为两条战线，把湖北荆州和江西作为前线，以八旗劲旅固守，遏止叛军主力过江北上；将山东兖州和山西太原作为后方支点，调重兵把守，控制南北和东西两条孔道，以策应前线。在兵将应用上，不论亲疏贵贱，一律赏罚严明，而且大胆起用汉将，并破格提拔有才之汉将。按照这些部署，到康熙十五年底，清军逐渐占据了优势，进入了战略反攻阶段。

康熙还采取了"剿抚"并用、逐个分化的方针，对吴三桂坚决打击，其余则视为胁从，力主招抚。发兵之初，他就及时下诏停撤耿、尚二藩，并善待其在京家人，而后劝降叛军西线主将陕西提督王辅臣，以孤立吴三桂，从而集中兵力、重点打击。为安定云贵军民，下诏如能弃暗投明，都论功行赏，以此笼络人心。作战期间，康熙仍照常办公，甚至每天还去景山游猎，以显示自己胸有成竹，稳定军心、民心。

在康熙的一番运筹帷幄下，清军很快就掌握了战场的主动权，吴三桂连战皆败，不久死去，把一副烂摊子甩给了孙子吴世璠。14岁的吴世璠无法指挥拥兵自重的诸将，叛军在战场上失去了统一的指挥，终于遭到大溃败。康熙则有条不紊地指挥各路军队，一鼓作气，杀向吴三桂的老巢。

康熙二十年（1681年）九月，清军围困昆明，十月二十八日吴世璠自杀，二十九日叛军出城投降。至此，历时八年的"三藩"之乱被彻底平定。

在这场斗争中，年仅20岁的康熙在老谋深算的吴三桂面前没有张皇失措，而是沉着冷静，从容应对，招招式式都显示出了稳当得体的统帅风范。

平定"三藩"之乱后，康熙威望大为提高，统治地位进一步巩固。然后，康熙为了安定南疆，防止藩王势力东山再起，对三个藩王部属做了妥善处理和安置。藩属部队撤回北京，归中央指挥；在各省、各府的军事要地派八旗兵驻防，加强地方军事管理；对三藩属下财产，一律籍没充公，改善了国家财政；清除藩地弊政，由中央任命得力地方官进行整肃；永不把兵权爵位及土地封给大臣世代相传。这些措施的实施，加强了国家统一，巩固了中央政府的权力，促进了经济、政治的发展。

一个无比英明的决策

康熙的伟大历史功绩之一，是收复了我国美丽的宝岛台湾。从此，台湾回归中华版图，永不分离……

学过地理的人都知道，今日中国的版图好似一只昂首东方的"雄鸡"，而台湾岛和海南岛就如雄鸡的两只粗壮有力的脚，支撑起了雄鸡的整个身躯。因此，如果说康熙是一位英明的皇帝的话，收复台湾并将之纳入中华版图就是他无数个英明决策中至为耀眼的一个，也显示出了一个顶尖政治家能见人所未见的政治素质。

宝岛台湾自古就是中国的领土，与大陆福建省相对，其名称在中国历史上屡有变化，最初叫琉球，明万历时始称台湾。整个岛富饶美丽。岛上的人民，多数是福建人的后裔。

16世纪，通往东方的新航路被发现后，葡萄牙、西班牙、荷兰等西方殖民主义势力，在中国东南沿海地区进行掠夺，侵占领土。明朝天启四年（1624年）八月，侵占中国澎湖列岛的荷兰侵略者被明军驱逐后，余众两千余人逃往台湾，在台南台江登陆，并修筑台湾城（今台南市西安平港）、赤嵌楼（今台南市镇北坊）等城堡。明崇祯十五年（1642年），荷军在淡水（今新竹）击败西班牙军队后，迫使西班牙殖民势力从台北地区撤出，从而独霸台湾全岛。荷兰殖民者的残暴统治，激发了台湾和大陆人民反抗侵略、收复台湾的决心和勇气。

这时，明将郑成功顺应人民要求，决意收复台湾。

郑成功，幼名福松。其父是曾做过海盗的南明水师将领郑芝龙，母亲则是出生于日本长崎县平户市的田川氏，郑成功本人也出生于母亲的故乡平户，6岁时被父亲接往福建老家，后被送往金陵求学。

郑成功从小聪慧地过人，15岁时就考取了秀才。后来南明隆武帝在福州即位，郑成功跟着父亲去朝见。隆武帝一见郑成功，十分喜爱，就赐他国姓朱，并封他为招讨大将军。

郑成功23岁那年，清军攻入福建。他的父亲郑芝龙投降了清朝，郑成功则坚决反对。他和叔父郑芝豹再三苦劝无效，只好带着少数志同道合的将士出走厦门，在水上组织起了一支抗清义军。

此后，郑成功多次进军长江沿岸。在战争中，他深深感到自己的地盘太小，要长期抗清，非得找个大一点的地方做根据地不可，于是他决定渡海去台湾。恰好这时，台湾来了一个人，要见郑成功。

来的这个人叫何斌，是台湾居民，因不堪忍受荷兰殖民者的统治而来到大陆。

何斌见到郑成功后，长跪不起，流着泪请他救救台湾百姓，还把一张亲手绘制的台湾地图送给了郑成功，并向他详细地说明了台湾水路变化和荷兰人的设防情况。郑成功听了何斌这番话后，心中更加坚定了赶走外国侵略者、收复台湾的念头。

顺治十八年（1661年）三月，郑成功亲率大军两万五千多人、舰船数百艘，从金门出发，来到台湾西南部的禾寮港。此地地势险要，荷兰殖民者在这里设置了许多炮台。郑成功在敌人的严密防守下，率军强行登陆。上岸后，郑成功军受到台湾人民的热情欢迎，在他们的支持下，大败荷军，将其压迫在赤嵌城和台湾城两个据点内。

郑成功对殖民者提出严重警告，责令他们投降。但荷兰殖民者以十万银子的犒赏作为交换条件，请求郑成功退兵，被郑成功严词拒绝。六月，郑成功的军队攻下了赤嵌城，迅速控制了台湾全境。

荷兰殖民者退守台湾城后，倚仗粮草充裕，意欲固守城池，等待外援。荷兰舰队也多次从海上进攻郑成功。郑成功一方面采取了长期围困的战术，围城达九个月之久；另一方面率领英勇水师，在台湾人民的配合下，同荷兰侵略者展开了激烈海战，给他们以毁灭性的打击。

康熙元年（1662年）初，荷兰殖民者被迫投降，荷军统帅揆一在投降书上签字，带领残兵狼狈从台湾退走，台湾光复。

之后，郑氏家族就在台湾居于统治地位。郑成功病逝后，其子郑经继承了领导权。康熙二十年（1681年），郑经死后，其部将冯锡范等杀死了郑氏的继承人，改立郑经次子郑克塽继承王位。郑克塽年幼，成为冯锡范的傀儡。由此，台湾出现了内乱。在此情况下，康熙决心为了国家统一收复台湾。次年六月，康熙任命施琅为福建水师提督，主管收复台湾战事。

施琅，福建晋江人，初为明总兵郑芝龙（郑成功的父亲）部下骁将，顺治二年（1645年）十一月，随郑芝龙降清。因坚决不从郑成功抗清，他的父亲、兄弟和儿子都被郑成功所杀。康熙元年，施琅被提拔为福建水师提督。他自幼生长海上，深悉水性及郑氏情形，一贯主张以武力围剿郑氏，攻取台湾。他曾经于康熙初年上书，要求武力收复台湾，但是鉴于当时的条件还不成熟，他的建议被否决。"三藩"之乱平定后，康熙决计武力收复台湾，便启用施琅并给予大力支持。

施琅为了能在征剿过程中加强与皇帝的联系，题请皇帝侍卫吴启爵"随征台湾"。兵部不准。康熙特批："爵在京不过一侍卫，有何用处？若发往福建，依施琅所请行。"施琅，深知吴启爵受皇帝信任，请他随征，无异于钦差大臣。后来吴启爵在关键时刻往来于福建与北京，呈报前线情况，传达皇帝指示，对统一台湾起了重要作用。

康熙二十三年（1683 年）闰六月，施琅统战船三百、水师两万攻打澎湖，一战而克，大获全胜。郑军两万士卒、上百只战舰全部被击溃，守将刘国轩遁归台湾。澎湖一破，台湾震慑。郑克塽、冯锡范、刘国轩等见大势已去，人心瓦解，台湾不能固守，即表示愿降。施琅入台受降，郑克塽亲率刘国轩、冯锡范等重要文武官员，齐集海边，列队恭迎王师，然后会见于天妃宫。施琅当众宣读皇帝赦免他们的诏书。郑克塽等遥向北京叩头谢恩。

施琅入台之后，不负康熙的期望，未对郑氏进行报复，而是前往郑成功的庙宇行告祭之礼。他知道郑成功在台湾官兵心目中的地位。在台湾政权变换、人心浮动的时刻，这一举动，对于安定郑氏官兵的情绪、稳定社会秩序无疑产生了重要的社会效果。

捷报传到北京后，康熙精神异常振奋。将收到捷报那天所穿的衣物赐给施琅，并赐五律一首，写道：

> 岛屿全军入，沧溟一战收。
>
> 降帆来蜃市，露布彻龙楼。
>
> 上将能宣力，奇功本伐谋。
>
> 伏波名共美，南纪尽安流。

伏波指东汉名将马援，曾被封为伏波将军。康熙借此称赞施琅智勇双全，建立奇功，可与马援齐名，流芳百世。

康熙二十二年（1683 年）十二月，郑克塽等奉旨进京。康熙对原台湾的官员全都给予封赏，让他们在朝中为官。尤其值得一提的是康熙对郑成功子女的态度，他不但认为郑成功、郑经并非"乱臣贼子"，命将其父子灵柩归葬其故乡南安，还亲自赠送了一副对联："四镇多二心，两岛屯师，敢向东南争半壁；诸王无寸土，一隅抗志，方知海外有孤忠。"用此挽念郑成功收复中华故土的不朽业绩。

此后，康熙在台湾设一府三县——台湾府和台湾、凤山、诸罗三县，隶属福建省。并在台湾设总兵一员，驻兵八千，在澎湖设副将一员，驻兵三千。

康熙收取台湾，完成台湾和大陆之间的政治统一，大大促进了以后台湾的政治、经济与文化的发展。由此台湾成为我国东南海上的重镇，有利于加强和巩固我国东南沿海的国防，有利于抵御西方殖民主义势力的入侵。

康熙统一台湾的斗争，在中华民族悠久灿烂的历史上占有辉煌的一页，为后人留下了有益的借鉴和不朽的遗产。

谱写了一曲反侵略斗争的凯歌

康熙皇帝领导的反击沙俄侵略的雅克萨之战，是一场伟大的民族自卫战争。它挫败了沙俄侵略我国黑龙江流域的企图，维护了东北边境一个半世纪的安宁……

沙皇俄国原本是一个欧洲国家，同中国并不接壤。但从明朝末年起，沙俄扩张至西伯利亚东部的勒拿河流域后，建立雅库茨克城，作为南下侵略中国的主要基地。从此，它便不断地派遣武装人员入侵中国黑龙江流域。

明崇祯十六年（1643 年）夏，沙俄雅库茨克长官戈洛文派波雅科夫率兵一百三十二人沿勒拿河下行南侵，于这年冬天越过外兴安岭，侵入中国领土。十一月，这些侵略者到达精奇哩江（今结雅河）中游达斡尔头人多普蒂乌尔的辖地后，四出抢掠，灭绝人性地屠杀达斡尔族人，被黑龙江地区人民称为"吃人恶魔"。次年夏初，精奇哩江解冻后，他们又闯入我国东北部最大的内河黑龙江，沿途遭到各族人民的抗击。

清顺治三年（1646年），波雅科夫率领残部经马亚河、阿尔丹河进入勒拿河，逃回雅库茨克。波雅科夫回去后扬言，只要派兵三百名，修上三个堡寨，就能征服黑龙江。波雅科夫带回的有关黑龙江流域的情报和他提出的武力侵入黑龙江流域的打算，引起了沙俄当局的重视和赞许。

顺治六年（1649年），雅库茨克长官派哈巴罗夫率兵七十名从雅库茨克出发，于这年末侵入黑龙江，强占我国达斡尔头人拉夫凯的辖区，其中包括达斡尔头人阿尔巴亚的驻地雅克萨城寨（今黑龙江左岸阿尔巴金诺），遭到当地人民的抵抗。哈巴罗夫将同伙交由斯捷潘诺夫率领，自己回雅库茨克求援。次年夏末，哈巴罗夫率领一百三十八名亡命之徒，携三门火炮和一些枪支弹药，再次侵入黑龙江，强占雅克萨城，并不断派人四出袭击达斡尔居民，捕捉人质，掳掠妇女，杀人放火。

九月底，哈巴罗夫又率两百余人，侵入黑龙江下游乌扎拉河口（今宏加里河）我国赫哲人聚居的乌扎拉村，强占城寨，蹂躏当地居民。英勇的赫哲人民奋起抗击，并请求清政府予以支援。顺治九年（1652年）二月，清政府令宁古塔章京（官名）海包率所部进击，战于乌扎拉村，打死沙俄侵略者十人，打伤七十八人。清顺治十五年（1658年）六月，宁古塔都统沙尔瑚达率战舰四十艘同侵略军激战于松花江下游，歼敌二百七十人。顺治十七年（1660年），宁古塔将军巴海率水军破敌于古法坛村，斩首六十余，溺水死者甚众。

至此，清庭基本肃清了黑龙江中下游的俄军，但由于认识不够、力量不足及准备不充分，并没有彻底将其根除。沙俄仍以尼布楚、雅克萨等处为巢穴，筑城盘踞，不时地出没在黑龙江上游地区。

康熙亲政后，立意剿灭沙俄侵略军。但因"三藩"之乱的爆发，他只得暂时搁置此项计划，转而对沙俄采取和平外交的方针。他多次派人赴俄交涉，一开始，除了声色俱厉地提出几无用处的"严重抗议"外，便是要求和平协商处理两国领土争端。可惜，历史证明这些近似自欺欺人的做法毫无用处。傲慢的"北极熊"根本不予理会，相反，还变本加厉地扩大侵略活动，又窜至黑龙江中游地区筑室盘踞。

其实，英明如康熙者，当然知道解决领土争端仅靠所谓外交手段根本靠不住，除非打定主意让自己吃亏，否则，必须以军事手段予以打击。于是在平息"三藩"之乱的同时，康熙积极着手进行军事备战。康熙二十一年（1682年）春，也就是"三藩"之乱平息数月后，康熙亲自"省观"吉林，"巡视边疆，远览形胜"，为反击沙俄作政治动员和军事方面的进一步准备。

康熙于当年五月初返回北京后，当即做出"征剿"沙俄的战略决策。他先派遣副都统郎坦、彭春等率两百余人的小股部队，以打猎为名，前往黑龙江侦察敌情。年底，郎坦等顺利完成侦察任务，向康熙报告说："攻取罗刹（时人对沙俄侵略者的篾称）甚易，发兵三千足矣。"还不到30岁的康熙，深谋远虑，当即采取如下措施：一是调取乌拉、宁古塔兵一千五百人，并携带红衣大炮、鸟枪等，由宁古塔将军巴海、萨布素率领全黑龙江；二是在瑷珲、呼玛尔两处建立木城，与沙俄对垒；三是备足军粮，令科尔沁十旗和锡伯、乌拉地区官庄提供一万两千石粮食，足够三千部队三年之用。清军至驻地，即行屯田耕种，再由索伦人接济牛羊。为保证长期粮饷供应不断，康熙又指令开辟辽河、松花江与黑龙江的水陆联运。这就从根本上解决了运送粮饷的困难，保证反侵略战争的最后胜利。从长远看，康熙的这些措施对开发东北地区也有重大意义。

康熙二十四年（1685年）二月，萨布素提出攻取雅克萨的作战计划。康熙又从京师、东北及河北、山东、河南、山西等地调来八旗官兵，另从福建调来藤牌兵四百人，共计兵力近三千人，先集结于瑷珲（黑龙江城）。为保证前线与朝廷之间军事信息的畅达，康熙特指示自墨尔根（齐齐哈尔）至雅克萨之间设立驿站，负责传递军情。在康熙的精心筹划下，军事部署十分完备。四月二十八日，彭春、萨布素统率清军自瑷珲水、陆并进，目标直取雅克萨。六月初，清军大胜，沙俄遭到重创，被迫出城投降。清军将七百余俄国人遣返俄国。另有俄军四十多人投降，不愿回国，被编为康熙俄裔近卫军。被俄军俘虏的中国人质和奴隶，发回原地。不过令人遗憾的是，为了显示大清朝以和平为重的诚意，康熙命令清军毁掉雅克萨木城，军队撤至瑷珲、墨尔根两处筑城屯种，从而为沙俄的又一次入侵留下隐患。

果真，清军撤离雅克萨不久，沙俄即派遣陆军大佐伯拜顿率军赶到尼布楚。七月初，他会合督军托尔布津的残兵败卒共五百余人，再次返回雅克萨据守。康熙二十五年（1686年）五月，萨布素率部兵临雅克萨城下，双方炮击，枪弹交加。沙俄军损失严重，托尔布津被击毙。清军将俄军围困达五个多月。至严冬，俄军死亡八百余人，仅剩一百余人。当时，沙俄正和瑞典争夺芬兰，无暇东顾，被迫遣使来华求和。康熙即下令清军解围。第二次反击战又以清军胜利告终。

康熙二十八年（1689年）七月二十四日，双方使臣在尼布楚谈判边界问题，共同签署了《尼布楚条约》。这是中俄两国签订的第一个条约，共有六项条款，包括中俄东段边界的划分、越界人员的处理、中俄贸易等内容。其中明确规定，以额尔古纳河、格尔毕齐河和外兴安岭为界，整个外兴安岭以南、黑龙江和乌苏里江流域包括库页岛在内的广大土地都是中国的领土。俄国撤出雅克萨及所有在中国境内的军队和据点。外兴安岭与乌第河之间的地区，暂存待议。

《尼布楚条约》的缔结，是清政府外交为辅、武力为主策略的胜利，从而遏制了沙俄侵略者的凶焰，以法律的形式明确了中俄东部国界，捍卫了领土主权的完整，为我国东北边疆换来了一百五十多年的安宁。

但是，必须指出的是，《尼布楚条约》的签订是在清政府作出巨大领土让步的基础上达成的，使俄国取得了尼布楚周围及其以西原属于中国的广袤领土，为清末俄国对我国领土的进一步侵占埋下了伏笔。更为严重的是，《尼布楚条约》对原属我国领土的割让是在清政府业已取得反抗侵略战争胜利的基础上作出的，这为后世统治者尽管也取得边境反侵略战争的胜利（如清朝末期的中法战争等）却仍然出让国土的行径开了一个恶劣的先例。因此，至今仍有史家和政治家对该条约的签订存有不同的疑问，这里姑且不讨论。

不过，无论如何，反击沙俄侵略的雅克萨之战，都是一场伟大的民族自卫战争。它自始至终都是在康熙的筹划和指挥下进行的。康熙坚持收复失地，不畏强暴，敢于同一个从未交过手的敌人进行战斗的精神，显示了他过人的气魄和大无畏的勇气。

又一不朽的丰功伟绩

清康熙时期，为了维护国家主权和领土完整，康熙还对西北及西藏用兵，并取得了辉煌胜利。这是康熙皇帝创立的为后人所景仰的又一丰功伟绩……

清初，居住于我国西北方的蒙古族分为漠南蒙古、漠北喀尔喀蒙古和漠西厄鲁特蒙古三个部分。除了漠南蒙古早已归属清朝外，其他两部也都臣服于清朝。准噶尔是漠西蒙古厄鲁特的一支，本来在伊犁一带过着游牧生活。

但自康熙九年（1670年），噶尔丹夺得准噶尔部统治权后，野心勃勃，先兼并了漠西厄鲁特蒙古的其他部落，又向东进攻漠北喀尔喀蒙古。漠北喀尔喀蒙古在抵抗一阵失败后，几十万的漠北喀尔喀蒙古人逃到漠南，请求清朝政府保护。康熙派使者到噶尔丹那里，叫他把侵占的地方还给漠北喀尔喀蒙古。噶尔丹自以为有沙俄撑腰，十分骄横，不但不肯退兵，还以追击漠北喀尔喀蒙古为名，大举南犯。

噶尔丹的举动不但破坏了清朝多民族国家的统一和领土完整，而且给广大的蒙古牧民制造了深重的灾难。噶尔丹军队所到之处，草原上鲜血遍地，一片恐怖景象。

面对噶尔丹的恶劣行径，康熙迅速做出决策，首先安顿溃逃的喀尔喀部民，然后向噶尔丹发出通告，令其率众西撤，归还侵地，还召见在京的沙俄使臣，严正警告沙俄：支持噶尔丹，即有意要"开兵端"！但是，无论噶尔丹，还是沙俄，根本就不把康熙的警告当回事。

康熙二十九年（1690年）五月，噶尔丹以追南逃的喀尔喀为名，率军侵入乌尔会河一带，由于清军轻率出战，导致失利，使噶尔丹一直深入到距京师仅七百里的乌兰布通（今内蒙古昭乌达盟克什克腾旗南境）。为了巩固北部边疆，康熙于同年七月任命皇兄和硕裕亲王福全和皇长子允禔率军出征。康熙则亲自带兵在后面指挥。八月一日，清军与噶尔丹军在乌兰布通展开决战，大破噶尔丹军数万人。但由于清兵追击不利，致使噶尔丹北逃。

噶尔丹回到漠北，表面向清朝政府表示屈服，暗地里却与沙俄联手，重新招兵买马，准备卷土重来。康熙三十一年（1694年），康熙想与其和谈，便约噶尔丹会见，订立盟约。噶尔丹不但不来，还偷偷派人到漠南煽动叛乱。他扬言已向沙俄政府借到鸟枪兵六万，将大举向南进攻。

康熙在了解了噶尔丹的狼子野心后，于康熙三十五年（1696年）二月再次御驾亲征，部署三路兵马进剿。途中，他不以帝王之尊，而是与军士同食同宿，日唯一餐，渴饮浊水，甘受劳苦。噶尔丹闻知康熙亲征，落荒而逃。康熙亲率大军追赶五日，在昭莫多几乎将噶尔丹全军歼灭。噶尔丹仅带数人败逃。

经此一战，噶尔丹元气大伤。其在伊犁的老巢，已被他的侄儿所夺占。由于他的暴虐统治，新疆、青海部民都背叛了他。沙俄因其已无利用价值，也不再帮他。他到处流窜，无处安身，但仍拒绝接受康熙的招抚。

为了彻底解决噶尔丹问题，康熙三十六年（1697年）二月，康熙第三次亲征，噶尔丹余部纷纷倒戈。面对众叛亲离的局面，噶尔丹畏罪自杀。由他发动的叛乱，历时八年，终被粉碎。

为了纪念这次平叛斗争的胜利，康熙还御制了平定噶尔丹纪功碑，该碑位于今呼和浩特市旧城席力图召和小召（崇福寺）内。

清朝在取代明朝统治中原后，还进一步加强了对西藏地区的治理。

西藏历来就是中国的重要组成部分。早在唐代，中原王朝就与当时的吐蕃政权建立了亲密的关系。元朝时期，中央政府设立了管辖全藏地区的事务衙门——宣政院，并分封了十三个万户侯，对西藏实行全面治理。明代，除了沿用元代制度外，还分封了众多的宗教之王，让他们分别管理西藏地方的僧俗事务。

到了清朝时期，终于实现了对西藏最有效、最彻底、最完全的统治。顺治皇帝于顺治十年（1653 年）亲自册封了五世达赖，从此才有了延续至今的"达赖喇嘛"这个正式的封号，确立了达赖在西藏地区的宗教领袖地位。到康熙皇帝统治时期，当时西藏地区的最高行政官员第巴桑结（即藏王）表面上归附清朝，暗地里却与准噶尔部的噶尔丹勾结。

康熙二十一年（1682 年），五世达赖在布达拉宫圆寂，桑结密不发丧，直到十三年后，这一情况才被清朝发现。事情败露后，桑结没有经过中央政府的同意，擅自在康熙三十五年（1696 年）立了仓央嘉措为六世达赖。

过了几年，北方和硕特蒙古的拉藏汗跟桑结发生冲突，杀了桑结，并废掉六世达赖，另外立了一个达赖。这样，人们在究竟何人为六世达赖的问题上发生了严重的分歧，西藏地区的政局越来越混乱。为了稳定局势，康熙皇帝于康熙五十二年（1713 年）册封五世班禅为"班禅额尔德尼"，并按照封达赖之例，赐给他金册、金印，赋予其跟达赖喇嘛等同的地位。此后，清庭还规定达赖喇嘛在拉萨统治西藏的大部分地区，班禅额尔德尼在日喀则统治西藏的另一部分地区，自此还正式确定了达赖喇嘛和班禅额尔德尼的封号必须由中央政册封的规定。

为进一步加强对西藏的管理，康熙还首置驻藏大臣。这一机构的设置，标志着西藏与中央政府的关系进一步加强，西藏的混乱局面渐趋稳定。

为了西藏的长治久安，康熙还派兵进驻西藏，并选用四位当地王公组成西藏地方政府，联合掌政。同时，又在西藏广设驿站，密切了西藏与内地的联系。

安藏，是康熙一生中的重要业绩之一，为此他花费了近二十年的心血。他踏着前人的足迹，向前迈进了新的关键性的一大步。既加强了中央政府对西藏的有效管辖，使西藏地区得到安宁，又保护了西藏地区人民的利益。

康熙对西北及西藏的用兵，都取得了辉煌胜利，为雍正、乾隆两朝进一步加强管理边疆打下了坚固的基础，为清朝统一多民族国家的进一步巩固和发展，开辟了道路。这是康熙皇帝创立的又一丰功伟绩。

以强国富民为第一要务

民富国强是诸多统治者的追求。盖因民富则国家自然强大，从而国家的根基才能稳固长远。然而遍观史书，能做到者无几。康熙无疑是其中的佼佼者……

康熙认为"家给人足，而后世济"，因此，在他执政时期，坚持以经济建设为中心，采取了许多强国富民的措施。

首先是废止"圈田令"。清军入关后，最大的弊政莫过于圈占土地，跑马占田，任意阔夺。顺治朝时曾谕令禁止圈地，但令而不止。康熙八年（1769年），他亲政之始，便下达禁止圈地的命令，他在诏书中说："朕缵承丕业、义安天下，满汉军民原无异视。比年以来，复将民间房地圈给旗下，以致民生失业，衣食无资，流离困苦，深为可悯。自后圈占民间房地永行停止，其今年所已圈者，悉令给还。"清初公开掠夺民地的暴行，延续多年之后，终于被永久禁止。康熙这一措施对完成统一事业，巩固中央集权是有很大促进作用的，而且客观上也符合广大农民的愿望，有利于清初农业生产的恢复和发展。

水利是农业生产的命脉，康熙一直很重视兴修水利，他亲政以后把"河务"当作巩固清朝统治的重大政治任务。

黄河、淮河一直是我国为害较大的两条河流。在康熙执政的最初十五年内，黄河决口达六十九次，平均每年决口四五次。黄、淮河每次

决口都给中原产粮区和江南富庶之区造成惨重的经济损失，直接危及清政府的财政收入，影响到局势的稳定。顺治时，每年为治黄投资百数十万两，役丁夫数万，但成效不大。康熙时决心治黄淮两河，务求"一劳永逸之计"。

康熙十六年（1677年），康熙选中才能卓著的治河专家安徽巡抚靳辅任河道总督。在全力平叛"三藩"之乱、国家经济相当困难的情况下，康熙不为廷臣议论所左右，全力支持靳辅整治黄淮的大修计划，拨给治河经费二百五十余万两。此后，每年拨三百余万两。在康熙的严督下，靳辅尽心主持河务，历六年之艰辛，使黄河、淮河尽复故道，水患顿消。康熙高兴地说："河道关系国计民生，最为紧要。今闻河流得归故道，深为可喜。以后益宜严慎，勿致疏防。"此后三十年间，康熙曾六次亲自视察河工，实地考察，指授治河方略，对治河起到了领导与指导的重大作用。

康熙亲政后，还十分重视垦荒。顺治时虽进行了垦荒，但到康熙初期，农业生产萧条凋敝的现象依然存在。这种状况如继续下去，经济就难于恢复发展，不利于国家的巩固。因此，康熙制订了有利于发展垦荒的措施。第一，放宽开荒的起科年限。新垦荒地原定免赋三年，康熙十年改为免赋四年，康熙十一年又放宽到免赋六年，康熙十二年进一步放宽到十年后起科。起科年限的放宽能提高垦荒者的积极性，有利于农业生产的发展。第二，康熙还在经济上帮助百姓发展垦荒。他规定："有情愿开垦者，准其开垦；无力者，通省文武各官，给与牛种招垦。"第三，康熙对开垦后的田地，允许归开垦者所有，并在法律上加以保护，保障垦荒者的经济利益。他规定：凡数年无人耕种之地即算荒地，允许人们开垦，原主"不得复问"。对垦荒地，如有"豪强霸占，该督抚题参治罪"。

康熙的一系列措施对垦荒确实起到了促进作用，所以成效显著。使得"自古以来，无从开垦"的地区也大量"迁民"垦种，增加了耕地面积，使农业生产得到较快的恢复发展。

康熙亲政后，还多次减免钱粮。康熙朝虽然为了统一而征战频繁，军费增加，但他宁可自己节俭也要减免钱粮。他说："户部帑金，非用师赈饥，未敢妄费，谓此小民脂膏也。"当时每日出入宫廷，与康熙过从甚密的法国传教士白晋，在他的《康熙皇帝》一书中也说："康熙皇帝本人的生活是简单而朴素的。"据《清圣祖实录》统计，康熙一朝先后在全国二十余省共免钱粮五百四十五次，其中规模最大的一次是康熙五十年宣布的，三年之内，各省轮流通免地丁粮赋一次，总额达三千八百余万。这一措施虽然暂时减少了政府收入，但也减轻了农民的负担。

康熙在执政五十年时曾说过："每思民为邦本，勤恤为先，政在养民，蠲租为急。"他把蠲免看成"古今第一仁政"。数十年来，他躬身实践，收效明显。民困得到疏解，民力得到培植，国家储积充盈。值得称道的一件盛事，是康熙五十一年（1712 年）二月，康熙向全国宣布："滋生人丁，永不加赋。"即以五十年全国人丁数为准，"勿增勿减，永为定额。其后所生人丁，不必征收钱粮，编审时只将增出实数察明，另造清册题报"。康熙大胆取消新增人丁的人头税，这是历代所未曾有过的一桩根本性的大事。这一宣布，表明当时的经济已经高度繁荣。康熙的这一重大政策，还促进了人口与经济的迅速增长。至康熙晚年，全国耕地面积大幅度上升，人口也由数千万骤增至一亿数千万！清王朝正是在这样兢兢业业的皇帝治理下日渐一日地繁荣起来。

作为一代明君，康熙皇帝在历史上的功绩是不可磨灭的。然而，康熙一朝也犯了许多致命的错误，制造了许多的罪恶，有的甚至为害数百年，比如文字狱。

文字狱并非康熙始创，而是专制制度必然带来的罪恶。因此，在中国历朝历代均有发生。然而自康熙朝始，为害尤烈。

清朝皇帝的神经似乎更脆弱，对这类事情更敏感，章表诗文中一切够得上影射、暗示以至可以牵强附会的字句，都会被处以谋反罪，从而给作者带来杀身灭族之祸。

按清律，凡谋反者和共谋，主犯凌迟处死，三代内父、子、兄弟、

同居之叔伯兄弟及子中 16 岁以上男子全部斩首，不满 16 岁的男童阉割后罚为奴，母、妻、妾、姐、妹，不论长幼全部罚为奴。外戚师生朋友也逃不了干系，就是死了也要挖出来戮尸。

康熙一朝以及其父顺治、其子雍正及至其孙乾隆，都对汉族知识分子施以高压，或吹毛求疵，或望文生义，或捕风捉影，或图谋加害，或蓄意制造。文字狱惨案迭起，罗网撒向全国。据统计，光康熙一朝大小文字狱就不下十余次，较为出名的有两个。

第一个，发生在康熙十五年至十六年间（1676～1677 年），湖北人朱方旦著书两部，讲修养身心，练气聚功。朱方旦认为，脑是人体最重要的部位，人的意念、思想、记忆均藏在脑子里，并从那里释放出来。这个观点向当时占正统地位的理学提出了挑战。理学把"心"看成万物本原，所谓"圣人之学，心学也"。朱方旦与统治阶级的意识形态发生矛盾，遭到朝廷一些人的围攻。康熙二十年（1681 年），王鸿绪上疏参劾朱方旦"诡立邪说，煽惑愚民，诬罔悖逆"，大致意思就是说朱方旦居然不坚持以统治阶级宣扬的思想为指导，而是以另一套歪理邪说来蛊惑百姓，犯了阴谋颠覆政府罪。于是，朱方旦被康熙御批问斩。其著作"尽行销毁"。

第二个，发生在康熙五十年（1711 年），都察院左都御史赵申乔参劾翰林院编修戴名世"妄窃文名，恃才放荡，私刻文集，肆口妄谈"。所谓"私刻文集"，是指康熙四十年（1701 年）间，戴名世的学生尤云鹗检举老师将平日所藏钞本百余篇刊印成《南山集偶钞》，四处宣扬，意思大概就是说戴名世未经类似今天出版社之类的文化检查机构审定就私自出书。这条罪名当然不够严重，顶多就是出版了一些非法作品。问题的关键是，该书对历史、社会、人情、风俗均有记载和议论。触犯了当朝大忌的是，书中在写到有关南明的人物时，都以南明各朝如弘光、隆武、永历的正式称呼为名，没有在称呼前冠以"反动派"之类的定语，这当然让朝廷很不爽。加之戴名世平时恃才傲物，不喜与达官贵人交结，已得罪不少人，这回终于被赵申乔抓住了短处。康熙接收奏章后，降旨严察。此案审理历时近两年，最后株连戴、方（苞）两家，三代之内，年16岁以上者俱处死，母女妻妾及15岁以下之子孙俱给功臣家为奴。此外，刻印者、作序者等无一幸免。

总之，无论康熙多么英明，这些令人发指的行为，都将永远被钉在历史的耻辱柱上。

康熙六十一年（1722年）十一月，康熙病逝，享年69岁，被葬于清东陵的景陵（今河北省遵化境内）。从此，他擒鳌拜的机智，平"三藩"的果敢，收复台湾的英明，击败沙俄侵略者的壮举，用兵西北和西藏、维护祖国统一的丰功伟绩以及强国富民的努力与他大兴文字狱等错误与罪恶一起，成为他鲜明的印记，永远铭刻在历史的记忆中。

第三章　大有作为的雍正王朝

"不明不白"的雍正继位

在清王朝的历史上，雍正算得上是一位迷雾重重的帝王。他的继位，历来是清史研究中的重大谜案之一，至今仍然争论不休……

雍正（1678～1735年），姓爱新觉罗，名胤禛，康熙第四子。《清史稿·世宗本纪》上说他"有异征，天表魁伟，举止端凝。"他于康熙三十七年（1698年）被封为贝勒，四十八年（1709年）晋封雍亲王。此间诸皇子为谋求储位，各结私党，钩心斗角极为激烈，当时的太子胤礽两立两废。康熙六十一年（1722年）十一月十三日，康熙在北郊畅春园病死，胤禛于二十日登基即位，此即雍正皇帝。

有关雍正继位的问题，一直是清史研究中的重大谜案之一。

一种观点认为雍正是通过矫诏篡位。在康熙病逝前后，雍正精心策划了篡位阴谋，篡夺了皇位。在具体如何矫诏上，通常有四种说法。第一种矫诏说法，是改"十"为"于"说。胤禛在位时就有人说："圣祖皇帝（指康熙）原传十四阿哥允禵天下，皇上将十字改为于字。"雍正由此登上龙座。

第二种矫诏说法，是改"禛"为"禛"说。皇十四子允禵在康熙朝时叫胤禛，康熙遗诏传位给胤禛，胤禛改"禛"为"禛"（禛之右部分"贞"古时写作"貞"），从而得天下。

但细究起来，以上两说难以成立，因为康熙遗诏应是用满文书写，用满语宣读，不可能被篡改。此外，就算用汉语书写，按当时行文制度，在皇子称呼前一定有"皇"字，故在提到允禵时，应是"皇十四子……"，改"十"为"于"则成"皇于四子……"，显然弄巧成拙，且传位给谁，应用"於"字，"于"字是"於"字今日的简化字，在清代并不通用，在关系重大的遗诏中更不会用。还有，"禛"与"禵"虽字形相近，但改禛为禵，要不露痕迹恐亦非易事，雍正应当不会用这种假诏书去骗人。

第三种矫诏说法，是流传民间的去"十"字说。该说认为，康熙皇帝临终前，想传位给十四子允禵，但因说话时舌头塞涩，当说到"十"字时，停顿一会儿，方才说出"四子"二字。这样，负责传旨的隆科多（时任理藩院尚书，领步军统领事，为胤禛心腹）就有机可乘，故意大声说道："皇上有旨，诸皇子到园，不必进内，单召四皇子见驾。"隆科多有意漏说"十"字，胤禛便轻易继承了帝位。

与此相似另有一说：康熙病笃时，胤禛与诸皇子在宫门外问安，隆科多独受顾命于御榻前，康熙书"十四皇子"于掌心，俄而崩，隆科多抹去掌上"十"字，只留"四皇子"三字，胤禛得立。

第四种矫诏说法则是这样的：康熙病中降旨召允禵来京，但谕旨为隆科多截留，允禵不知，自然不到，于是隆科多假造圣旨，立胤禛。

第三、四种说法都与隆科多有关，有学者认为，隆科多既非内阁大学士，又非兵部主管，由他一手遮天干成矫诏立胤禛这一重大事件，是难以想象的。

实际上，除了以上几种矫诏说法外，民间还有一种说法，那就是《清朝野史大观》所载的说法。《清朝野史大观》是一部辑录清代遗闻轶事的著作，初版于 1915 年。

我国自古以来，稗官野史就十分发达。虽不为正人君子之流青睐，却也能与正史并行不悖，原因就在于它保存了丰富、真切的社会生活史料。这些史料虽不无失实乃至荒诞之处，但它的鲜活、丰满却为正史所不及。就此而言，这部《清朝野史大观》是比较出色的。书中采录有清一代的各家笔记达一百五十余种，文字近两百万，可谓搜罗宏富、浩然巨帙。所涉人事，上自帝王官宦，下至庶民贱役，无所不包，但又区别良莠、有所取舍。相比其他稗官野史，更具参考价值。

该书记载说："康熙六十一年冬，康熙本来准备赴南苑行猎，不料突然染病，回驻畅春园。在病情日渐恶化而至弥留之时，手书遗诏"朕十四皇子，即继承大统"，所谓十四皇子者，允禵是也，英明贤毅，曾统师西征，甚得西北人心，故康熙早有意立之。不料雍正侦得遗诏所在，欲私改"十"字为"第"字，盖他自己为第四皇子也，若能将"十"字改为"第"字，自己即可继承大统。遂独自一人入畅春园侍疾，而不许各兄弟入内，时康熙已昏迷。突然间，康熙清醒过来，见雍正一人侍候在榻侧，知被设计，以枕头掷击雍正，不中，雍正即跪而谢罪。未几，康熙逝世矣，雍正由此而得到帝位。

这种说法看似有可能，但也太过牵强。试想，改"十"为"第"谈何容易？况且，按当时书写习惯，若真传位于雍正，当写"皇四子，即继承大统"云云，而断不会写"皇第四子"之类，可见此说更难让人信服。

除了上述矫诏夺位说外，民间还有雍正杀父得位的传闻。传闻还是来自这本《清朝野史大观》。该书记载的这种说法说，康熙皇帝垂危之际，只胤禛一人随侍在侧，康熙欲召见朝廷重臣托付后事，但无一人近前，康熙心知有变，情急之下，取下手腕上一串玉念珠掷向胤禛，不久传出"龙驭上宾"的消息。照此记载，康熙弥留之际，与胤禛的关系已同水火，则令人自然联想到胤禛害父夺位的可能性很大。

雍正朝文献《大义觉迷录》中则另外记载说，康熙在畅春园病重，胤禛于是进了一碗参汤，不知如何，康熙就崩了驾，胤禛就登了位。有学者根据此记载指出，当时皇十四子允禵将凯旋回朝，允禵即位几成定局，这就促使胤禛加紧夺位活动。康熙六十一年（1722年）十一月初七日，康熙皇帝患轻感冒，于畅春园息养，服药数日后，已基本痊愈。这时，胤禛进掺毒参汤，也有说隆科多在御用食品中下毒药，康熙服食后，中毒不省人事。接着，隆科多一面以军队控制局面，一面传假遗诏，宣布康熙皇帝传位给胤禛，局势遂不可逆转，胤禛取得了皇位。

但许多人认为，康熙被毒死一说是很难成立的。康熙向来怕遭人暗算，因此戒备极严，且他本人对服用人参根本不感兴趣。据康熙朝的《起居注册》记载，他曾说过："南人最好服药服参，北人于参不合，朕从前不轻用药，恐与病不投，无益有损。"因而在参汤中下毒害他，实是难事。

当然，更多的学者认为，雍正是合法继承帝位的。原因有以下几点：一是康熙末年，如果真如传说所言康熙要传位于皇十四子——也就是雍正的同母弟允禵的话，为何还将允禵封了大将军，让他在自己疾病缠身、老之将死的情况下派去驻外呢？二是康熙病重时曾数次派时为皇子的胤禛代其前往天坛祭天。在封建时期，祭天是头等大事，皇帝不能亲自去的时候，前往祭天的只能是他的继承人。还有，康熙特别喜欢胤禛之子弘历，说弘历之母是"有福之人"，暗示帝位将由胤禛传至弘历。《清圣祖实录》还记载康熙临终时，将几位皇子和重臣召至御榻前说："四子胤禛，人品贵重，深肖朕躬，必能克承大统，著继朕登基，即皇帝位。"

此外，一本成书于乾隆年间的清代史料笔记《永宪录》也记载说：康熙"以所带念珠授雍亲王"，以示胤禛继位的合法性。

由此可见，雍正合法继位的说法是说得过去的。

2013年8月，辽宁档案馆展出"康熙遗诏"，遗诏用汉、满、蒙三种文字书写了同一内容。其中确实写有"雍亲王皇四子胤禛，人品贵重，深肖朕躬，必能克承大统，著继朕登基，即皇帝位……"等字样。

在这份诏书中，满文的"于"和"十"自然是完全不同的两个字（同样，"十"和"第"也是完全不同的两个字），而汉文诏书中的"于"字也确实是用繁体字"於"，和"十"字在字形上相去甚远，难以更改。因此，相关专家认为，这份诏书完全可以证明雍正继位的合法身份。也就是说，他并非篡位。

然而必须指出的是，早就有人在考证后认为，所谓康熙的遗诏是在康熙死后的第三天才拿出来的，虽然这次展出的遗诏为真，但并不能完全说明问题。因为三天时间，什么不能干？雍正完全有可能对遗诏做手脚，比如这份展出的遗诏难道就不可能是雍正及其支持者自己拟就的吗？

看来，要真正理清历史的真相，尚赖史学家与考古学家的不断考证。

政绩才是硬道理

　　无论雍正的继位合法与否，雍正即位后的做法都值得称道。因为他一生都在努力工作。他知道，只有自己做出成绩，才能真正让别人信服……

　　雍正自即位那天起，人们对其继位合法性的质疑就从未中断过。雍正不是傻子，他对于人们对他继承人身份的种种议论和非议，不是不知道。不过雍正确实是个聪明人，他知道，堵住别人嘴巴的最好办法，就是做出点成绩让大家瞧瞧。只有让政绩说话，才能让天下人知道，他雍正确确实实是当之无愧的皇位继承者。

　　在这方面，雍正做得还真是不错，值得"点赞"。

　　雍正之勤政，史上几无人可比，或者那个明末帝崇祯可与其媲美。雍正一生，几乎都将自己的精力耗费在与无尽的奏章作斗争的事业当中。他从来不将事情交给手下去办，其一应当是担心他们办不好，其二则是怕他们办得太好了而权力越来越大，而且也会反衬自己的"无能"。这种矛盾的心态让他宁可燃烧自己，逼出自己每一分潜能来批改奏章。

　　身为皇帝，他不好女色，不听小曲，也不做木工活，也不像他的父亲和儿子那样，遍览祖国的大好河山，而是成了一个标准的"宅男"。史载他在位十三年里，几乎每天都工作到深夜。一年之中只有在生日那天才会休息。而且每天的睡眠还不够四个小时。

　　雍正曾经说自己是"以勤先天下，"这绝不是自夸。自古以来，他的勤勉，是任何专家学者都无法否认的。

　　"朝乾夕惕，宵衣旰食"，这样的工作态度不要说高高在上的一国之君，就是普通的人也很难做到。雍正却用这样的工作态度坚持了十三年，在这十三年之中，共处置了六部及各省题本十九万两千余件，每年平均达一万四千七百多件。每日览题本在四十件以上，光是在这些题本上的朱批就有八千余字。再加上奏折，雍正亲手批阅的奏折有两万三至三万五本，可见工作之繁重。

雍正一朝，还大力整顿吏治。对于贪污贿赂之人严厉打击，罢其官，抄其家。但如果仅是罢官，那么下任官员就会变本加厉地剥削百姓以弥补上任的亏空。雍正认识到了这一点，所以他下令罢官之后就开始追讨，绝不宽恕任何人，包括皇亲国戚。履郡王是雍正的十二弟，在主管内务府时亏空甚多，为如数返还亏空，他甚至不得不变卖家中器物。

雍正下令禁止任何人为亏空者出资垫钱或者为其赔偿。雍正元年（1723年）秋，在通政司钱以垲的提议下，雍正采取了更为严厉的措施，即一旦查出亏空的官员，立即派人搜查他们的办公之地，还将他们的家产贴上封条，并且把变卖的财物追回来，防止他们转移、隐匿财产。待钦差大臣查清后，不但会将其家产抄得一干二净，还会株连他们的亲戚甚至子弟。查抄的力度之深，范围之大，前所未有，雍正因此有了"抄家皇帝"的称号。

在如此打击之下，有些官员想以死来逃避自己的罪责，为子孙保留一些家产。雍正指出：这些官员十恶不赦，死并不能抵罪，父亲死了，儿子还债，亏空的钱粮必须追回。

历史证明，雍正的这些措施确实行之有效，给贪污贿赂成风的官场以致命的打击。五年之后，国库存银由八百万两激增到五千万两，因此有学者评价说"雍正一朝，无官不清"，这是对雍正的最大肯定。

针对当时人口增多的情况，雍正朝还取消了人头税，改为摊丁入亩，即将人丁税摊入地亩，地多者多纳，地少者少纳，无地者不纳。这项措施有效地减轻了农民负担，受到了百姓的拥护。但是这在康熙"盛世滋生人丁，永不加赋"的基础上，又刺激了人口的增长，到乾隆时期，清朝人口已达三亿，加重了社会负担，为盛世的衰落埋下了伏笔。

雍正为百姓做的另外一件大事是废除了贱籍。这种制度古已有之，分军籍、民籍和贱籍。民籍是士农工商。贱籍是贱民，他们的地位非常低下，不能读书，不能参加科举考试，这种身份还世代相传。

雍正下令取消贱籍，把原来的贱民编为民籍，于是社会上就只有军籍和民籍。

取消贱籍，毋庸置疑，这是一种进步，无论从观念还是从社会现实来说，这都是一种进步。

在维护国家统一和稳定方面，雍正也作出了贡献。当时，我国西南及其他一些少数民族聚居的地区，实行土司制度，其职务为世袭，仅名义上接受清朝的册封。土司们生杀予夺、骄恣专擅。这种制度妨碍了国家的统一和地区经济文化的发展。雍正即位后，废除了云南、贵州、广西、四川、湖南各地的许多土司，改成和全国一致的州县制度。"改土归流"是一场严重的斗争，许多土司武装反抗，雍正坚决派兵平定。在平叛战争中，虽然也累及无辜，给少数民族造成伤害，但从长远来说，"改土归流"是进步的措施，打击和限制了土司的割据和特权，对民族地区的经济文化发展和国家统一有利。

雍正前期曾实行严格的海禁，但后因考虑沿海的百姓疾苦，于雍正五年（1727 年）开放洋禁，允许民间人士往南洋贸易。海禁仅施行于闽、粤两省。雍正对当时的鸦片贸易也较为重视，他的鸦片政策是：贩卖毒品，严惩不贷，严格区分药用鸦片与毒品鸦片烟，毒品严禁，药用不干涉，且照顾小本商人的正当利益。对待西欧来的使者，雍正也以礼相待。他虽竭力反对天主教等在中国民间的传播（这其中一部分的原因也在于封建皇帝思想的保守性），但同时，他对天主教也并无恶意。雍正五年，博尔都噶尔（今葡萄牙）使臣麦德乐来京。雍正对他的优待使他深为感激，甚至于雍正寿辰之时，在天主堂作祈祷，为之祝寿。雍正还选了一些有才能的传教士在宫中研制外国仪器和烧造材料。后来，英国人马戛尔尼来华，有一部分原因就是因为雍正在伏尔泰笔下的"开明"形象为欧洲人所共知，使他们对中国充满了美好的幻想。

总之，雍正继承皇位是康熙之幸，也是国家之幸，它使康熙末年官场风气败坏、贪污贿赂盛行的局面得到了改善。这一时期吏治清明，国库充盈，为乾隆鼎盛局面的出现奠定了良好的基础。

当然，雍正的一些做法也并非一好百好。比如，雍正朝实行的许多政策，现在来看，往往有一时冲动的嫌疑。如强迫福建和广东人学习官话，坚持到处宣讲他的《圣谕广训》，停止浙江人的乡会试等，都是一时发怒的结果，并没有通盘考虑。

对待官员，雍正更是喜怒不定，让手下官员个个胆战心惊。"伴君如伴虎"，此话不假，更不要说天性暴躁的雍正了。如雍正对福建陆路提督丁士杰原是赏识提拔，后因小事遭到雍正的破口大骂，过了十几天，雍正又重新夸奖起他来。雍正喜怒无常的性格由此可见。

著名清史专家冯尔康先生如此概括雍正的性格：雍正的自信心有助于他的坚强果敢，但是自信太过，作为皇帝，就容易阻塞言路，影响了政治的改良。

雍正的刚愎自用，当时朝中对此颇有微词，说他"性高傲而又猜忌，自以为天下事无不知无不能者""群臣莫能矫其非""为人自圣"等。

有人说雍正听不得不同意见，不能采纳臣下的建议，这有一定依据，但却不完全符合事实。其实，雍正对于自己所犯的错误还是常常勇于承认的。如雍正四年（1726 年）九月，甘肃巡抚石文焯为了禁绝私钱，建议在甘肃开炉铸钱。雍正最初不允，但不久，雍正就改变了态度，在朱批中写道："禁止私钱一事，果如所议，钱法既清，而民用亦裕，区画甚属妥协。彼时朕虑未周详，故谕暂缓，今已准部议矣。"老老实实承认自己原来考虑不周全，对于一向圣明的皇帝来讲，殊为难得。为此，雍正还自我标榜说："朕非文过饰非之人。人非圣贤，孰能无过。尔等果能指摘朕过，朕心甚喜。君子之过也如日月之食，人皆见之，及其更也，人皆仰之。改过是天下第一等好事，有何系吝。"

雍正是个为政务实的君主，不可能事事都文过饰非、刚愎自用。但是他确实有许多过于自信而匆忙行动的措施。大概是由于改革心切而又未能动员各方力量所致，而他的勇于认错的态度也多少弥补了这点不足。

总之，雍正时代因为雍正鲜明的个性而打上强势改革的印记，这是后人无法否认的事实。

骑在皇帝头上的人会死得很难看

年羹尧是清朝显赫一时的大将军，屡立战功、威镇西陲，满朝文武无不服其神勇，曾经得到雍正的特殊宠遇。然而他却又被雍正削官夺爵，赐自尽，实在令人扼腕叹息……

中国有个成语叫"功高盖主"，意思是说，如果一个臣下的功劳太大，会使君主受到震动而对你不放心。一般情况下，这种功臣的结局大都不妙。

清雍正年间的年羹尧就是一个活生生的例子。

年羹尧（1679～1726年），字亮工，号双峰，原籍安徽怀远，后改隶汉军镶黄旗。其父年遐龄官至工部侍郎、湖北巡抚，其兄年希尧亦曾任工部侍郎。他的妹妹是雍正胤禛的侧福晋，雍正即位后被封为贵妃。年羹尧的妻子是清朝贵族和著名词人纳兰性德的女儿，继室为宗室辅国公苏燕之女。可见，年羹尧是正宗的皇亲国戚。

年羹尧一生最大的功绩是军功，但他却是自幼读书，颇有才识。康熙三十九年（1700年），年羹尧中进士，不久授职翰林院检讨。翰林院号称"玉堂清望之地"，庶吉士和院中各官一向由汉族士子中的佼佼者充任，年羹尧能够跻身其中，也算是非同凡响了。

由于他的皇亲国戚身份，加之本人颇有才学，因此他在官场上也是一帆风顺，先做四川巡抚，后升为四川总督，康熙六十年（1721年）又做上了川陕总督。康熙死后，雍正命他与抚远大将军延信共同执掌西北军务。由此，年羹尧成为雍正即位后的左膀右臂，备受恩宠。

雍正元年（1723年）十月，青海和硕特蒙古部首领罗卜藏丹津发动叛乱，妄图控制青藏地区，这对于刚刚登基的雍正是个不小的考验。

雍正随即任命年羹尧接任抚远大将军坐镇西宁，指挥平叛，许胜不许败，以帮助他稳固皇位。

年羹尧也算争气。经过充分的作战准备，在雍正二年（1724年）初，年羹尧下令诸将"分道深入，捣其巢穴。"各路兵马遂顶风冒雪、昼夜兼进，迅猛地横扫敌军残部。在这突如其来的猛攻面前，叛军土崩瓦解。罗卜藏丹津仅率两百余人仓皇出逃。清军追击千里，擒获罗卜藏丹津之母和另一叛军头目吹拉克诺木齐，尽获其人畜部众。罗卜藏丹津本人化装成妇人才得以逃脱。由此，"年大将军"之威名，大江南北，人尽皆知。

对于年羹尧的功劳，雍正心知肚明。他曾极为肉麻地对年羹尧说："朕实不知如何疼你，方有颜对天地神明也。西宁危急之时，即一折一字恐朕心烦惊骇，委屈设法，间以闲字，尔此等用心爱我处，朕皆体得。总之你待朕之意，朕全晓得就是矣。所以你此一番心，感邀上苍，如是应朕，方知我君臣非泛泛无因而来者也，朕实庆幸之至。"

可以说，刚刚即位不久的雍正，对此时的年羹尧可谓宠得不成样子。比如有一次赐给年羹尧荔枝，为了保证新鲜，雍正特令驿站必须在六日内快马送到（从京师到西安），这难免让人想起当年唐明皇"一骑红尘妃子笑"的典故。至于其他的赏赐，如奇宝珍玩、珍馐美味更是隔三差五地就送到年羹尧的军中。除此之外，年羹尧的家人有什么事情，雍正也是关怀备至，嘘寒问暖，连年羹尧的妹妹年贵妃和外甥福惠（8岁时夭折）的身体状况，雍正也常常在下发给年羹尧的手谕中特意告知。

就连朝廷重要官员的任免和人事安排，雍正也是频频询问年羹尧的意见，并给予他很大的权力。在年羹尧管辖的区域内，大小文武官员更是一律听从年的意见来任用。比如雍正元年（1723年）四月，雍正命范时捷署理陕西巡抚，不久想要改为实授，把原任巡抚调为兵部侍郎，雍正特和年商讨这项任命。另一次雍正在安排武职官员时"二意不决"，就征询年羹尧的意见，问他如果将陕西官员调往他省升用"你舍得舍不得"，要他"据实情奏来，朕依尔所请敕行"。四川、陕西以外官员的使用，雍正也经常征求年的意见。一次河南开归道一职缺出，雍正一时"再想不起个人来"可以任用，就与年羹尧商量其人选。还有一次，雍正听到对京口将军何天培的为人有不同意见，就问年羹尧是否也有所耳闻，并希望他据实上奏，以决定其去留。年羹尧密参直隶巡抚赵之垣庸劣纨绔，不能担当巡抚重任，雍正遂将赵革职。

青海平定后，雍正在给年羹尧奏折的朱批中写道："尔之真情朕实鉴之，朕亦甚想你，亦有些朝事和你商量。"年羹尧进京期间，即与总理事务大臣马齐、隆科多一同处理军国大政。雍正还因为他"能宣朕言"，令其"传达旨意，书写上谕"。年羹尧俨然成了总理事务大臣。

雍正还将年羹尧视作可以说"心里话"的"知己"。比如，雍正曾语重心长地对年羹尧说："朕要是不做一个出色的皇帝，就对不起你如此对朕；但你要是不做英武超群的大臣，那也不能回报朕对你的知遇之恩。但愿我们两个能给后人做千古榜样。"他还常念叨说，如果朝中多几个像年羹尧这样的大臣的话，那大清帝国还愁不强大？年羹尧听雍正这么推心置腹，那还不满心欢喜？

此时的年羹尧，"春风得意马蹄疾"，完全处于一种被奉承被恩宠的自我陶醉中。然而，所谓"福兮，祸之所伏"，年羹尧很快就走上了霉运。雍正三年（1725年）十二月，年羹尧被雍正削官夺爵，列大罪九十二条，次年被赐自尽。

曾经叱咤风云的年大将军最终落此下场，实在令人扼腕叹息。那么，是什么原因导致雍正要下决心除掉这个自己曾经倚为心腹的宠臣呢？二人之间存在什么样的恩怨情仇吗？

分析年羹尧获罪致死的原因，史学界向来有争论，综合起来大致有以下一些说法。

一种观点认为年羹尧的死是因为他有称帝之心。乾隆时学者萧奭在《永宪录》中提到：年羹尧与静一道人、占象人邹鲁都曾商谈过图谋不轨的事。因此有人认为"羹尧妄想做皇帝，最难令人君忍受，所以难逃一死"。而《清代轶闻》一书则记载了年羹尧失宠被夺兵权后，"当时其幕客有劝其叛者，年默然久之，夜观天象，浩然长叹曰：不谐矣。始改就臣节"。这说明年确有称帝之心，只因"事不谐"，方作罢"就臣节"。不过这种说法并没有充分的事实依据。

事实上，年羹尧是一直忠于雍正的，甚至到了最后关头还对雍正抱有很大幻想。

在被革去川陕总督一职，赴杭州将军任的途中，年羹尧幻想雍正会改变决定，因而逗留在江苏仪征，观望不前。结果这反使雍正非常恼怒，他在年羹尧调任杭州将军所上的谢恩折上这样批道："看此光景，你并不知改悔。上苍在上，朕若负你，天诛地灭；你若负朕，不知上苍如何发落你也！……你这光景，是顾你臣节、不管朕之君道行事，总是讥讽文章、口是心非口气，加朕以听谗言、怪功臣之名。朕亦只得顾朕君道，而管不得你臣节也。只得天下后世，朕先占一个是字了。"雍正的这段朱批实际上已经十分清楚地发出了一个信号：他决心已定，必将最终除掉年羹尧。

直至年羹尧接到自裁的谕令，他也一直迟迟不肯动手，还在幻想雍正会下旨赦免他。但雍正已经下定决心，认为使其免遭凌迟酷刑、自裁以全名节已属格外开恩，所以他应该"虽死亦当感涕"，因此年羹尧生路已绝。

想想看，一个想要谋反的大臣怎么会对皇帝有这种不切实际的幻想呢？

也有人说，年羹尧之被杀，是其参与了雍正夺位的活动，雍正即位后或者为了掩人耳目，或者怕年羹尧以此要挟自己，所以将之除去。

其实这种说法不值一驳。首先，迄今所有史料都无法证实雍正之即帝位有诈，而应当是正常即位，也无任何史实可证明年羹尧参与了类似的夺位活动。其次，雍正继位时，年羹尧远在西北，又怎能参与子虚乌有的夺位阴谋呢？

那么，雍正究竟因何要置年羹尧于死地呢？除了年羹尧功高震主，为最高统治者雍正所忌惮外（历朝历代的统治者哪个不是如此呢），他自身也负有不可推卸的责任。

当初雍正真心宠爱年羹尧不假，然而，年羹尧却在这种志得意满中，完全忘记了君臣之分，进而做出了许多超越本分的事情，最终招致雍正的警觉和忌恨，以致家破人亡。

其一，年羹尧擅作威福。所谓"小人得志便猖狂"，得宠的年羹尧自恃功高，骄横跋扈之风日甚一日。他在官场往来中趾高气扬、气势凌人：赠送给属下官员物件，"令北向叩头谢恩"；发给总督、将军的文书，本属平行公文，却擅称"令谕"，把同官视为下属；甚至蒙古扎萨克郡王额附阿宝见他，也要行跪拜礼。

对于朝廷派来的御前侍卫，理应优待，但年羹尧却把他们留在身边当作"前后导引，执鞭坠镫"的奴仆使用。按照清代的制度，凡上谕到达地方，地方大员必须迎诏，行三跪九叩大礼，跪请圣安，但雍正的恩诏两次到西宁，年羹尧竟"不行宣读晓谕"。

更有甚者，他曾向雍正进呈其出资刻印的《陆宣公奏议》，雍正打算亲自撰写序言，尚未写出，年羹尧自己竟拟出一篇，并要雍正认可。年羹尧在雍正面前也行止失仪，"御前箕坐，无人臣礼"，雍正心中颇为不快。

其二，年羹尧有结党营私之实。当时在文武官员的选任上，凡是年羹尧所保举之人。吏、兵二部一律优先录用，号称"年选"。他还排斥异己，任用私人，形成了一个以他为首、以陕甘蜀官员为骨干、包括其他地区官员在内的小集团。一些拍马钻营之辈眼见年羹尧势头正劲、权力日益膨胀，遂竞相奔走其门。而年羹尧也不"客气"，每有肥缺美差必定安插其私人亲信。这种行为当然是不能为历朝历代的最高统治者所容忍的。

其三，年羹尧是一个不折不扣的大贪官。据统计，年羹尧贪赃受贿、侵蚀钱粮，累计达数百万两之多。而在雍正朝初年，整顿吏治、惩治贪赃枉法是一项重要改革措施。在这种节骨眼上，雍正自然是不会轻易放过年羹尧的。

如上种种，可以让我们看清，年羹尧之死确实有点咎由自取。他自恃功高，妄自尊大，擅作威福，丝毫不知谦逊自保，不守为臣之道，做出超越臣子本分的事情，已为舆论所不容；而且他植党营私，贪赃受贿，

"公行不法，全无忌惮"，为国法所不容，也为雍正所忌恨。这就犯了功臣之大忌，势必难得善终。所以《清史稿》上说："隆（指隆科多）、年二人凭借权势，无复顾忌，罔作威福，即于覆灭，古圣所诫。"

诚哉，斯言。

"清风不识字，何必乱翻书"

如果你活在雍正朝，恰巧你放在阳台的书凑巧被风吹乱了，但如果你由此就诗兴大发，随口吟上一句"清风不识字，何必乱翻书"，那么"恭喜"你：你多半要和这个世界告别了……

雍正六年（1728 年）秋的一天，西安城内晴空万里无云。一顶八抬绿呢大轿正晃晃悠悠地向总督衙门行进，轿上坐的非是旁人，正是大清王朝三等公爵、参赞军机大臣、陕甘总督岳钟琪。

岳钟琪的轿子眼看就要进入总督衙门了。这时候，斜刺里忽然窜出一个儒生打扮的中年汉子，手捧一封书信高声嚷着，说有重要书信要递交岳公爷钧鉴，并有机密要事言谈。一时间，护卫兵丁乱作一团，各拉刀剑，将这人团团围住。岳钟琪毕竟是指挥过千军万马的大将，倒显得颇为镇定。一摆手叫众兵丁散开，吩咐下人将书信拿来，只见信封上大书"南海无主游民夏靓张倬"几个字。岳钟琪眉头一皱，命人将这献书之人和书信一起带进衙门。

信封上署名的这两位是谁呢？其实，这只是两个化名，真名叫作曾静和张熙。曾静是郴州永兴人，是个屡试不第的愚鲁秀才。明清两代，这种人的出路无非是小吏、讼师、教书先生，曾静选择了最后一种，设馆授徒。张熙便是他的得意弟子之一。

二人为何要化名致书岳钟琪岳大人呢？

事情还得从一个叫吕留良的人说起。

康熙时期，为了笼络知识分子，使明朝遗留下来的文人骚客能归顺

大清王朝，康熙皇帝命令朝廷大臣和地方官员把有学问的人都推荐到京城做官。不少全国闻名的学者、文人都应召到京城来做官。

当时，有一位著名学者名叫吕留良，有人推荐他，他拒不应召。为了摆脱纠缠，他便索性跑到寺院里，剃光了头当和尚去了。

吕留良自从当上和尚以后，就躲在寺庙里写文章，书中有反对满族统治的内容，因当时只在寺院里，没有流传出去。吕留良老死后，也没有人注意。

曾静在一个偶然的机会里看到吕留良的作品后，从文章中看出吕留良学问很深，心中十分钦佩，就派了他的学生张熙到吕留良老家浙江去打听他遗留下来的文稿。

张熙马不停蹄地来到浙江，真是功夫不负有心人，不但打听到文稿的下落，还找到了吕留良的两个学生。张熙与两位学生谈得很投机，并邀他们到湖南做客。两位学生爽快地答应了。他们三人一道来到湖南。曾静热情地接待了他们，席中，四人议论起清朝的统治都十分气愤，于是大家坐在一起想办法，出主意，怎么去推翻清王朝。曾静突然想到现在正担任陕甘总督的汉族大臣岳钟琪，此人掌握重要兵权，精明能干，备受雍正的重用。如果能劝说他反清，推翻清王朝的统治就一定能成功。就这样，曾静便写了一封亲笔信派张熙交给岳钟琪。

岳钟琪不看不知道，一看吓一跳，里面的内容全是劝说他反清的。他吓得面如土色，结结巴巴地说："这……这，这是大逆不道，要杀头的。"

张熙却镇定自若地说道："岳将军与清王朝有前世冤仇，难道您知仇不报吗？"

岳钟琪问："此话从何说起？"

张熙步步深入："将军姓岳，乃南宋爱国大将岳飞后裔。清王朝皇帝的祖先是金人。岳飞当年就是被金人金兀术勾结秦桧杀死的，将军现在手中有千军万马，正是报仇的好机会。知仇不报，那是不肖子孙啊。"

岳钟琪厉声喝道："大胆，岂敢教训我，来人，将这叛贼打入死牢。"

张熙被关进监牢，受尽了种种非人的折磨。岳钟琪吩咐监头查问张熙的幕后是谁，张熙一字不吐。

硬的不行，就来软的。岳钟琪假惺惺地来到牢前，把张熙放出来，并悄悄地跟他说，昨天的审问，完全是考验你的，其实我早就想反清了，只是没有机会，条件不成熟，说着还与张熙赌咒发誓。张熙由开始的不相信到相信，以致最后毫无防备，将曾静如何如何交代的话全盘托出。

岳钟琪审出实情后，喜不自禁，连夜拟好奏章，将张熙不肯招供，自己如何设计引诱其吐露详情之事呈报给雍正皇帝。

雍正看到奏折后，大为感动，竟流下了眼泪，表示岳钟琪为国为民，天地可鉴，神灵若得知，定会为他消灾灭罪，赐福延寿。同时他不忘叮嘱岳钟琪，稳住张熙，不要让其生疑。

一边是岳钟琪继续好言好语套张熙的话，一边是雍正命令湖南巡抚王国栋捉拿曾静，并令刑部侍郎杭奕禄、正白旗副都统海兰一同前往湖南会审曾静。曾静本想彰显气节，然而他本一介书生，细皮嫩肉，一经严刑拷打便供认不讳，将经过全部如实说出。

曾静被押进京，张熙也被逮捕，此时才知道受到了蒙骗，然而悔之已晚。

雍正对此案高度重视，他立即派浙江总督李卫逮捕吕留良的后人以及严鸿逵、沈在宽等人，并搜出了严、沈秘密编抄成册的吕留良文集及其他吕留良的著述、日记等。

雍正翻阅吕留良遗著时，发现其中不乏直接攻击大清和康熙皇帝之语，他勃然大怒，派人从严审理吕留良、曾静一案。

此案株连甚广，惊动了几个省，从雍正七年（1729年）五月定案至雍正十年（1732年）十二月结案，前后延续了三年半时间。已经去世多年的吕留良被开棺戮尸，其文集、日记、书信等尽被焚毁。案发后，吕留良长子吕葆中忧愁而死，但仍然逃脱不了剖尸枭首的命运。吕毅中被判斩立决，吕氏子孙兄弟、伯叔兄弟之子，及妻妾姐妹等流放宁古塔（今黑龙江海林市境内），给披甲人（下层旗人军士）为奴，家产充公。

严鸿逵被判凌迟处死，然而严鸿逵在结案前已病死监中，故而枭尸

示众，其家中 16 岁以上男子皆斩立决，15 岁以下男子及严鸿逵之母女、妻妾、姐妹发配给功臣之家为奴。沈在宽被凌迟处死，其家人按律治罪。吕留良的一些门生、相关的刻书出版人员以及对吕留良深表同情的文人也被处死或充军。

这就是雍正朝比较著名的"文字狱"——"吕留良案"。

如果说在该案中，雍正还以吕留良作品中有反对满族统治的文字为借口的话，那其他发生在他执政时期的文字狱，则绝大部分完全是牵强附会，故意挑剔文字过错，有时甚至会为了一句诗、一个字而夺人性命。

比如有一次，翰林官员徐骏在奏章里，把"陛"字错写成了"狴"字，雍正见了，马上把徐骏革职，后来再派人一查，在徐骏的诗集里找出了两句诗："清风不识字，何必乱翻书。"雍正无端挑剔说这"清风"二字就是影射清朝，这一来，徐骏便犯了诽谤朝廷的罪，把自己的性命也白白地送掉了。

再如雍正四年（1726 年），礼部侍郎查嗣庭出任江西考官，出题有"维民所止"四字，雍正认为这是在故意去掉"雍正"二字之头，明显是在"犯上"或咒骂自己不得好死，遂把查嗣庭打进监狱，判了死刑。

诸如此类的案例，不胜枚举。

正是由于雍正朝文字狱过密，而且株连过多，处刑严酷。知识分子动辄得咎，形成闭眼不敢看现实、缄口不敢谈政治的沉闷风气。雍正十一年（1733 年），雍正下诏征举士人，想学康熙重开博学鸿词科，谁知响应寥寥，只得作罢。人才凋零，文治废弛，一至于此。文字狱之恶果可见一斑。

未能善始，也不得善终

"善始善终"是一句富有正能量的成语。雍正原本一定想让自己的皇帝生涯也是如此。可惜，他既未能"善始"（继位有质疑声），也未能"善终"（死得不清不楚）……

雍正十三年（1735年）八月二十三日，雍正去世，享年58岁。关于雍正之死，史书记载非常简单，只是说，前一天，雍正在圆明园行宫病重，第二日下午病危，急召大臣，当晚即死掉了。究竟是什么原因导致雍正的死亡，史料没有记载。据雍正的心腹大臣张廷玉的私人记录，当时雍正七窍流血，令他"惊骇欲绝"。

正是由于官书未能记载雍正暴卒的详细原因，自然就引起人们的疑惑，再加上当时关于他为人的传说和评论颇多，就更容易引起人们的猜疑，于是各种不得好死的说法应运而生。

一种说法认为，雍正是被吕留良案中逃脱的吕四娘入宫刺死的。这种说法在各种文学作品中被描绘得活灵活现，其始作俑者就是《清朝野史大观》。

在该书中，有一篇雍正外传，对雍正和他的被刺杀作了描述。该外传一开始描述说："雍正为康熙的第四子，少年无赖，好饮酒击剑，不见悦于康熙，出亡在外，所交多剑客力士，结兄弟十三人，其长者为某僧，技尤高妙，骁勇绝伦，能练剑为丸，藏脑海中，用时则自己吐出，矫如长虹，能杀人于百里之外，号称'万人敌'。次者能练剑如芥，藏于指甲缝，用时掷于空中，当者披靡。而雍正亦习其术。"

这段文字，描写雍正有极高且诡异的武功，接下来是述说他之改诏夺位和其他一些不可思议的经历，读来有"雷人"之感。

接着该外传描述说，雍正有一日到天坛去祭祀，甫抵天坛不久，突闻坛顶所张黄幕上有物挪动之声，时雍正左右之侍卫疑为刺客，纷纷上前掩护雍正。但见雍正右手微动，手中射出一线光芒，直射到坛顶上黄幕之处，黄幕迅即裂开。一狐狸之头血涔涔地从黄幕处跌下来。

雍正在表演了自己诡异的武功之后，对左右的卫士说："近来逆党想谋刺我，密布刺客，我故意施一下小手段，使逆党知我剑术之高妙。虽有刺客，能奈我何！"

雍正话虽这样说，但也网罗了天下间不少武林高手，然而心中仍有一层疑虑，那就是有一名武功甚高之僧人，始终不接受雍正的收买，亡命山泽。雍正一直认为他是心腹之患，每思杀之。但该僧人行踪飘忽，居无定所，无法把他抓获。

一日，有探子来报，说查得该僧人在某处，雍正立即派出三名高手，易服往探，更布置精兵围守各要隘。果然发现该名僧人所在，三名高手围上前，僧人见无法再逃，笑曰："你们受雍正之命来捕我乎？你们主人现在气数尚旺，我不能与他争。不过你们要知道，雍正多行不义，屡以私恨杀人，现在我虽然死去，但你的主人雍正必然不能苟免，一月之后必有人来替我报仇。"说完这番话之后，即自刎而死。

三名高手随即割下该名僧人的头颅，带回去向雍正复命，并把该名僧人的话复述一遍让雍正知道。雍正听罢，面色遽变，显得十分恐惧的样子，立即加强宫中守卫，寝食不宁达数日。过了一个多月后，雍正突然无故暴死于内寝，实际上是为吕留良的孙女吕四娘所刺杀，而吕四娘就是拜上述僧人为师学得高超的剑术。

《清朝野史大观》的这段描述，读起来让人有种匪夷所思之感，就像在看武侠小说。不过，文中一些史实确实存在。比如吕四娘在历史上就确有其人。

吕四娘者，吕留良之女也。前已述及，当年雍正下令将已经去世的吕留良和他的儿子的尸体，从地下掘出进行糟蹋。而且还将吕留良的小儿子斩首，全家发配到边疆。所有的门生都受到牵连。民间传说当时吕留良的孙女吕四娘因没有在家而免遭灾祸，后来投奔尼姑庵躲避，并且学到了一身飞檐走壁的本领，浪迹江湖行侠仗义，被称为"江南八侠"之一。为了报家仇，吕四娘凭借一身功夫，混入宫中杀死了雍正皇帝，并且将头颅拿走，以祭奠被雍正杀死的家人。后来宫廷为了掩盖事实的真相，就制作了一个金头颅，以制造雍正病死的假象来欺骗世人。

这个说法是最广为流传的。1981年，考古工作者曾发掘雍正地宫，但是由于某种原因，后来半途而废了。可是随后社会上传说棺材已经被打开，雍正有尸身而无头。不过，雍正地宫虽未打开，但吕四娘刺杀雍正之说也是很难站得住脚的。雍正处置吕家，除戮尸、斩首之外，吕留良孙辈均被发配边远地方为奴。乾隆时，吕家的后代有开面铺、药铺的，有行医的，还有人成为捐纳监生，被清政府发觉后，改发配黑龙江为奴，后住齐齐哈尔。可见，吕氏后裔俱在，但遭到严格管制，不能自由活动，当然更不能替祖上报仇了。

再说吕四娘逃生的可能性也是基本不存在的，当时办理此事的浙江总督李卫以擅长缉捕盗贼而著称，他奉命兼管江苏盗案，若吕留良后人果有逃出的，他自然有能力搜捕到案。而且他曾为吕家题过匾，吕案发生后雍正没有责备他，他心怀畏惧，自然会下死劲处理有关人员，完全不会让主犯的子孙脱逃。

因此，雍正被吕四娘入宫刺死的说法也仅是传说而已，不可能真的发生。

第二种说法认为，雍正是被宫女、太监在其熟睡时用绳缢死的。这种说法纯属子虚乌有的事，迄今没有发现任何的人证、物证。倒是在明朝发生过类似的事。明世宗在嘉靖二十一年（1542 年），被宫婢杨金英等缢而未死，用太医许绅之药而康复。雍正和嘉靖都庙号"世宗"，民间传说，把明世宗之事安到清世宗身上，也是难免的。

第三种说法认为，雍正是服用丹药中毒而死。清末民初就有人提出："世宗之崩，相传修炼仙丹所致，祸出有因。"雍正年轻时即好佛、崇道，做了皇帝后，他求仙访道、企求长生，更是为此忙得不亦乐乎。他不仅把道士请进宫内，待如上宾为他炼丹、服用，还希望自己住的皇宫能像有名望的佛寺、得道仙观，包括周边环境制成模型以利仿建，可见他对道家的长生成仙说已经到了几乎痴迷的地步。

前曾述及，张廷玉的私人记录上说，雍正宾天时"七孔流血"。七孔流血是严重中毒的反应，雍正长期服用道士所炼的"长生不老之药"，这些丹药中汞、铅、朱砂等矿石含量较高，又都是高温烧煅而成，热性很大。与其关系最亲密的同父异母兄弟十三阿哥允祥去世后，雍正为渴求长生不老，加大剂量服用丹药终致中毒，是情理中事。

还有，乾隆还未正式登基前，已急忙传谕驱逐宫中道士，可见雍正之死同道士有密切关系，因为乾隆深知丹毒之害，才会把驱逐宫中道士放在诸多国事之上而立马行之。

事实上，雍正称帝执政十三年，基本上处在众叛亲离、孤家寡人的境地。他在生命垂危时请同胞兄弟出山辅助又遭坚辞，其心态之苦也就可想而知了。此外，雍正的身体状况，在雍正七年（1729年）后，由于政敌被杀的杀、关的关，基本上也都"摆平"了，相对以前而言，雍正多少有了一点"闲"。而帝王一旦有了些"闲"，也就开始贪图女色，病也就随之暴露了出来。

在朝鲜的史籍中也有关于雍正沉迷方术，以至于病入膏肓，自腰以下不能动的记载。可见，雍正之死同他多年勤政体力透支有关；与他长期心神不宁、不断服用丹药、体内大量堆积毒素有关；而他晚年为求长生加大剂量服用丹药，乃至乱服春药则应当是导致他最终猝死的直接原因。

总之，雍正皇帝的一生，留给人们许多话题。继位之谜、死因之谜，一直扑朔迷离，但对于历史而言，还是他的改革为后世所称道。他既继承了康熙大帝的历史遗产，又改革了康熙晚年的弊政，使大清王朝能够继续向前推进，为乾隆盛世的到来打下了基础。

第四章　强中有忧的乾隆盛世

扑朔迷离的身世之谜

乾隆是中国封建社会后期一位赫赫有名的皇帝。他的一生也为后世留下了许多故事，而其中最为人们所津津乐道的，便是认为他并非雍正之子，而是一位汉人之后……

雍正去世后，25岁的皇四子宝亲王弘历继承了皇位，改元乾隆，历史上多称之为乾隆皇帝。和他那位为人低调谨慎、勤于政务的父亲不同，乾隆为人张扬，以风流倜傥自诩，他的"六下江南""十全武功"，都留下了许多奇闻趣事，成为后世戏说的题材。

说来有趣，正如雍正的死给后人留下了无尽的谜团一样，关于乾隆的身世也是扑朔迷离，众说纷纭。乾隆的父亲、母亲，甚至他的出生地都是一个未能确定的谜。

虽然史书明确记载乾隆本是雍正的第四子，但是有人却认为，他是海宁（今浙江省海宁市）一位陈姓人家的儿子，是汉人之后。就连金庸在武侠小说《书剑恩仇录》中也是这样描述的。金庸这么写当然并非空穴来风。因为，自清末以来，野史笔记和民间传说中确实都认为乾隆皇帝是海宁陈家陈阁老的儿子。

浙江海宁县，清朝时属杭州府，是海边一个小县。海宁虽小，却因在这里能观看到气势磅礴的海潮而闻名于世。相传，海宁有位盐商叫陈世倌，俗称陈阁老，在康熙年间入朝为官，与尚是雍亲王的雍正一家常有往来。相传在海宁的陈阁老旧宅中，还保存着一块九龙匾，据说是雍正亲笔书写的。

相传雍亲王和陈阁老两家夫人同年同月同日分别生了孩子，雍亲王让陈家把孩子抱入王府看看。可是，等孩子再送出来时，陈家老小个个目瞪口呆，自家的胖小子竟变成了小丫头，陈家只得忍气吞声。那换入皇宫的胖小子，就是后来的乾隆皇帝。

故事一出笼，乾隆是陈阁老的儿子的传说便越传越广。民间甚至传说，乾隆登基后六下江南，有四次住在陈阁老家，目的就是探望亲生父母。

另外有一本野史叫《清代外史》，作者是一位晚清文人，他在书中说：乾隆知道自己不是满族人，因此在宫中常穿汉服，还问身边的宠臣自己是否像汉人。历史上的乾隆的确经常穿汉服，现在故宫还保存着不少乾隆穿汉服的画像，也许这就是引起传说的原因之一。

但是，许多人并不认可这种说法。因为检阅皇室族谱《玉牒》可以发现：乾隆出生时，雍正的长子、次子虽已幼年早夭，但第三个儿子已经8岁，另一个王妃过三个月又添了一个儿子。而且，这时的雍正才34岁，正当壮年，他怎会在已经有一个8岁的儿子，另一个王妃又即将临产的情况下，偷偷摸摸地用自己的女儿去换陈家的儿子？这从情理上也是说不通的。

在《玉牒》上还清楚地记载着，康熙五十年（1711年）八月十三日，孝圣宪皇后钮祜禄氏诞乾隆于雍和宫，而且乾隆对自己的生母还十分孝顺。他曾亲自侍奉皇太后三上泰山，四下江南求佛和游玩，多次陪皇太后到避暑山庄避暑。皇太后晚年，乾隆特意用三千多两黄金做了一个金发塔，用来存放供奉母亲梳头时掉下来的头发。由此可见，乾隆是由雍正的夫人钮祜禄氏所生不假。

同时，还有学者们对传说中的海宁陈家进行了考证。所谓的海宁陈家，确实就是指陈世倌家。因为曾经入阁为官，所以被当地人称为陈阁老。陈家在康熙、雍正、乾隆三朝，仕途通达，多人官居高职，显赫一时。至于乾隆为什么六下江南，有四次到浙江的海宁，而且每次都住在陈家的私人花园？据考证，乾隆南巡到海宁，主要是视察耗资巨大的钱塘江海塘工程。海宁是一个偏僻小县，找不到比陈家花园更好的地方让皇帝住了。再说陈家花园离陈家的住宅实际还有几里路远，乾隆在陈家花园住过四次，但对陈家子孙却一次也没有召见过，更谈不上"探望亲生父母"了。前面提到的那块九龙匾，陈家倒是确有此物，但根据专家考证，这块牌匾不是乾隆所题写，而是康熙皇帝写的。而且乾隆对陈世倌的态度也绝对不像是父子。据记载，乾隆六年（1741年）陈世倌升任内阁学士不久，就因为起草谕旨出错，被乾隆当众斥之为"少才无能，实不称职"。如此言语，怎么会是父子关系呢？

此外，就连写作《书剑恩仇录》的金庸也曾亲自说过，书中所谓的乾隆弟弟陈家洛这个人物是他杜撰的，乾隆皇帝是海宁陈家后人的传说靠不住。

既然乾隆不是陈家的儿子，那他又是谁的儿子呢？他的生母是谁？出生地在哪儿？民间对此也存在不同的看法。

一种说法认为乾隆是由热河行宫里一个丑宫女在草棚里所生。传说雍正还是亲王时，一年秋天在热河打猎，射倒一只梅花鹿，雍正当即让人把鹿宰杀，大口喝起鹿血。据说鹿血有很强的壮阳功能，雍正喝后难以自持，就随便拉住山庄内一位很丑的李姓汉族宫女发泄一番。第二年夏秋之际，康熙父子又来到山庄打猎，听说李家女子怀上龙种，康熙震怒。这时那位李姓宫女就要临产了，康熙怕坏了皇家名声，忙派人把她带到草棚，丑女在草房里生下的就是乾隆。1944年，有人据晚清遗老冒鹤亭的口述，在《古今文史》上对乾隆诞生在草棚的说法进行评说。后来，小说家高阳在《清朝的皇帝》一书中又对此大书特书。

另外还有一种说法，认为乾隆的母亲是雍正的一个使唤丫头。这一说法来源于王闿运《湘绮楼文集》中的记载。该书里面的"烈女传"记载了乾隆的一句话："始在母家，居承德城中，家贫无奴婢，六七岁时父母遣诣市买浆酒粟面，所至店肆大售，市人敬异焉。13岁时入京师，值中外姐妹当选入宫。……孝圣容体端颀中选，分皇子邸，得在雍府。"后来，这个丫头竟生下了乾隆。

这一说法传奇色彩很浓，但也是靠不住的。在清朝，选秀女的制度是非常严格的，我们从清宫《钦定宫中现行则例》中可以看到，当时清宫有非常严格的规定，清宫的门卫制度更是森严，怎么可能让承德当地一个女子随随便便混进宫去呢？

至于前述乾隆生在草棚一说，尽管流传很广，但那只是野史，不足为信。乾隆的生母究竟是谁，正如前文所说，只要看一看《玉牒》，问题就一清二楚了，即他是由钮祜禄氏生于雍和宫，也就是原雍亲王的府邸。乾隆自己也认为自己出生于雍和宫，他还曾经多次在诗或诗注中，暗示自己出生在雍和宫。比如，在《新正诣雍和宫礼佛即景志感》诗中，乾隆写到"到斯每忆我生初"。这说明乾隆认为自己出生在雍和宫。乾隆四十五年（1780年），乾隆皇帝到雍和宫礼佛，又说"十二初龄才离此，今瞥眼七旬人。"诗下还注明"康熙六十一年始蒙皇祖养育宫中，雍正年间遂永居宫内。"这也说明乾隆自己认为他生于雍和宫之中。

但是，奇怪的是，乾隆之子嘉庆皇帝却不认同其父的说法。在嘉庆皇帝为乾隆所写的贺寿词《万万寿节率王公大臣行庆贺礼恭纪》中也提到"康熙辛卯肇建山庄，皇父以是年诞生都福之庭。"嘉庆二年（1797年），嘉庆又在《万万寿节率王公大臣等行庆贺礼恭纪》诗中提到"敬唯皇父以辛卯岁，诞生于山庄都福之庭。"也就是说，乾隆是在避暑山庄诞生的。

此外，乾隆朝官员、曾任避暑山庄总管的管世铭曾有一首诗歌这样写道：

庆善祥升华渚虹，降生犹忆旧时宫。

年年讳日行香去，狮子园边感圣衷。

管世铭还在书中注明"狮子园为皇上降生之地，常于宪庙忌辰临驻。"这也就说承德避暑山庄的狮子园才是乾隆皇帝的出生地。

看来，对于乾隆的真实身世和出生地，还不能仅凭现有史料轻易作出决定。

当然，正所谓"英雄莫问出处"，综观乾隆一生的作为，他多多少少还是当得起这句话的。

治理天下终归有一手

乾隆在位六十年，禅位后又任三年多太上皇，是中国历史上实际执掌国家最高权力时间最长的皇帝。在他统治时期，大清王朝达到了"康乾盛世"的最高峰……

乾隆是个生逢盛世的太平皇帝，自皇太极到他这儿已经是第五代了。从历史上的经验来看，西汉东汉也好，两宋唐明也罢，到了这个时候的皇帝大都只知道坐吃山空，即使不是败家子，也多平庸无为。乾隆则不同，他风流倜傥不假，治理天下却也毫不含糊。

乾隆即位后，对康熙、雍正的治国方针进行了认真的反思，他认为，康熙以"宽"成功，但是因为过宽，遂使晚年吏治败坏，贪风盛行；雍正以"严"取胜，但因为过严，致使大案迭起，诛戮甚众，群臣惶恐。

因此，在即位当月，乾隆即发布了雍正的一份遗诏，大意是说，施政的宽与严，要根据时代的不同而变化。从前人心浅薄，官吏营私，不得不惩治整理，以戒将来。现在皆知儆戒了，这样，过去严苛的条例就可改得宽松一些。当初由宽改严者，也只是一时之计，待诸弊革除之后，仍可酌情恢复从前的约章。这份遗诏，实际上是在乾隆皇帝的指导下于后来起草的，目的是阐述他的治国指导思想。随后，乾隆不断以自己的名义，发布其治政思想和主张。

即位三十多天后，乾隆又下谕给庄亲王允禄、果亲王允礼、大学士鄂尔泰与张廷玉等王公大臣，讲述"以宽代严"之事。

在这道谕旨中，乾隆主要讲了三个方面的问题。一是肯定了皇祖康熙"以宽治国"方针的正确，认为这项方针使得国家太平，人民安居乐业，举国上下一片欢乐景象。二是说明皇父雍正"主严"是出于形势的需要，怕因为政策过宽而出现弊政，因而整饬纲纪，澄清吏治，目的还是为了"惠爱"赤子。究其用心，与康熙的宽大方针并不矛盾。第三点最为重要，是下达这一谕旨的主要目的之所在，即正式宣布"以宽治国"，

正说中国史：不可一世的**大清帝国**

详细论证现在"主宽"的必要性，说"主宽"是因时制定，是以柔济刚，相辅相成，与先皇之政并不冲突，要求诸王公大臣认真体会其"宽大居心"和"用宽之意"，严明振作，使其能"常用其宽，而收宽之效"。

他还全面剖析了康、雍两朝统治政策宽严不一的弊端。认为康熙朝以宽大为治，宽有余而严不足，造成朝臣奉行不力，人们心性乖张，官吏不知公事，奸人不畏法度。雍正朝严猛为主，严有余而宽不足，致使政令繁苛，人们遇事紧张，每一件事都严令苛责，官吏人人自危，政治空气极为紧张。有鉴于此，乾隆皇帝提出了他的治政指导思想，即以"执中两用"为准则，"宽严互济，交相为用"。他认为，为政之道，要不拘束于常法，应根据具体情况制定政策，即所谓"损益随时"；要恩威并施，柔中有刚，刚柔相济，即所谓"宽猛两用"。

制定了政策，接下来就要执行。乾隆上台之后，面临着的是雍正留下的因苛政而导致的紧张政治局面，为了缓和这种极不正常的时局，乾隆对雍正的政策作了较大幅度的改变和调整，首先是全面纠正前朝弊政，清理政治积案。

雍正生前，信奉佛道，热衷于巫术，特别是到了晚年，对佛道的信仰已经到了难以自拔的地步，在宫内豢养了一大批道士，跟随其左右，并责成专人为他炼制长生不老的金丹妙药。乾隆则认为这些道士都是骗子，对其十分痛恨，他即位之后，第一件事就是把这些道士巫师们驱逐出宫，遣回原籍，痛骂为雍正烧炼丹药的道士张太虚、王定乾等人"不安本分，狂妄乖张，惑世欺民"，实为"市井无赖之徒"。并警告被驱逐出宫的道士们，不许在外随意议论、传播宫中事情，如有发现"定严行拿究，立即正法，决不宽贷"。

对全国各地的僧道，乾隆也加以全面限制。下令严格审查僧人身份，毁禁僧人著述，禁止各地擅造寺院等。乾隆的举措得到了朝野上下的一片赞同，特别是在宫中，反应尤其强烈，因为那些道士因雍正的宠信而飞扬跋扈，胡作非为，以宗教迷信干扰政务，宫中大员们敢怒而不敢言，早已对这些道士恨之入骨。

清除僧道之后，乾隆即刻着手解决宗室内部的纷争问题。雍正继位后，对与他进行过皇位争夺的竞争对手——皇兄皇弟及宗室异己，进行了无情的排斥和严厉的打击，或终身监禁，或削爵夺藩，或抄家流放，致使兄弟反目，家庭惨变，宗室内部矛盾重重。如何处理好皇族家政，对乾隆来说也是一次严峻考验。他在即位一个多月之后，接连下达了数道关于处理宗室内部问题的谕旨。对雍正朝的冤案，该平反的平反，该赔偿的赔偿，该官复原职的官复原职，以快刀斩乱麻之势迅速结束了皇族内部的纷争，紧密地团结了宗室力量，增强了皇族内部的向心力，彻底解除了皇帝的"内顾"之忧。

为了能使新政得以顺利施行，促使臣下心悦诚服地转变施政的态度，乾隆再三强调自己是在继承祖、父之业，"朕凡用人行政，皆以皇考为法，间有一二事酌量从宽之处，亦系遵奉皇考遗诏，并非故示优容。"看起来，乾隆是多么孝顺，什么都按雍正的政策办事，即使行使宽大措施，也是遵照父亲的遗命。无论其真假，仁义之心可鉴。这些都对他清除施政道路上的障碍大有裨益，从而使自己的目的得以实现，使新政能名正言顺地被臣民所接受。

接着，乾隆整饬官场，整合法令规范，严肃处理贪腐案件，将性质严重、核实无误的贪污犯即行正法。乾隆六年（1741 年），清庭处死了纳贿银千两的兵部尚书兼九门提督鄂善。从乾隆二十年（1755 年）开始，又陆续处死了十余名职位很高的巨贪，如云贵总督恒文、云南布政使钱度、山东巡抚国泰、陕甘总督勒尔谨、浙江巡抚王亶望等。

乾隆非常重视官吏的选拔，首先他强调官吏应该年富力强，55 岁以上的要详细甄别，65 岁以上的官员要带领引见，能否继任要由他亲自定夺。他将不称职的官吏分成八类：年老、有疾、浮躁、才力不及、疲软无力、不谨、贪、酷，并给予不同的处理。在乾隆朝，因考绩不合格受到降级或处分的官吏达六万多人。其次，他禁止官员向皇帝进献，包括进献方物、土产等。第三，他注重考察官员政绩，乾隆严格运用"京察""大计"考核官吏，过去那些不用考核的藩臬（布政史与按察司），

也要考核政绩，还要京官以密折报告属吏是否贤良。第四，注意解决官员及其家属的生活费问题，给京官加薪，给外官发放养廉银，使官员安心职守。

在经济方面，乾隆鼓励开垦荒地，治理水患，引进先进种植技术，使社会欣欣向荣；在军事方面，乾隆多次发兵征讨边境局部叛乱，保证了国家领土的完整和边境的安宁。

乾隆二十二年（1757年），归顺清朝的准噶尔贵族阿睦尔撒纳发动叛乱，乾隆出兵讨伐，最终镇压了叛乱。身为准噶尔人质的大小和卓兄弟布那敦和霍集占逃回南疆，开始和清朝对抗。次年，清政府出兵镇压大小和卓的叛乱，当地受压迫的维吾尔族人民大力支持前来平叛的政府军队。最后，清政府消灭了大小和卓这股叛乱势力。为保证对天山南北进行有效管辖，乾隆二十七年（1762年），乾隆在新疆设置伊犁将军，保障了西北和西南的边境稳定。清朝的疆域经过康熙、雍正、乾隆三代的努力而最后形成：东北到外兴安岭、库页岛、鄂霍次克海，西北到巴尔喀什湖、葱岭，北到恰克图（贝加尔湖以南，色愣格河以北），南到南沙群岛。总面积超过一千三百万平方公里。

乾隆在位的前、中期是他政治生命中最辉煌的一段时期，"康乾盛世"至此最终形成。此时的大清王朝国家强盛、百姓富庶，政治、经济、文化都发展到了封建社会的顶峰。

一桩毁誉参半的浩大工程

乾隆时期，在文化方面的最大成就，当属他亲自倡导并编成了大型文献丛书《四库全书》。然而，编书的同时，大规模的民间藏书却被付之一炬……

乾隆时期有一位著名的词人叫沈德潜，江南人士，乾隆四年（1739年）中进士，官至内阁学士兼礼部侍郎，备受乾隆的宠信。然而他去世不到一年时间，就被挖坟鞭尸，且株连九族。其原因仅仅是因为他生前在书中为一位叫徐述夔的人写传而受株连。

徐述夔是乾隆朝的举人，做过县官，因其诗作中有一句"且把壶儿搁半边"，被牵强地解释为借"壶"指"胡"（满族），所以遭到迫害。

与此类似，因一句"一把心肠论浊清"，作者胡中藻便遭牢狱之灾。

根据史书记载，乾隆朝共发生著名的文字狱一百三十多桩，其中四十七案的案犯被处以死刑，这意味着生者凌迟、死者戮尸、男性亲族15岁以上者连坐立斩。

正是因为乾隆把文字狱发展到无以复加的地步，致使当时的知识分子都如履薄冰，不知道什么时候会惹案上身。他们害怕吟诗，不再著书，即使写些东西也是心口不一，不敢真实地表达自己的观点。其后果是人人三缄其口，文章不知所云。

当朝御史曹一士对此情况有形象的描述："比年以来，小人……往往挟持睚眦之怨，借影响之词，攻讦诗书，指摘文字。有习见事生风，多方穷鞫，或至波累师生、牵连亲故，破家亡命。"

可见，乾隆朝的文字狱丝毫不亚于雍正和康熙朝，长江后浪推前浪嘛，他的火爆程度早就把乃父乃祖拍在了沙滩上。不过乾隆皇帝比康熙和雍正还要"聪明"那么一点点，他知道光搞文字狱力度还不够，因为民间还流传着各种各样的书籍，里面反清的内容更多，对国家安定很是不利。

思来想去，乾隆皇帝终于想出个办法，那就是把全国各地的书都搜罗起来，然后再经过编撰，汇集成一本大书。在编撰的过程中把那些诋毁清王朝的文字删掉，再美化大清的统治，歌功颂德一下，这样一来就两全其美了。

于是，他组织一帮文人，编出了中国封建时代空前绝后的一部大书，这就是《四库全书》。被乾隆皇帝任命为修纂《四库全书》总负责人的，便是当时著名的大臣——纪晓岚。

纪晓岚（1724 ~ 1805 年），名昀，号石云，直隶献县（今河北沧州市）

人，自幼就聪明异常，才思敏捷。据说有一次，他与几个小孩在街边玩球，正遇太守路过，球误入太守轿中。衙役厉声呵斥，孩子们吓得四散而逃，唯有纪晓岚挺身上前要球。太守见他可爱，故意刁难他说："你如能对出我的对联，就将球还你。"纪晓岚天真地点头同意。太守说："童子六七人，唯汝狡！"纪晓岚脱口对道："太守两千石，独公廉！"太守见他答得很对题，听了很舒服，就摸摸他的头，要他好好读书，将球还了他。

24岁时，纪晓岚在乡试中高中第一名解元。乾隆十九年（1754年），他又考中了进士，进入翰林院，到了皇帝身边。乾隆三十八年（1773年）纪晓岚被任命负责编修刚刚启动的《四库全书》。从此，纪晓岚的学识更为乾隆所欣赏，为此几次获得提升，成为当时显赫一时的大臣。

《四库全书》的编纂参考了明朝的《永乐大典》，但《四库全书》不论在内容上还是体例上都远远超出《永乐大典》的规模。《四库全书》一共收书三千四百六十一种，装订成三万六千 二百七十五册；存目六万四千七百九十三种，九万三千五百五十一卷；抄写人员共有一千五百多人。这部丛书，把中国的学术文化典籍几乎包揽殆尽，完全可以说是汗牛充栋，洋洋大观。

编纂《四库全书》是一件极为辛苦的差事，人整天在昏暗的屋子里看书、抄写、编辑，时间一长是十分难受的，传说纪晓岚为此还差点得罪了皇帝。事情是这样的，一年夏天北京特别热，纪晓岚又有点胖，怕热，在屋子里编写《四库全书》时虽然有人不停地摇着扇子，可还是汗如雨下，他热得实在受不了了，索性将身上的官服给脱了，打着赤膊干活，这一下就舒服多了。可就在这个时候，乾隆皇帝来看他们工作得如何。由于皇帝进大门时没让人惊动他们这些在里屋进行编写的人，因而当皇帝走到屋门口时他们才发觉。这时纪晓岚已经来不及穿上官服，光着上身见皇帝又是大不敬，情急之下纪晓岚干脆躲到自己的书桌下，用帘子一遮，倒也令人看不见。

乾隆进屋后跟大伙聊了一会儿就让大家各干各的去了，而他自己则随便找来几本书翻阅，屋内很快恢复了平静。不一会儿，闷在书桌下的纪晓岚实在受不了了，可又不知道皇帝走没走，就悄悄地伸出半个脑袋问道："各位，老头子还在吗？"大伙儿一听纪晓岚当着皇帝面叫他老头子，都吓得不敢说话。恰巧乾隆正坐在纪晓岚书桌边看书，突然有个声音传来，先吓了他一跳，再一看纪晓岚那样，又不觉好笑。但他听纪晓岚称自己是"老头子"，很不高兴，便问："纪晓岚，你为什么叫我老头子，不尊重皇上可是要杀头的！"

纪晓岚毕竟聪明，他脑子一转便有了对付的方法，说"皇上，这'老头子'是对您尊敬的称呼呀！"乾隆不懂这意思，便让纪晓岚讲个明白。纪晓岚不紧不慢地说："'老'是年纪大、威望高，中国人常说'尊老爱幼'，这'老'便是说您威望高受人尊重。这'头'就是首，也就是第一。您是大清朝皇帝，您不是第一，谁是第一？这'子'更是尊称了。中国古代把有学问有德行的人都叫作子，像孔子、孟子什么的，我这是说皇上学问好德行高。这样一来，您不就是'老头子'了吗？"

乾隆一听不由开怀大笑，纪晓岚不由得松了口气。乾隆虽知这是纪晓岚乱拍马屁，但心里仍听得舒服，也就忘了刚才的事，不仅没追究纪晓岚不敬之罪还拨了专款给他们，让他们多买一点防暑降温用品以抵御酷热。

经过 10 年的编纂，《四库全书》终于陆续编订完成。编订好的《四库全书》共抄写了七部，乾隆仿效著名藏书楼天一阁的形制，建造了七处楼阁以存放《四库全书》。它们分别是故宫文渊阁、圆明园文源阁、沈阳故宫文溯阁、承德避暑山庄文津阁、镇江金山文宗阁、扬州文汇阁、杭州西湖行宫文澜阁。如今存世的仅有文渊阁本、文溯阁本和文津阁本，另有文澜阁本部分存世。

实事求是地说，在《四库全书》的修订过程中，重新发现并整理了不少孤本和善本，此外还保存了从《永乐大典》中辑佚的将近四百种书籍。此外，《四库全书》开启了"乾嘉学派"重考据的学风，对国学的继承和发扬有重大的影响。

但是，必须指出是，乾隆利用编纂《四库全书》的机会，大兴文字狱，篡改传统文化，实行愚民统治的用心也是显而易见的。尽管他曾经表示不会利用民间献书大兴文字狱，但这根本就是一句空话。著名的"王锡侯字贯"案就是数十起文字狱中较为人所知的一件。

王锡侯（？～1777年），清朝文学家。他对康熙年间编撰的汉字辞书《康熙字典》很有兴趣，但经过研读，他觉得字典并不完美，便以《康熙字典》为蓝本，呕心沥血十七年完成了《字贯》，弥补了《康熙字典》的缺陷。《字贯》凡例写入康熙、雍正、乾隆之名讳（玄烨、胤禛、弘历），没有缺笔避讳。乾隆知道后，不但未将《字贯》纳入《四库全书》，反而还杀死王锡侯，并将《字贯》列禁焚毁。

此外，在编纂《四库全书》的过程中，大量被乾隆视为"违逆"的书籍都被焚毁，据统计竟有三千种之多，合一万三千六百卷，十五万多部，焚书总数达十五万册，超过七十万部。销毁版片总数一百七十余种、八万余块。禁毁书籍与四库所收书籍一样多。

除了焚毁书籍，乾隆还系统地对明代档案进行了销毁，估计不少于一千万份明代档案被全部销毁。除了销毁书籍和档案外，还系统地对残存书籍和档案，进行篡改。不仅将不利于大清的文献禁毁，连前人涉及契丹、女真、蒙古、辽金元的文字都要进行篡改。可以说，幸存下来被录入四库全书的书籍，都按照乾隆的意愿被修改得面目全非。

乾隆皇帝对中国文化之破坏，将永远为后世所唾弃。

"公款旅游"代价大

在工作之余饱览祖国的大好河山，这并没有错，而且还是值得提倡的正能量。然而，如果一国之君用大把大把的公款来如此作为时，问题就大了……

古时候，最怕的就是黄河水泛滥，那会儿防洪措施不怎么高明。黄河水一决堤就损失惨重。在康熙时期，他格外重视这个问题，多次乘南巡的时候，亲临治河工地，看望百姓，并对工程给予指导。在皇帝的直接支持下，治河工程历时数十年，终于取得了显著效果，有效遏止了黄河水患，并疏导了运河，促进了当地经济的发展，人民生活得以稳定。

乾隆时期，他思慕祖父南巡的盛事，声称要了解江南军事、政治、河务、海防情形及百姓疾苦，同时当然也想感受一下皇祖康熙南巡时百姓夹道欢迎的盛况，于是同皇太后一起进行了六次南巡。其实，乾隆冠冕堂皇之语的背后，还藏着另一个目的：那就是要以南巡之名饱览大好河山，过一番"公款旅游"的瘾。

乾隆十六年（1751年）正月十三日，乾隆皇帝开始了第一次南巡。这次南巡大约做了两年多的准备工作，同行的有王公大臣、侍卫官员、兵丁仆役等共两千多人，使用船只一千多艘，其行程的路线是：从北京出发，经直隶、山东到江苏，沿运河南下，经扬州、镇江、丹阳、常州、苏州，抵浙江，再经嘉兴、石门到达杭州。

江山如画，令人心旷神怡。皇帝一时流连忘返，数月之后才依依不舍地踏上归程。五月初四，乾隆和他的南下大军浩浩荡荡地回到京城。

然而，美不胜收的江南风情，令皇帝陛下魂牵梦萦。像一个"瘾君子"抑制不住对瘾物的迷恋一样，第一次下江南之后的不足三十年间，乾隆皇帝居然又五次巡视江南。后五次的时间分别是：乾隆二十二年（1757年）、二十七年（1762年）、三十年（1765年）、四十五年（1780年）、四十九年（1784年）。最后一次下江南，乾隆皇帝已经是74岁的老人。如此高龄仍乐此不疲，着实让人惊叹！

然而，南巡的弊端是显而易见的。比如，第一次南巡前，他曾说："朕巡行江浙、问俗省方，光沛恩膏，聿诏庆典。"意思是，我到江浙地区巡行，要对百姓多施恩典，让大家共享太平盛世。但是，在此一年前，各省就在为皇帝巡行大做准备，修路，建行宫，还在繁华街市搭建了许多牌楼、彩棚、点景、香亭等，并每隔二三十里设尖营，供皇帝临时歇脚。乾隆巡行队伍的船只多达上千艘，所到之处旌旗蔽空，仅拉纤之人就有三千六百之众。一次，皇帝一行来到运河南岸，发现岸上立着一个硕大的仙桃，待船临近，这仙桃忽然烟火四溅，迸裂开来，桃中竟是几百人正在演寿山福海的新戏。当巡行队伍在路上行走时，地方官员为避免灰尘扬起，都会安排人"泼水清尘"，还在各桥头村口等地派兵驻守，封山封路，务必保护圣上安全。

在江苏，两淮盐商为博皇帝欢心，竟在江南种植梅花万株，以供观赏。乾隆游览大虹园时，认为一处景观与北海中的琼岛春阴非常相似，只是遗憾没有塔。大盐商江春得此消息，立即召集工人在一夜之间建造了一座同样的塔。这些"忠心之举"自然也有回报，乾隆就曾诏令"两淮纲盐食盐于定额外，每引赏加十斤，不在原定成本之内，俾得永远沾受实惠"。此外，还给各盐商在本身职衔的基础上又多加顶戴一顶，以示嘉奖。自此，盐商自耀富有，官员互竞豪华之风愈演愈烈，所耗钱财无数。乾隆曾指出苏杭二府有浮华之风，但他的首次南巡仅国库耗银就达五十多万两，再加上地方捐助摊派，其数远大于此。后来的五次南巡又一次更胜一次，助长了奢靡之风。各地官员也借迎驾之机，勒索百姓，加重了人民负担。

为享受众人拥戴之情，乾隆允许百姓沿途观瞻圣容，并规定，官员对此不得禁止。他每到一处，官员都要穿戴整齐前来接驾，百姓则在道路两旁焚香跪拜。乾隆听到百姓山呼万岁，就会龙颜大悦，然后下令减免这个地方的赋税，并赏赐官员"凡有罚俸降级之案，俱准其开复。无此等参罚案件者，各加一级"。在这种政策的鼓励下，各地官员更是积极为皇帝的到来营造太平盛世之景。

乾隆南巡时采取的各项措施，客观上起到了笼络人心、亲近百姓的作用，但是他南巡期间的费用是康熙时候的十倍还多，虽展示了盛世之繁华，但也给清朝的衰落埋下了伏笔。乾隆为粉饰的太平而陶醉，而自炫，直到晚年退位后才多少有所醒悟："惟六次南巡，劳民伤财，作无益，害有益"。

平心而论，作为一国之主宰，能这样反思自己的行为，实属不易，然而，这迟到的反思已于事无补。

两百多年以后，江浙等地的许多旅游公司还念念不忘乾隆皇帝的"恩德"，在各旅游景点纷纷打出乾隆这张"皇牌"，其浓烈的"皇帝情结"和对"神圣皇帝"的感激之情，溢于言表。

若乾隆九泉有知，不知作何感想。

总之，乾隆"处心积虑"，处处学习圣祖康熙，然而受到性格所限，往往学得过头，因而不免落得个奢侈浪费的恶名。乾隆的做法并不能够掩盖"烛泪落时民泪落，歌声高处怨声高"的残酷现实，他的奢侈无度，已然为清朝笼上衰落的阴影。

一次失败的外交

乾隆时期，曾有一支英国使团出使中国，然而因双方未能就觐见乾隆皇帝的礼仪达成一致，这次外交活动最终宣告失败……

清王朝统一中国后，认为自己是天朝大国，只有他国对自己有所求，而自己则对外无任何需求。由于这种思想的作祟，清政府对外的政策都是以政治需要为先导，随政治形式的变化而变更的。

清初，郑成功占据台湾，在福建、浙江沿海一带进行武装抗清斗争，清政府为切断其与大陆的联系，实行了严密的海禁政策，下令封锁海域，不准船只入海，又将近海居民向内地迁移。海禁政策的实施，限制了沿海居民，特别是以打鱼为生的渔民的自由，中外之间的贸易往来也受到极大影响。荷兰、葡萄牙等殖民主义国家在顺治朝和康熙初年都曾派使节到北京请求开放通商，但都遭到了强硬拒绝。

康熙二十二年（1683 年）台湾收复后，清政府于转年开放了海禁，允许中国商民出海贸易，又指定广州、漳州、宁波、云台山四处为对外贸易的通商口岸。但实际上受水陆交通等条件限制，对外的贸易基本上都集中在广州一处。

到了 18 世纪中叶，英国进入产业革命时期，随着蒸汽机被普遍应用于生产领域，逐渐取代了传统的手工劳动，社会生产力得到突飞猛进的发展。为了在海外寻求原料产地和商品市场，英国政府积极推行对外侵略和扩张政策。由此，地大物博、人口众多的中国，成了英国注意的目标。但此时的中国，对海外贸易有很多限制，外贸港口只有广州一处，远远不能满足以英国为首的西方国家对华贸易的需求。

为改变这一状况，扩大对华贸易，英国政府于乾隆五十二年（1787年），曾派使节喀塞卡特前来中国，但未到达即病死途中。乾隆五十七年（1792年），英国政府又派出更高级别的使团来中国，全权特使为富有外交经验的英国驻孟加拉国总督马戛尔尼勋爵。使团以向中国皇帝祝寿为名，于这年八月初十从英国朴次茅斯启程，经大西洋、印度洋，至中国南海，然后由浙江、山东沿海北上，在乾隆五十八年（1793年）六月抵达天津大沽口。随行人员包括副使斯当东及军事、技术人员等七百余人，并带有英王致乾隆的信件和各种礼品，包括天文望远镜、地理测绘仪、乐器、钟表、图册、车辆、武器、船只模型及各种丝织品，价值总共一万三千多英镑。

大约在马戛尔尼使团启程两个月后，乾隆从广东方面获悉了这一情况。他非常兴奋，马上下令一定要悉心妥善接待好这个"初次观光上国"的英国使团。为了把接待英国贡使的场面搞得盛大热烈，乾隆决定让马戛尔尼一行参加在承德避暑山庄举行的 83 岁万寿庆典。

马戛尔尼在天津的大沽口登陆后，受到钦差大臣征瑞的隆重欢迎。然而，马戛尔尼还没到北京，就在觐见皇帝的礼仪上与清政府接待人员发生了争执。

原来，当时清朝周边藩属国的使臣在觐见大皇帝时，必须按照中国规矩，向皇帝行三跪九叩的大礼。乾隆十八年（1753年），葡萄牙的使臣巴哲格来华朝觐，就是按这个规矩行的礼。

乾隆早先就给征瑞发了一道密旨，让他培训马戛尔尼行三跪九叩的大礼。乾隆这样做，是怕马戛尔尼在朝觐时失仪出丑，所以让他做好充分的演习。

征瑞把这一要求了提出来。马戛尔尼毫无思想准备,当下啼笑皆非,说:"征大人,我这次出使,不是我个人的行动,而是代表我们整个大英帝国的。任何一国的臣民对他们君主所行的礼节,绝不能要求外国代表也照样做,前者表示屈服和顺从,后者表示尊敬和友谊,这二者是有区别的。"

但征瑞不让步。

马戛尔尼也不想因为礼仪问题而搞得太僵,以致还没见到乾隆皇帝,外交使命便夭折了,于是他提出了一个折中的办法:假如清政府方面坚持要他向皇帝下跪叩头,他同意可以下跪来表示对皇帝的尊敬,但这样做要有一个先决条件,那就是必须有一个跟他同一等级的大清国官员,穿戴正式的礼服向英王陛下的御像行同样的磕头礼。

马戛尔尼提出的要求,无非是要大清国把英国当做平等的国家对待。可对于征瑞来说,这一要求实在太强硬、太狂妄了。他怕惹乾隆生气,没有汇报就断然拒绝了这种做法。

马戛尔尼一行到了承德,直到大学士和珅亲自出面,在避暑山庄与英使最后落实觐见礼节时,才发现英方竟然不同意三跪九叩。乾隆很快了解到了实情,他指示征瑞再压一下,如果不行,可以询问英国方面有什么主张。

这一次马戛尔尼又做出了让步,提出他可以按照谒见英王陛下的礼节——"一足跪地,一手轻轻握着国王的手而以嘴吻之"——来觐见大清国皇帝。征瑞听了,很满意,告辞而去。

不久,征瑞带着皇帝的使命又来拜访,对马戛尔尼说:"皇上做了最后决定,觐见时特使可以行英国之礼,"说到这里,征大人稍微停顿了一下,接着说道:"不过,照中国风俗来说,拉着皇帝陛下的手来亲嘴,总不是个道理。请务必免去此礼,不如改为双足跪下为好。"马戛尔尼表示难以从命。

征瑞只得说:"算了!双足还是单足下跪且不去管他,只是拉手亲嘴的举动免去才是。"

马戛尔尼回答："悉听尊便。"

马戛尔尼就这样按照英国礼节觐见了乾隆皇帝。乾隆本想借英吉利使臣的觐见这一不可多得的机会来向臣民和藩属各国显示天朝上国的威严，现在希望全部落空，十分扫兴。

万寿节庆祝活动刚刚结束，英国使团就被打发回了北京。因为清政府曾规定，凡是外国使者在京逗留的时间不能超过四十天，因此马戛尔尼原准备在北京过春节的计划被拒绝了。

当初在离开英国时，英国国王曾经交给他一封极其重要的信，让他转交给乾隆皇帝。

对于这封历史性的书信，马戛尔尼刚到热河时候，就多次地想通过大学士和珅转达给乾隆皇帝，但每一次话都是刚一出口，就被和珅巧妙地回避了。于是马戛尔尼就按照信中的内容直接给乾隆皇帝写了一封信，并想方设法把这封信递到了乾隆皇帝的手里，这封信的标题写的是："大不列颠国王请求中国皇帝陛下积极考虑他的特使提出的要求"。马戛尔尼在信中提出的要求是：允许英国商船在珠山、宁波、天津等处经商；允许英国商人在北京设一个洋行买卖货物；在珠山、广州附近划一个小岛，为英国商人使用；请求对英商货物实行免税或减税；允许英国人在华自由传教等。

乾隆知道信的内容以后，大为恼火，他严厉指出："这与天朝体制不合，断不可行。"随即，乾隆以皇帝向天下臣民颁发的谕旨形式给英国国王回了一封信，交给马戛尔尼带回。在他给英王的信中说：英王远在重洋，倾心向华，特遣使携带国书，航海来此，叩祝万寿，词意诚恳，足见国王恭顺之诚，深为可嘉。你国王虽恳请一人居天朝，监管买卖一事，此项要求与天朝体制不合，断不可行。天朝所管地方，非常广远，凡外藩使臣来京，行止出入，均有传统规定，从来不准任行其是，怎能因你一人之请，更改天朝百余年法制。天朝德威远播，万国来朝，种种奇珍异品，纷纷来献，无所不有，无须你国制办东西。此次，你国进贡各物，照顾你诚心远来，特令收纳，以上各条特作开导，并遣令你贡使回国。

乾隆五十八年（1793 年）十二月九日，马戛尔尼率领的英国使团，乘坐"狮子号"军舰从广州黄埔港起锚回国，英国国王向中国提出的要求，全部被乾隆皇帝断然拒绝。

马戛尔尼使团没有完成英国政府交给他们的使命，英国欲从清帝国获得外交和商贸特权的目的自然没有达到。但通过中国之行的所见所闻，经过与清政府上层人物的接触，对当时清帝国的政治、经济、军事、文化、山川河流、风土人情有了一个全面的了解。

随行的副使斯当东回英国后在《英使谒见乾隆纪实》一书中写道："特使及全体随员在将近两年的期内为国家完成了一项新奇而微妙的使命"。他们所接触到和观察到的在头脑中所留下的印象是"前所未有和不可磨灭的"。他还说，大清国"贫穷得令人惊讶，一路上我们丢掉的垃圾，被人捡去吃""叫花子一样的军队"。马戛尔尼则说："清帝国好比是一艘破烂不堪的头等战舰。它之所以在过去一百五十多年中没有沉没，仅仅是由于有幸运的、能干而警觉的军官们的支撑，而它胜过其邻船的地方只在于它的体积和外表。"使团回国后对清帝国的全面介绍，使英国政府看到了清王朝已经处于不堪一击的状态中，这正是英国向中国展开攻势的大好时机。

二十多年后的嘉庆二十一年（1816 年），英国再一次派遣以阿美士德为首的使团来中国，出使的目的同当年马戛尔尼出使的目的一样。使团于六月到达天津，清政府派工部尚书苏楞额、长芦盐政广惠接待使团。双方又在觐见嘉庆皇帝的礼节问题上发生激烈争执。嘉庆皇帝态度坚决，英使必须行三跪九叩之礼。阿美士德以各种借口拒绝觐见，嘉庆皇帝一怒之下，令英使团立即回国。

又过了二十多年后，当乾隆皇帝的爱孙道光皇帝在位时，英国的军舰又驶向了广州，但这次他们不是朝拜中华帝国君主的和平使者，而是要用大炮轰开紧紧关闭的中国大门。

如果在英国把中国当成一个强大的、独立的主权国家并给予足够的尊重，期望通过和平的外交途径打开中国大门的时候，乾隆皇帝能够开明一点；如果乾隆皇帝不是那样的在乎觐见的礼仪，而是对英国平等相待……那以后的中国历史又当如何书写呢？

假如乾隆九泉有知，不知他是否能回答这个问题。

第五章　衰落已是进行时

并非仅仅是钱的问题

当嘉庆皇帝除掉大贪官和珅后，由于抄得巨额财富，因此民间向来有"和珅跌倒，嘉庆吃饱"之说。然而，真实的原因岂只是为了财富……

马戛尔尼的使团离开中国后的第三年，是1796年。这一年，在大清帝国出现了两个并存的年号——乾隆六十一年和嘉庆元年。这种令人头晕目眩的纪年现象，源于帝国宫廷内一次闹剧般的"禅让"。这年的正月初一日，乾隆从太和殿内的皇帝宝座上走了下来，排行第十五的皇子颙琰登基，是为新皇嘉庆。新皇登基，自当晓谕天下，外省各地方政府以及部分略谙世事的草民开始采用新的纪年，1796年当为嘉庆元年。但在紫禁城内，乾隆以太上皇之尊，仍在接受百官的朝贺，新的纪年并未立即执行，而是沿用过去的年号，1796年仍然是乾隆六十一年。于是，这段历史的记述就与同一时期大清帝国经济政治的状况一样，杂乱无章。

乾隆之所以在这个时候让出金銮宝座，不是因为年事已高，精力不济——虽然以86岁高龄，依然执掌一个庞大帝国的最高权力，确实有些不妥——而是又一次地"遵循祖制"。圣祖康熙在皇帝的位子上坐了六十一年，虽然向来不谦虚，但乾隆终归还是有一点自知之明，他知道自己无法逾越祖父这座高山，于是就有了登基六十年之后的这次"禅让"。

天无二日，国无二主。乾隆宣布退位为太上皇，但是他仍用"朕"

为自称，谕旨称为"敕旨"。按理说，"太上皇"是不应该过多干预政事的，但是乾隆规定，"寻常事件"由嘉庆自行处理，一旦有军国要事和涉及官员任免的事宜，则仍由他亲自指导，甚至是亲自进行处理；凡是新授府道以上官员，叩谢完皇上之后，还要前往太上皇那里磕头谢恩。此外，乾隆每天还对嘉庆进行"训谕"。《朝鲜正宗实录》就记载，乾隆曾对宠臣和珅说："朕虽然归政，大事还是我办。"和珅拟写政令奏请嘉庆批复，嘉庆也说："惟皇爷处分，朕何敢与焉。"由此可见，乾隆虽然号称归政于嘉庆，实则仍然掌握大权，嘉庆当时不过是个牵线木偶。

为太上皇铺设权力之网的，就是权倾朝野的满洲贵族和珅。

和珅（1750～1799年），字致斋，原名善保，钮祜禄氏，满洲正红旗人。和珅出生在一个并不富裕的武官家庭，但他与弟弟和琳从小都受到较好的教育，十来岁时被选入咸安宫官学，接受儒学经典和满、汉、蒙古文字教育。和珅天资聪颖，勤奋努力，成绩突出，因而得到老师吴省兰等人的器重。

乾隆三十四年（1769年），20岁不到的和珅继承祖上三等轻车都尉的爵位。第二年，参加顺天府科举乡试，没有考中举人。不过，没有功名的和珅，后来却因颇有才学主管了许多文化、教育事业。

乾隆三十七年十一月，23岁的和珅被任命为三等侍卫（正五品），成为他人生的一个重要转折点。

正是在担任三等侍卫的任上，和珅受到了当朝皇帝乾隆的赏识，由此飞黄腾达。

那么，作为一名普通侍卫，和珅为什么会得到乾隆的赏识呢？不外乎以下几个"秘诀"。

秘诀一：既有一套"真功夫"，又善于溜须拍马。

有一句玩笑话叫：人人都是"戴高乐"。意思是说，人都有虚荣心，都喜欢别人给自己戴"高帽"，说好听话。

平常人如此，作为帝王的乾隆也不例外。乾隆做了多年的皇帝后，在文治武功方面很有作为，觉得意得志满，便骄傲起来，越来越喜欢听颂扬自己的话。

有人愿听，自然就有人愿说。和珅便投乾隆所好，用讨好奉承的手段来邀宠。

有一次，乾隆要外出巡视，便叫侍从官员准备仪仗。官员一下子找不到仪仗用的黄盖，乾隆十分生气，问："这是谁干的好事？"

官员们听到皇帝责问，吓得说不出话来。和珅则在一旁镇定地说："管事的人不能推卸责任。"

乾隆侧过脸一看，是个眉目清秀的校尉，心里一高兴，便忘了追问黄盖的事，反而问他叫什么名字。和珅报上自己的名号后，乾隆又问他一些其他问题，和珅也对答如流。

乾隆十分欣赏和珅，马上宣布让他总管仪仗，以后又让他当御前侍卫。

从朝鲜史籍《李朝实录》记载的当时来华朝鲜使臣的描述中，也可看出和珅"拍马屁"的功夫：和珅后来虽贵为大学士、军机大臣，但每当皇帝吐痰时，他就马上端个盆子去接，比侍候亲爹还要孝顺百倍。

当然，和珅此人也确实很有些才学。民间传说和珅是个不学无术的无能之辈，实际并非如此。

历史上真实的和珅，不仅长相极为俊美，更是武艺高超，是当时少有的文武全才。据史书记载，和珅记忆力惊人、聪明决断、办事利落、多才多艺。比如有一次，乾隆在看《孟子》一书。天色已暗，乾隆看不清书上的注，就命和珅掌灯，当时和珅就问皇上是哪一句，乾隆告诉他之后，和珅就把书上的注全部背了出来。乾隆在《平定廓尔喀十五功臣图赞》中特别提到和珅精通满、汉、蒙古、西藏四种文字。乾隆与西藏宗教领袖班禅之间的交流，主要的翻译便是和珅。当时的英国马戛尔尼访华，和珅也担任过翻译，可见其英文水平也当不低。和珅还曾经担任《四库全书》总裁官，纪晓岚只是和珅手底下的众多编纂官之一。因此，说和珅是当时的一个大学问家，也不过分。可见，和珅有才也是他受到乾隆重用的一个原因。

和珅还擅长把拍马屁和才学结合起来。乾隆一生喜爱做诗、书法，和珅为了迎合乾隆，在这些方面下了不少工夫，并达到了较高的水平。乾隆的书法很见功力，和珅的字则酷似乾隆，可能是他刻意模仿的，因此乾隆后期的有些诗匾干脆交由和珅代笔。挂在北京故宫崇敬殿的御制诗匾，据考证就是由和珅代笔的。

在乾隆日益昏聩的老年，越来越听不进忠言，又好大喜功，自诩"十全老人"，和珅就用此来麻醉乾隆。而且，和珅知道乾隆深深地爱戴他的母亲。所以就竭尽自己的一切解数来讨好皇太后，特别是在皇太后归天的时候，和珅不是像其他大臣一样说几句无关痛痒的话，而是时刻陪在乾隆身边，痛哭流涕，一连几天，茶不思，饭不想，赢得了乾隆的好感。这些都是和珅得意官场的原因。

秘诀二：政治联姻做后盾。

乾隆四十五年（1780年）正月，31岁的和珅接了一项重要任务，与刑部侍郎喀宁阿一起远赴云南，查办大学士、云贵总督李侍尧贪污案。

由于办案出色，在回京的途中，和珅就被提升为户部尚书。时隔一个月，乾隆给和珅6岁的儿子赐名丰绅殷德，又将自己最宠爱的小女儿和孝公主许配给丰绅殷德。这门"娃娃亲"既给和珅带来经济上的利益，又使和珅在政治上得到了不可估量的好处。

秘诀三："狐假虎威"敛巨财。

乾隆晚年时生活奢华，大兴土木。他六次南巡，沿途建造了三十个行宫；在圆明园和避暑山庄，仿造江南风景建造娱乐场所；80岁时举行万寿大典。这些都需要大量的银子。当时国库已枯竭，银子从哪里来？在这种情况下，乾隆非常需要和珅来搜刮钱财，因为和珅深谙此道。和珅在不怎么动用国库的情况下，想方设法满足乾隆的需要。

如乾隆80大寿时，和珅命外省三品以上大员都要进献，在京各部长官要捐出工资，淮南淮北的盐商要捐银四百万两。和珅还创立了议罪银制度，就是让有过失的官员交罚款代替处分，少则数千两银子，多则数万两、数十万两。这种议罪银直接交到内务府，入了皇帝的私人腰包。

和珅还通过各种方式搜刮大量银两与珍宝，在填满乾隆皇帝腰包的同时，也毫不含糊地往自己怀里装银子。凡是外省进贡皇上的礼物，都要经过和珅这一关，有时交一两件给皇上，其余都落在和珅的手里。

这种打着效忠皇上的旗号又饱了私人腰包的情形，自然不容易被人发现，即使被发现，也没有人敢说三道四。和珅认准了这样一条经验：只要讨得皇帝欢心，其他什么都好办。

总之，和珅之所以深得乾隆皇帝的宠信，最重要的一条是他能揣测上意，能够时刻替皇帝"赴汤蹈火"，把皇帝的事情当成自己的事情办。久而久之，乾隆当然就把和珅当成自己的一部分了，和珅因此就获得了重用。

那么，和珅既然已经把乾隆皇帝伺候得到了离不开他的程度，又怎么会丢了性命呢？

这是因为除了贪腐，最主要的是他拉帮结派惹了众怒，特别是犯了后来的新君嘉庆的大忌。

和珅在受到乾隆重用的同时，利用权术拉帮结派，培植亲信，不断扩大自己的势力。

首当其冲的是拉拢军机大臣福长安。福长安是乾隆孝贤皇后的亲侄子，其父傅恒和哥哥福康安都曾任军机大臣等高官。此外，山东巡抚伊江阿，和珅的老师吴省钦、吴省兰等，都成了和珅的亲信。他的弟弟和琳，更是几年之内从一个内阁言官升为四川总督。

和珅对那些正直大臣，则不择手段地排挤打击。大学士松筠对和珅不服，被发配到边远地区任职。领班军机大臣阿桂德高望重，和珅总想扳倒他。军机大臣王杰、董诰也是和珅压制的对象。

由于和珅的种种恶行，总有人想弹劾他。

史书记载，乾隆五十一年（1786 年），御史曹锡宝本想参劾和珅的家人刘全，从中打开缺口。但他做事不慎，将奏稿拿给同乡吴省钦过目。吴省钦连夜向和珅告密，曹锡宝因此事被革职留用。

曹锡宝等人没有搬动和珅，反而使和珅有所警惕，他决定采取釜底

抽薪的办法以绝后患。他规定，以后所有送给皇上的奏章，都必须同时送一份副本给军机处，这样谁去皇帝那儿告他的状就不容易了。他还规定，御史位置空出时，只能用 60 岁以上的老臣担任。和珅用权力几乎把所有通向皇帝的渠道都堵死了，这样他以为就可以高枕无忧了。

然而，他的所作所为，早就被"储君"嘉庆看在眼里，记在心里。这位未来的皇帝一直不喜欢和珅的作为，他一直在等待"收拾"他的机会。

嘉庆即位为帝后，眼看形势发生了变化，知道自己不被新君喜欢的和珅不得不采取措施防备嘉庆。他一面极力讨好嘉庆，又竭尽全力限制嘉庆培植自己的亲信。嘉庆即位不久，他的老师朱珪时任广东巡抚，上了一封表示庆贺的奏章，和珅就跑到乾隆面前告了朱珪一状，不过乾隆未予理睬。

一段时间后，乾隆准备召朱珪回京，升任大学士。嘉庆向老师表示祝贺，和珅又向乾隆告状，说嘉庆笼络人心。这次乾隆生气了，幸亏军机大臣董诰劝谏，乾隆才作罢。但不久，和珅还是鼓动乾隆将朱珪从两广总督降为安徽巡抚。

和珅还将吴省兰派到嘉庆身边，监视嘉庆的言行。

嘉庆二年（1797 年），首席军机大臣阿桂病故后，和珅成为首席军机大臣。大学士王杰因看不惯和珅而告病退休，董诰为母亲守孝也回了老家。此时，和珅在军机处可以说是呼风得风、唤雨得雨。加之乾隆已年老力衰，记忆力下降，和珅真正成了乾隆代言人，他的专横比往日更甚。

嘉庆是个城府很深的人，他虽然恨透了和珅，却不露声色。当有人说和珅不好时，嘉庆反而批评说，我正要依靠他来治理国家，你们为什么来说他的不是呢？甚至有些重大事情仍然让和珅去处理。这样，和珅终于被麻痹住了。

嘉庆四年（1799 年）正月初三，89 岁的乾隆寿终正寝，和珅的靠山终于倒了，嘉庆掌握了实实在在的权力。

正月初四，嘉庆谴责在川镇压白莲教的将帅冒功请赏，并解除对这件事负主要责任的和珅与福长安的军机大臣职务，命他们昼夜在大内守灵，隔断了他们与外界的联系。

正月初五，官员纷纷上疏，弹劾和珅弄权舞弊，犯下大罪。

正月初六，嘉庆开始着手进行人事调整。

正月初八，嘉庆命令上奏文件直接送给他，军机处不得抄录副本。

正月初九，在公布乾隆遗诏的同时，嘉庆宣布革除和珅、福长安职务，交由刑部审理，并命查抄和珅家产。

正月十一，嘉庆宣布和珅的二十大罪状，并要各省督抚表态。

正月十五，直隶总督胡季堂首先表态，请求将和珅凌迟处死。

正月十八，在京大臣奏请将和珅凌迟处死，将同案的福长安斩首。嘉庆表示，为了国家的面子，恩赐和珅自尽。对福长安改判死缓，但要让他亲眼看着和珅自尽。

随后，除了和珅的亲信伊江阿、吴省兰、吴省钦等人受到处分外，其他由和珅保举或向他行贿的官员都不予追究，保证了政局稳定。

嘉庆为什么要铲除和珅？

有人说和珅被杀是因为他太富了。

从查抄家产的清单中可以看出，和珅长期把持崇文门税关，索贿受贿；大量兼并土地；开设当铺银号，放高利贷；开设煤窑、跑运输……大量财物进入他的私囊。

据说和珅被抄家时，经统计，他有田地八十万亩，生沙金两百万两，金元宝一千个，银元宝一千个，其他如珍珠、玛瑙、瓷器等宝物也是数不胜数，据后人估计和珅总财产不少于八亿两银子，相当于当时近五年的国库总收入。所以民间传说"和珅跌倒，嘉庆吃饱"。

巨大的财富使和珅过着帝王般奢华的生活，他在北京、承德等地都建有住所。和珅在北京什刹海畔建起豪宅（今恭王府），府内甚至仿乾隆宁寿宫建起楠木房，并仿皇帝建制修建垂花门等。和珅还在北京海淀建有淑春园，即今北大未名湖。

和珅不仅享受着姬妾成群、锦衣玉食的生活，还梦想着死后像皇帝一样风光，他在河北蓟州（今蓟县）修建巨大坟墓，规格甚至超过亲王，

民间称之为"和陵"。和珅被抄家时，坟墓亦被平毁。

那么，和珅真是因为过"贪"而致杀身之祸吗？

应当说，这只是一个表象。翻看史书不难看出，许多时候，肃贪不过是最高统治者打击政敌的手段而已。通过和珅仿皇帝建制修建房屋、陵墓等，不难看出他已不光是贪恋钱财，权欲之大已到了惊人地步。这才是他招致杀身之祸的主因。

嘉庆四年（1700年），嘉庆在张诚基奏折上批示："朕若不除和珅，天下人只知有和珅，不知有朕。"

其实嘉庆对查抄和珅的家产是适可而止的。嘉庆四年正月，他在直隶布政使吴熊光奏折上明确批示，"不必过于株连搜求"。甚至后来大臣萨彬图奏称目前抄出的不足和珅家产的十分之一，请求再深挖严追时，遭到了嘉庆的严厉批评。

由此可见，嘉庆杀和珅是因他权力太大，已经严重威胁到皇权，嘉庆甚至怀疑他可能会谋反。

不过，嘉庆对和珅的功绩和才能还是肯定的。嘉庆十九年（1814年），清史馆将编好的《和珅列传》送嘉庆过目。嘉庆见记载极简单，只记录了和珅的官阶履历，很不满意。他批示：和珅并非一无是处，他"精明敏捷"，任职三十年还是做了很多事的。只是和珅"贪鄙性成，怙势营私，狂妄专擅"，才不得不加以重罚，为此嘉庆下令重新编写。

由此可见，和珅不是死于"贪"，而是死于"权力"。在一个专制的社会，只要你触犯了最高权力，只要你对其构成了威胁，那么，无论你贪与不贪，你的下场都是可预见的。

遍地烽烟起

嘉庆执政时期，相继爆发了白莲教等若干起义。虽然经过一番折腾，清政府终于将这些起义镇压下去了，然而大清王朝也从此走上了衰败之路……

拿下和珅后，帝国的臣民们从皇帝雷厉风行的作为中似乎看到了一丝希望，他们打心眼里祝愿这位新近亲政的皇帝能以此为契机，一鼓作气地荡除弥漫在帝国大地的污风秽气，重振帝国雄风。然而，数十年的贪贿之风，已经严重侵蚀了帝国的肌体，这种疾病远远不是杀一个和珅就能轻松地得到医治的。多年来的自大、骄傲以及思想禁锢，悠悠帝国已失去了跟随时代前进的内在动力。江山无限已经是不可重复的昨日故事，混乱和无序愈演愈烈的情势之下，新的世纪——对帝国来说无疑是一个灾难深重的世纪迎面而来。

　　在那个一吐胸中郁闷的春天，已经40岁的嘉庆皇帝并没有如沐春风的感觉，因为他面临着极为严峻的政治局势。

　　局势的严峻来自于帝国各地风起云涌的民变，以川楚白莲教教民起义尤为炽烈。

　　白莲教是佛教的一支，起源于南宋。白莲教是民间的秘密组织，许多农民起义，都是利用白莲教进行宣传的。元朝末年，刘福通、韩山童就是利用白莲教进行宣传，从而领导红巾军起义。明朝末年徐鸿儒也是利用白莲教而举兵起义的。

　　明朝灭亡了，但一些人总想反清复明，他们就秘密发展白莲教教徒，积蓄力量，准备东山再起。这个阶段，有一个有名的白莲教首领，名叫王伦。

　　王伦，山东省寿张县党家庄人，出生于一个贫穷的农民家庭。从小爱好武艺，广交天下朋友，而且此人聪明好学，精通医术，但他却是一心想反清复明。为了达到这一目的，他利用给人看病之机，宣传白莲教，广收教徒。由于王伦为人慷慨，济危扶贫，给人治病经常不收报酬，而他的医术又很高明，所以在寿张、堂邑一带很受百姓的欢迎和拥戴。在看病过程中，他宣扬白莲教教义：人人一律平等，有福同享，有难同当。许多百姓纷纷加入白莲教，很短的时间，白莲教徒就有几千名。

　　乾隆年间，虽号称太平盛世，但是真实的状况不过是国强民弱、国富民穷。广大黎民百姓仍生活在社会的最底层，生活并没有从根本上得

到改善，仍是饥一顿、饱一顿。而这时期，贪官污吏横征暴敛，苛捐杂税有增无减，朝廷奢侈腐化，百姓叫苦不迭，他们看到权势人家和富家子弟平日游手好闲，却作威一方、富甲一方，心里很不平衡。渐渐地，对白莲教产生信赖，认为只有白莲教才能使人人平等，因之加入白莲教的人越来越多。

但是清政府并没有意识到危机。乾隆三十九年（1774年），山东寿县等地歉收，百姓生活雪上加霜，但地方官不但不减租，反而额外加派，一下就激起百姓的愤怒。王伦看到时机已成熟，便准备起义。八月二十八日，王伦在寿张县党家庄聚众起义，举起了反清大旗。

寿张县知县沈齐义刚想派兵去镇压，却被王伦和堂邑县的王经隆率领几千白莲教徒攻入县城。他们杀死沈齐义，接着又杀死平日作恶多端的官吏，打开粮库赈济百姓。很快，白莲教徒攻克了阳谷县、堂邑县。

此后，队伍不断扩大，王伦乘胜包围了临清旧城。

乾隆得知义军围攻漕运要地，立即派大军前来镇压。王伦的义军没有经过训练，虽然很英勇，但既无兵器也无战马，很快就被清朝援兵和城中的军队镇压下去。王伦大如双双战死，王经隆被活捉。

王伦的白莲教起义虽然失败了，但白莲教并没有彻底消失，而是暂时转入地下，待机再起。

到了乾隆末年，政治开始腐败，官员奢侈腐化，百姓对清朝严重不满。白莲教再度举兵反抗。

枝扎县刘云协、张正漠等人酝酿已久，看到时机成熟，立刻举兵攻打枝江县城。枝江县令还没有准备好，就被义军占领县城。他们乘胜而行，进攻留阳县。留阳县县令为了镇压白莲教，马上召集书办、衙役商议对策。这些人当场捉住县令，将其杀掉，原来他们也都是白莲教的人，义军很快占领了留阳县。

枝江县白莲教起义后，其他各地也纷纷响应，规模最大的就是襄阳王聪儿领导的白莲教起义。

王聪儿，湖北襄阳（今湖北襄樊）人，幼年丧父，跟着母亲学习杂技，跑马走绳，舞刀使棒，样样都行。母女俩凭着一身技艺走南闯北，过着颠沛流离的生活。

一天，母女俩来到襄阳，在受到当地恶霸的欺负时得到一位名叫齐林的人的帮助而加入白莲教。齐林是襄阳白莲教的首领。王聪儿入教后，经常利用卖艺的身份在江湖上宣传白莲教的教义。由于他们俩志同道合，感情也越来越深，不久后便结为夫妻。结婚后，齐林与王聪儿便一同领导白莲教徒筹划反对清朝的武装起义。官府得知这一情况后，立即派兵镇压，齐林等人被惨杀。

齐林死后，王聪儿被大家推选为首领，暗中继续筹备新的武装起义

嘉庆元年（1796年），王聪儿得知消息，说其他地方的白莲教都已发动了武装起义，便立即招集白莲教徒，在襄阳黄龙荡举兵响应。起义军十分英勇，在吕堰驿（今湖北襄阳市古驿镇）大败清军，声势大振，随后又有许多人加入义军。起义军节节克敌，打得清军只有招架之功，没有还手之力。

嘉庆皇帝得知义军连连取胜，心中焦急万分，急忙召集文武百官，商议对策。在大臣们的建议下，嘉庆帝立即下旨，命周围各省的骑兵、步兵开赴湖北、河南，又从京城调去大队人马，想把义军包围在吕堰附近，准备将其一网打尽。

王聪儿得知清军从四面八方杀过来，特别是从京城方向也杀来大批清军，她立即决定，挥师南下。

义军一路之上，占领数个州县。在夺取孝感城后，王聪儿下一个目标就是夺取武昌城。但是由于大雨，攻城没有成功，而这时清军已追杀过来。

就在王聪儿起义不久，楚、豫、秦、蜀等地也纷纷起义，白莲教徒连连获胜。王聪儿为了彻底摆脱清军的围剿，决定与四川白莲教汇合。

嘉庆二年（1797年），经过长途跋涉，王聪儿带领白莲教徒与四川白莲教徒胜利会师。白莲教徒士气大增，王聪儿继续指挥这些白莲教徒。

嘉庆三年（1798年），王聪儿挥师北上，义军一路之上，势如破竹，连连攻克城池，直逼西安。就在清军准备以重兵在西安附近围歼起义军时，王聪儿却又带领义军南下了。

围剿失败，让嘉庆皇帝震怒，此时，清军将领明亮向嘉庆献了一条恶毒的计策，要各地地主组织武装民团，修筑碉堡。起义军一来，就把百姓赶到碉堡里去，叫起义军找不到群众帮助，得不到粮草供应。这种做法，叫作"坚壁清野"。嘉庆下令各地采用这种计策，起义军的活动果然越来越困难。

不久，清军在川北一带围攻起义军。为摆脱清军围攻，王聪儿亲自带领两万人马再次前去攻打西安，不料在西安遭到官军阻击，打了败仗。在往湖北方向撤退的时候，不幸在湖北郧西的三岔河地方，陷进清军的包围圈。

王聪儿临危不惧，指挥起义军退到茅山的森林里，准备组织突围。清军发现后，又围住茅山，从山前山后，密密麻麻地拥上来。起义军经过顽强抵抗，终于失败。王聪儿眼看突围不成，不愿被俘受辱，便纵身跳入悬崖，壮烈牺牲，白莲教徒也都被斩杀殆尽。

白莲教起义至此失败。

这次大规模起义牵扯了清朝政府十六省的数十万军队，并导致十余名提督、总兵等高级武官及副将以下四百余名中级武官阵亡。据统计，清朝前后投入超过两亿两白银，相当国库五年财政收入，使国库为之一空。

更为可怕的是，这次大规模起义并未使得嘉庆皇帝和大小官员们有所反省，反而认为"官逼民反"并没有什么了不得，使用强力镇压即可。于是，新的内乱不断爆发。

就在川楚白莲教起义被镇压以后的第九年，也就是嘉庆十八年（1813年），白莲教的一个支派天理教在"天子脚下"向神圣的皇帝陛下发起了攻击。

当时，河南滑县人李文成和北京南郊黄村人林清以一种离奇的教义——凡输纳百文"根基钱"者，将获地百亩——在北京、直隶、河南、山东、山西等地广收教徒，大量的农民、穷困潦倒的旗人、流浪者、仆役，甚至还有宫中的宦官纷纷加入。成就一定规模之后，李文成与林清约定当年九月十五在河南、北京两地同时起事，北京起事的计划居然是攻打紫禁城，杀掉皇帝。

起义的前期工作准备完毕后，活动在河南滑县的李文成因为走漏消息而被清政府投入大牢。为尽快将李文成救出来，冯克善带领众教徒提前八天起义，但林清等人不知情况有变，仍按原计划准备攻打紫禁城。

攻打紫禁城的前一天，陈爽、陈文魁以及两百多名教徒偷偷混入京城，在永定门外和前门的隆戏园落脚。第二天，陈爽等人依计行事，在入教太监的带领下冲入皇宫。进入皇宫的起义军有的打到隆宗门，有的打到养心门，与皇宫里的侍卫进行了激烈的对抗。

当时，嘉庆正在热河狩猎，皇子旻宁（即后来的道光皇帝）留守宫内。幸好旻宁临危不惧，沉着指挥侍卫歼灭了起义军。

之后两天，清军在北京城内搜捕了三十多名起义士兵，林清也在黄村的家中被捉。

自此，轰轰烈烈的天理教起义被清政府镇压下去了。

此外，嘉庆时期还爆发过蔡牵领导的东南沿海渔民起义、陕西岐山木工起义等若干起义。

> 满朝文武着锦袍，
> 闾阎与朕无分毫；
> 一杯美酒千人血，
> 数碗肥羹万姓膏。
> 人泪落时天泪落，
> 笑声高处哭声高；
> 牛羊付与豺狼牧，
> 负尽皇恩为尔曹。

这是嘉庆皇帝所写的一首骂廷臣的诗。

平心而论，在中国古代的数百个皇帝中，能写诗的不少，但没有哪个皇帝能写出如此深刻尖锐的诗句。官吏不为民着想，整天沉迷于花天酒地之中，过着醉生梦死的生活，他们饮的是"千家血"，烧的是"百姓膏"。嘉庆看到了，也在诗句中表现出了他对此的愤怒，也力图整饬。特别是在平定了白莲教和天理教起义后，嘉庆表现出了儒家仁君爱民的态度，并采取了一些措施缓解激烈的社会矛盾。

但是，他把这一系列危机事件仅仅作为个案看待，认为天下的问题都是由于和珅不好、百官不好造成的，没有也不可能从制度上去寻找滋生百官腐败的根源，并加以解决。他胸中没有大格局，掌上没有大手笔，因此他虽然一件一件地解决了乾隆盛世留下的危机，却又一步一步地陷入更深的危机，到他的接班人道光皇帝时，清王朝已陷入内外交困、四面楚歌的境地。

庞大王朝的衰败已成必然。

道光接过了烂摊子

嘉庆皇帝其实还不错，然而他终究未能止住大清王朝这艘巨轮下沉的势头。历史的接力棒又交到了道光皇帝的手中……

嘉庆二十五年（1820 年），清廷打算开展"秋狝大典"，也就是每年秋天在皇家猎苑木兰围场（今河北围场满族蒙古族自治县境内）进行的围猎活动。七月十八日，嘉庆皇帝自北京的圆明园出发，六天后驻跸于木兰围场。平素在宫中养尊处优的嘉庆帝，在短短六天的时间里，一路上骑马翻山越岭，又遭受早晚温差大的影响，半路上就觉得有点中暑。到达木兰围场后，又感觉喉咙里痰多了起来，到傍晚时更难受。但他仗恃自己平日身体好而未介意，第二天仍勉强支撑。当晚，病势转重，气若游丝。两天以后，嘉庆在山庄行殿寝宫驾崩，享年 61 岁。

嘉庆病势骤起，猝然而逝。仓促之间，弄得随从们措手不及。大学士戴均元与托津急忙督内臣翻检御箧十数只搜寻遗命，后来终于从一名侍卫身上得到小金盒一只，有锁无钥。托津冒着死罪把金锁拧断，开启金盒得宝书，与御前大臣、内务大臣宣示御书密旨，立皇次子绵宁为帝，并改名为旻宁。

　　说起旻宁的继位，还算众望所归。

　　原来，就在当年天理教林清等人冲入皇宫冲到隆宗门时，此时恰好旻宁正在上书房读书。时年32岁的旻宁是嘉庆次子，原本陪着嘉庆一同去了承德，后来因故提前回京，正赶上这场事变。当时，宫内人心惶惶，后妃们吓得哭成一团，太监们四处逃窜，侍卫们不知所措，闻讯赶来的王公大臣也不知如何是好。在此紧要关头，旻宁挺身而出，命令各门戒严，并派人调集援军，自己站在养心殿前观察局势。

　　隆宗门紧闭，天理教徒分出一拨人撞门，又派五六人爬上养心殿对面御膳房的房顶，准备跳进去杀人开门。旻宁瞧见，当即举枪射击，一名教徒中弹坠墙而亡。

　　当时都是火药枪，放完一枪需要重新装填。旻宁乍逢大事，心中一开始甚是紧张，一时找不到弹丸，索性扯掉胸前的金扣子，装进枪膛再次射击，将另一名在屋顶上手持白旗的天理教小头目打落。其他教徒见状连忙退了回去。此时，增援的禁军也赶来了，射出羽箭，将教徒全部杀死。

　　旻宁见危机稍缓，立即命禁军继续搜杀其余天理教徒，自己则到储秀宫安慰母后，同时命令西长街布置警戒，以防再出剧变。

　　嘉庆接到奏报后，对旻宁临变之时处变不惊的处置大加赞扬，夸赞自己的二儿子有胆有识，忠孝兼备，当即加封旻宁为智亲王，加俸银一万两千两，所用的火铳也被赐名为"威烈"。

　　旻宁立了大功，却不张扬，表示自己当时心里也很害怕，有许多处置也不太恰当，请父皇恕罪。旻宁的这番表现让嘉庆很是满意。

　　嘉庆二十四年（1819年）正月，嘉庆让旻宁代表他到太庙祭祖，

这一举动使朝廷上下更有充分理由认定旻宁从嘉庆皇帝手里接过政权应该是势在必得。

说起旻宁，也不简单，他自小文武双全，深得皇祖父乾隆和皇父喜爱。嘉庆皇帝共有四子，长子已夭折，旻宁排行第二，顺理成章被视为长子。并且，经过紫禁城平定天理教事件，立下大功，被封为智亲王，在三个兄弟中，爵位也是最高的。从这几个方面也能看出，旻宁继承大统是水到渠成的事。

嘉庆二十五（1820 年）年八月，嘉庆的棺椁被送抵北京，旻宁正式发丧，命人到朝鲜、琉球、越南等国报丧，并在太和殿举行继位大典，告祭天地、太庙、社稷，颁诏天下，以次年为道光元年（1821 年）。旻宁因此被称作道光皇帝。

嘉庆虽逝，但对其的看法却直至今日，仍有争议。比如，有人认为，清王朝一代一代的皇子贵胄生于深宫，长于妇人之手，聪明才智和社会阅历的缺乏极大限制了他们，致使他们的知识结构极不完善，过于褊狭，嘉庆连蝗虫都不认识便是一例。

嘉庆九年（1804 年）六月，嘉庆初秋时候去太庙祭祖，斋戒三日。当时风闻北京附近蝗虫飞集。嘉庆即下令直隶总督颜检查明此事，并核实具奏。颜检却敷衍塞责，谎称已经全部扑灭蝗虫，居然大胆妄称蝗虫不吃庄稼，唯食青草。此时，嘉庆帝早已过不惑之年，然而他不知道蝗虫的模样，以什么为食。官吏企图蒙混过关，孰料老天有眼，一只蝗虫竟然飞进斋宫，堂而皇之地停留在御案上，惊动了正在批阅奏章的嘉庆皇帝。他没有见过蝗虫，只能命人捉住，召集军机大臣们辨认。几位军机大臣经过一番推敲辨认，一致认定确实是蝗虫。随即太监又在宫内连抓十余只。嘉庆认为是上天恩赐，才使自己有幸一睹蝗虫，十分感叹，赋《见蝗叹》诗一首，并将捕捉的蝗虫与诗稿一并送交直隶总督颜检，严令其立即招集人员捕灭蝗虫。

这个故事是真是假，不得而知。但是否认识蝗虫似乎和聪明与否并不相干。其实嘉庆并不乏聪明才智，也很勤政，而且他从未像乾隆那样畋游无度，更不曾声势浩大劳师靡费地南巡。他曾经偶尔回忆起和父亲一起到南方巡游，不免对江南美好风光流露出留恋之情，苏州籍大臣吴熊光马上上书极力劝谏："苏州惟虎丘称名胜，实一坟堆之大者！城中河道逼仄，粪船拥挤，何足言风景？"对吴熊光这番"坟堆""粪船"之言，满朝文武都噤若寒蝉，可是嘉庆却不以为忤，虚怀纳谏，此后也再未起南游之念。

当年的朝鲜使臣对嘉庆皇帝的印象是："沉默持重，喜怒不形""引接不倦，虚己听受"，还说他"状貌则肉多骨少，而颇有和气。政令则凭之传说，虽未可详知，然大抵以勤俭见称"。确实是这样，嘉庆一朝停止了对行宫的修葺工作，禁在内城演戏，提倡节俭，当了二十五年的皇帝，只举行过十次"秋狝大典"。

在嘉庆 51 岁寿辰的时候，御史景德曾奏请按照乾隆朝的做法在京城请戏班演戏十天以为庆贺，并请求以后嘉庆每年过生日都循此例。嘉庆为此勃然大怒，指责景德是要让朝廷行铺张浪费之事，于民生有害，立即将景德革职。嘉庆两次东巡，不带一嫔一妃，不准兴建行宫，一路都是住在毡帐中。

在用人上，嘉庆尤为注重品德，最厌恶贪污败德的人。这固然让贪污腐败之风多少受到了一点限制，但嘉庆朝政坛上也没有出现杰出的人才。

嘉庆于那个重要时期登台执政，也就肩负了振兴大清的使命。在二十五年的执政生涯中，他一直殚精竭虑地去努力，却终究未能如愿地扭转局面。在死前，嘉庆曾给继位之君留下叮嘱：一定要根治腐败、鸦片、水患。

嘉庆死了，带着不甘与希望撒手人寰。

继位的旻宁，也就是道光皇帝，面对这副烂摊子，又该何去何从呢？

历史很快就告诉了我们答案。

衰世之主的悲怆与无奈

　　道光做皇帝后，他为挽救清朝衰落做了一些不懈的努力，他本人也力行节俭，勤于政务。然而，要想改变一个王朝的命运，仅仅依靠这些，是远远不够的……

　　道光皇帝在位三十年（1820～1850年），是清朝入关后的第六位皇帝。他的青少年时代正是乾隆末期，他亲眼目睹过皇祖乾隆奢华排场的恶习，严重影响了朝野上下的作风，也曾亲耳聆听过父皇嘉庆"朕子惠元元，深念损上益下之义"的教诲。因此道光继位后，尽力清除这个诟病，实施废弃奢华、崇尚朴实的政策，希冀挽回国运，重图振兴。

　　嘉庆二十五年（1820年）十月，道光继位仅两个月，就正式宣告："任何人不许崇尚浮华之风，以辜负朕务本求实的美意"。从此，道光皇帝在上谕中用各种字眼强调"去奢华、尚朴实"的政策，

　　提倡"黜华崇实"是道光贯彻始终的政治口号。难能可贵的是，他不但教育后代们和众大臣们这样做，而他自己更是亲身作出表率。

　　即位之初，道光就下令停止福建荔枝贡、扬州玉贡，随后又命令减少各省各种物品的进贡。不久，又把陕西口外梨贡、两淮盐政进贡的烟盒花爆等物也停了。

　　清代历朝相沿的大规模活动，最重要的要数热河避暑、木兰秋猎了。皇帝在每年的夏季都会带领宫室人员到热河避暑山庄去避暑，一去就几个月，这期间的皇室供应更为繁多。到木兰围场打猎，规模更大，随从更多，沿途对百姓的骚扰更厉害。道光皇帝考虑这些活动耗费大，因而很少举行。除了每年祭扫祖陵，他很少离开京城。内廷重要节日，按习惯都要进献、设宴，以示庆贺，道光帝也多次取消，对于国家开支，他也精打细算，如发兵征讨张格尔时，他坚持制定军用则例，以防贪污和过多耗费。类似这方面的例子很多。

　　最能说明道光节俭的，是营造墓地一事。我们知道，皇帝生前享

尽人间的荣华富贵，死后还要把这种荣华富贵搬到阴曹地府，在那里继续享乐。一般的情况是，皇帝即位后不久，就为自己营建"万年吉地"，而且极为奢侈，往往要耗巨资和大量人力，直到皇帝年迈才造完。

既然崇尚节俭，道光皇帝自然不会忽略这一重要关节，不过这件事他弄巧成拙了。他即位后，大臣开始上奏，要求选地营造万年吉地。道光多次下达谕令，一切从节约的角度出发。经勘察风水，墓地选在东陵的宝华峪。道光五年（1825年）二月，他亲自检查后表示满意。工程也很快启动。负责工程的是英和，此人敢作敢为，对道光皇帝侃侃而谈汉文帝薄葬的事例，很合皇上的胃口。于是一切从俭。

不料一年以后出了麻烦，发现陵寝木门外墙根潮湿，有漏水的迹象。道光八年（1828年）九月十一日，道光亲自赶到现场踏查，这时积水竟深达近两尺。经调查，才知道动工时土里就有石母滴水，但英和没有重视；具体承办人曾建议安龙须沟出水，英和也不同意。为了节省开支，工程质量草率粗糙，如石券旁没有安置叠落石格漏，砌墙海墁等石工于碰楞处只用松香、白蜡掺和石面勾抹等等。为此，道光处分了办事各官。

道光十一年（1831年）二月，道光帝又亲自到西陵，选定龙泉峪为"万年吉地"。命令穆彰阿等办理，工程一切仍从简。方城、明楼、穿堂各券、琉璃花门、石像座全部撤去不做，大殿三间单檐做成，甬路不必接到大红门，太监营房也不建造，仅这些就节省了几十万两银子。道光十五年（1835年）九月，工程最后完工。和其他帝王陵寝相比，道光皇帝的墓地确实显得简朴。但是，由于从节约的角度出发，第一个墓地废置不用，另造了一个，所以加在一起的银两开支并不少。当然这并非道光的初衷。

野史笔记还记载了许多有关道光皇帝节俭的事例，其中有的近似笑话。比如《郎潜纪闻二笔》中记载了道光领导改革"新潮"服装的事，耐人寻味。

故事说，道光人到中年后，更加崇尚节俭，曾经有一件御用黑狐端罩，衬缎稍微宽了一些，他让太监在四周添皮。内务府的人说，这需要银子一千两，道光说："这种小小的改做也需这么多银两，太浪费了，不要添皮了。"第二天，军机大臣到朝中处理政事，道光把这件事对他们说了，没想到，此后大家居然效仿这种穿着，而且还流行了十多年。

在道光一朝，其节俭的程度世所罕见。他穿的套裤，膝盖处磨破了，也不去换一条新的，而是让人在坏处打上一个圆绸，补一下了事，即"打掌"。于是，大臣们也竞相仿效，在膝盖间也缀上一个圆绸。

有一天，道光皇帝召见军机大臣，当时曹振镛跪在最前面，道光看见他的膝盖间有补缀的痕迹，便问道："你的套裤也打掌吗？"

曹振镛回答说："重新做一条太贵，所以也打掌。"

道光问："你打个掌需几两银子？"

曹振镛感到惊讶，马上回答说："需银子三钱。"道光说："你们外间做东西便宜，我们内宫需银子五两，太贵了！"

身为一国之君，道光皇帝的节俭无论是出于本性，还是"作秀"，都是难能可贵的。毕竟，哪怕是为了笼络人心而节余，也能使得"宫中省一分，民众受一分福"。

可惜的是，道光即位之初，虽然带头节俭，也有励精图治之想，只是他才智并无过人之处，只有小聪明而无大智慧。因此终道光一朝，朝政不但没有进步，还因为用人不当，信任佞臣，使朝政更为腐化下去。

道光皇帝最信任两人，其一为曹振镛，另一则为穆彰阿。两人才德欠佳，但为人圆滑，懂得窥伺帝意，甚获道光宠信。

道光既不能干，也欠魄力。初登基时，他见每日奏本之多，高达数尺，已皱眉头，又见各奏本之字多为蝇头小书，哪怕废寝忘食，恐也无法全部看完，而如果不看，又怕人欺蒙他。所以他曾为此事问过曹振镛，应如何处理。而曹振镛确有佞臣的本色，居然教道光皇帝一种"投机取巧"的办法。

曹振镛对道光说："皇上可在有暇之时，随便抽阅数本，见有点画错误者，用朱笔圈出，发出之后，臣下传观，便会误以为皇帝看奏本看得十分精细，巨细无遗，自不敢怠忽从事矣。"

道光对于曹振镛所出的这种"馊主意"，不但没有责备他，反而接受他的建议，果然真的用这种小法来批阅奏章，可见其小聪明之至。当然，使用这种方法处理奏章并非常例，总体来说，道光算得上是一个勤于政务的皇帝。

在道光之前，遇有朝政得失，尚有大臣敢直谏，而道光时期，大臣多唯诺从事，此亦因曹振镛而致。

据说对谏官之直言，道光曾厌其多事，而曹振镛窥知帝意，便对道光说："今天下承平，臣工好作危言，指陈阙失，以邀时誉，若遽罪之，则蒙拒谏之名。故唯有摘其细故舛谬者，交部严议，则臣下震于圣明，以察及秋毫，自莫敢或纵。"

糊涂的道光皇帝果然又接受了这个"高明"的办法，一时间被谴责之大臣甚多，结果使得人心惶惶，不再敢言朝政之得失。道光一朝的政治想不腐败都难。

在惩贪方面，道光也颇为不得力。

贪官污吏，历朝历代皆有，道光朝有这种现象也不足为怪，但他对此却几无办法。

登基之初，道光也曾想通过改变大清前朝留下的陋规陋习来改变吏治腐败的现实。因此，当大臣英和建议清查陋规，整顿吏治时，他立即发布上谕："箕敛溢取之风，日甚一日，而闾阎之盖藏，概耗于官司之削，民生困敝，职此之由。"

清查的方针是，将所有的陋规查明，该保存的留下，该取缔的消除。道光实际是想承认一部分陋规，取消另一部分陋规，控制其发展。然而那帮既得利益者，怎么会舍得让他们搜刮到的财富变成非法的呢？由此，他们抱团应付甚至欺骗皇帝。对于这种现象，道光虽然愤恨，却也实在想不出什么好的点子改变这一切，无可奈何之下，最后只是说了一通空话："各大吏正己率属，奖廉黜贪，如有苛取病民之事，立加黜革厘正，斯吏治澄清，民生日臻饶裕矣。"

就这样，道光皇帝整顿吏治的新政"流产"了，吏治的腐败一发不可收拾。

虽然就个人品行来说，道光在清朝乃至中国历代帝王中，绝非贪暴、淫逸之君，相反，其"俭德"向为史家所津津乐道。道光治理朝政，也称得上勤、谨。如果按照中国封建社会的传统道德标准来衡量，道光大概不失为有德之君。然而依靠克勤克俭改变不了王朝没落的大趋势；面对吏治腐败，他深恶痛绝却又无能为力。可以说，他的一生都写着衰世之主的悲怆与无奈。

第六章　内忧外患中苦撑

虎门销烟长志气

道光时期，由于鸦片的大量输入，吸食鸦片严重损害了中国人的身心健康和清政府的财政收入。为此，林则徐奉命在广州禁烟，大大长了一回中国人的志气……

道光年间，在广州珠江出海处的洋面上，人们经常可以看到这样的情景：每当几艘满载着鸦片的外国商船停泊在零丁洋的时候，总是有一溜小船飞快地向大船驶去。大船上的人们一等小船靠近，忙着把一箱一箱的鸦片卸下来，装上小船。装满后，小船张起船帆，伸出船桨，由外国商人押着划向虎门。

虎门是广州的门户，那里来回行驶着许多清朝水师缉查鸦片走私的巡逻艇，艇上都有武官和士兵。小船开到巡逻艇旁边，船上的外国商人立即向巡逻艇上的武官扔去一个沉甸甸的红布小包。武官熟练地伸手接住，掂掂分量，装进了口袋，然后挥手吆喊一声"上船检查"，带领几个士兵走上小船，装模作样地检查一番。他们脚下踩着鸦片箱子，眼前堆着装满鸦片的蒲包，嘴里却说："没有鸦片，走吧！"于是便放小船驶向广州去了。这些就是当时鸦片走私"贸易"的真实场景。那些外国商船主要是来自英国、美国和法国。

鸦片的大量输入，给中国社会带来了严重的危机。

19世纪30年代以前，中国在与外国的贸易中始终处于出超地位。

仅乾隆时期的1781年至1790年短短九年，中国输往英国茶叶一项就为中国赚取了九千六百万元；而同一时期英国输入中国的所有工业品，价值仅及茶价的六分之一。19世纪初，每年从英国流入中国的白银在一百万元至四百万元之间。

但是，贸易逆差是英国难以容忍的，而清朝的贸易态度又使英国商人不能满足，这就使得英国政府和英国商人一致希望扩大中国市场，为此他们开始贩卖鸦片。

当年跟随马戛尔尼访华的英国使团成员巴罗在书中对乾隆晚年中国社会上鸦片的流行程度做了这样的描述："上流社会的人在家里沉溺于抽鸦片。尽管当局采取了一切措施禁止进口，还是有相当数量的这种毒品被走私进入这个国家……广州道台在他最近颁布的一份公告中指出了吸食鸦片的种种害处……可是，这位广州道台每天都从容不迫地吸食他的一份鸦片。"

早在乾隆初年，英国商人已开始向中国输入鸦片。当时，英国人在印度创立的东印度公司员工偷偷把印度的鸦片运到广州，尝到了甜头。每箱鸦片在印度的收购价不过两百多印币，运到中国后，售价高达一千六百多印币，翻了有六倍之多。鸦片税收成为英属印度政府的一项重要财源。

为增加产量，东印度公司不断地开辟新的鸦片产区，研究怎样使鸦片更能符合中国人的需求，以求扩大鸦片的输出量。英国政府认为鸦片有害，必须严格限制它的国内消耗，但并不限制用鸦片进行对外贸易，积极鼓励外销。因此，许多英国鸦片贩子在中国发了横财。

乾隆四十五年（1780年），乾隆皇帝重申雍正年间的禁令，禁止烟具的输入和贩卖。但当时中国对于鸦片的危害认识并不深刻，因此，这道禁令成了一纸空文。清朝海关官吏很高兴英国商人的贿赂，为其放行。根据英国人自己的记载，鸦片虽然被禁止贩卖，但只要花一点钱来行贿，被朝廷禁止的鸦片买卖就成了合法的，可以公开进行。

19世纪最初的20年中，英国输入中国的鸦片每年约四千箱，到了

19 世纪 30 年代末就扩大了十倍，利润达到每年四千万银元。鸦片贸易在英国的对华贸易总值中占到 50% 以上。

鸦片贸易造成中国大量的现银外流，吸食地区也从"海滨近地"扩大到十数省，银荒已从沿海省份蔓延到全国各地。到鸦片战争前夕，中国每年白银外流至少一百万两，接近清政府每年财政总收入的四分之一。白银大量外流使得银价上涨，百姓负担加重，各省拖欠赋税日益增多，清政府陷入了财政危机。

更为严重的是，鸦片的泛滥极大地摧残了吸食者的身心健康，给中国人的生活带来极大影响。

有鉴于此，朝廷中一些大臣极力主张派人前往贸易重镇广州查禁鸦片。道光皇帝听说林则徐早已在江苏巡抚及湖广总督任内时禁过烟，成功地把当地的烟贩及鸦片吸食者一扫而空。因此他召林则徐入京，一连八日，与其商谈禁烟事宜。道光十八年（1838 年）的最后一天，他正式任命林则徐为钦差大臣，实行全面禁烟。

道光十九年（1839 年）四月，林则徐来到广州主持禁烟运动。两广总督邓廷桢和广东水师提督关天培，都是主张禁烟的。他们对林则徐的到来，感到十分高兴。在两人的帮助下，林则徐很快查清了鸦片走私、烟馆开设等一系列情况，然后贴出了禁烟通告。

外国鸦片贩子惊慌失措。到了第三天，他们见林则徐决心坚定，就交出一千多箱鸦片，企图蒙混过关。但林则徐早就打听清楚，停在零丁洋上的二十多艘船上，还有两万多箱鸦片，他坚决命令他们交出来，并果断派兵包围了商馆。鸦片贩子只得乖乖地缴出两万多箱鸦片，其中有美国烟贩的一千五百余箱。

英国驻华商务监督义律，怒气冲冲地从澳门赶到广州，向林则徐抗议，还怂恿烟贩们不要缴鸦片。为了打击义律，林则徐命令将外国商船全部查封。义律和鸦片贩子被关在商馆里，连饭也吃不到。义律一看不能来硬的，只好以英国政府代表的身份，命令英商缴出鸦片，声明所有的损失由英政府赔偿。

道光十九年（1839年）四月二十二日，林则徐决定在广州门户——虎门的海滩当众将鸦片全部销毁。这天天气晴朗，成千上万的群众闻讯赶来，海滩上人山人海，林则徐率领广东各级军政官员，来到虎门海滩边的高岗上，亲自指挥和监督销毁鸦片。

销烟开始了。赤膊的工人和士兵们把鸦片倾倒入挖好的两个方形的大销烟池内，顿时浓烟冲天，直上云霄。人群沸腾了。人们感慨万分：若不禁烟，兄弟将成为废人，国家也不成为国家了。大家不顾刺鼻的恶臭味，欢呼跳跃起来。烟贩们垂下了头，滚滚浓烟淹没了他们不可一世的嚣张气焰。

鸦片连续烧了二十多天才全部被销毁。在这二十多天里，虎门海滩上天天像过年一样，人来人往，热闹非凡。

虎门销烟维护了中华民族的尊严和利益，增长了中国人的志气，向全世界表明了中国人民维护民族尊严、反抗外国侵略的坚定决心。如今矗立在北京天安门广场上的人民英雄纪念碑的第一幅巨型浮雕，就是虎门销烟壮观场面的真实写照，它将永远地铭刻在中国人的心中。

一场一触即溃的战争

19世纪40年代初，当沐浴着先进文明之风的英国人，利用坚船利炮轰开清王朝封闭、僵化、落后的大门时，腐败的清政府除了签订丧权辱国的条约，已别无他法……

林则徐虎门销烟三个多月后，中国禁烟的消息传至英国，英国国会对此进行激烈辩论，在女皇维多利亚的影响下，英国内阁作出"派遣舰队去中国海"的决定。1840年2月，英国政府任命懿律和义律为正副全权代表，懿律为侵华英军总司令。4月，英国议会正式通过发动战争的决议案，派兵侵略中国。同年6月，懿律率领的英国舰船四十余艘及士兵四千人到达中国海面，标志着第一次鸦片战争正式开始。

这次鸦片战争大致可分为三个阶段。1840年夏天至1840年底,是第一阶段。

英军先后封锁广州、厦门等地的海岸,占领浙江定海(今属舟山市),并以此作为战争的根据地。英军所到之处,除林则徐有所准备外,其他各地均军备废弛,不堪一击。没过多久,英国军舰便直接开进天津大沽。

惊恐之下的道光皇帝革除了林则徐的官职,派直隶总督琦善以钦差大臣的身份前去和英军接洽议和。这时,英军军营中疫病猖獗,而且季风也即将结束,英军即使继续沿海北上,也没有完全取胜的把握。所以,英国侵略者在得到琦善的保证后,于9月中旬折回南方。道光于9月17日任命"退敌有功"的琦善为钦差大臣,赴广东继续办理中英交涉。

琦善到达广州后,对义律提出的各项无理要求无不一一允诺,只是对割让香港一事,不敢做主,表示要"代为奏圣恩"。1841年1月,英军发动突然进攻,强占大沙角炮台(即穿鼻炮台)和大角炮台。见此情景,琦善被迫接受英方的议和条件,双方拟就了一项草约(即《穿鼻草约》),因为琦善未得到道光皇帝关于割让土地的谕令,没有签字。

1月20日,义律单方公布了《穿鼻草约》,草约包括清政府割让香港,赔偿烟价六百万银元等条款。1月26日,英军强行占领香港。

第二阶段,自1841年1月底清政府再次宣战开始至当年5月《广州和约》订立为止,历时四个月。其过程是:

1月27日,大沙角炮台失守的消息传到北京,道光皇帝大为恼火,感到定海尚未交出,英军又在广东挑衅,立即下诏对英宣战。他将琦善革职问罪,任命奕山为靖逆将军,户部尚书隆文和湖南提督扬芳为参赞大臣,调集军队一万七千人开赴广东,重新开战。

义律获悉清政府调兵遣将的消息后,先发制人,于2月下旬抢先对虎门炮台发起了进攻。62岁的水师提督关天培亲自登上炮台,率军英勇抵抗。在战斗中,他多处受伤,血染衣甲,依然坚守阵地,誓死不撤。而这时还在广东前线负责军队的琦善,竟拒绝派兵增援。关天培终因孤立无援,弹尽粮绝,与守军数百人壮烈牺牲。

4月，奕山等人才带领军队来到广州。5月下旬，在没有切实准备的情况下贸然对英船发动了一次夜袭，结果溃败逃回广州。英军趁机反扑，几乎没有遇到什么抵抗，就轻易占领了城郊的泥城、四方的炮台，包围了广州城，并炮袭城内。奕山等人高悬起白旗，派广州知府余保纯出城向英军求和。5月27日，奕山与英军订立了屈辱的《广州和约》。和约规定：清军在六天内撤驻广州城外，七天内缴纳六百万两银元的"赎城费"，赔偿英国商馆损失银元三十万。

第三个阶段，自1841年8月英军再度进攻厦门开始到1842年8月《南京条约》签订止，历时十二个月。

1841年4月，英国政府获悉义律发布的《穿鼻草约》内容后，大为不满，认为这个条约中所获取的权益太少，决定撤回义律，改派曾在印度任职的蹼鼎查为全权公使。

8月下旬，蹼鼎查率军进犯厦门，总兵江继芸领兵御敌，力战牺牲，厦门陷落。9月，英军又北犯定海，总兵葛云飞、王锡朋、郑国鸿等率部抵抗了六个昼夜，重创英军。10月1日定海再度失陷，三个总兵先后遇难。10月中旬，英军进攻镇海。负责镇海防务的总督裕谦率军抵抗，而浙江提督余步云却临阵脱逃，镇海失守，裕谦投水自尽。随后，英军又攻占了宁波。

浙东三城的失陷，大大震动了朝廷。为了保住江南财富之区，道光皇帝下令重新迎战。10月18日又任命奕经为扬威将军，从多省调集军队两万人赶赴浙江前线，奕经一路游山玩水，于1842年2月才到达绍兴。随后又同奕山一样，对战事不作认真准备，兵分三路袭取浙东三城，结果被打得大败。奕经等人逃回杭州，从此不敢出战。

在此情况下，道光从忽战忽和转为一意求和，下令沿海各省不许进兵，并任盛京将军耆英为钦差大臣，到浙江前线办理议和停战事宜。然而英国侵略军拒绝了议和的请求，开始大举入侵长江流域。5月，英军攻陷海防重镇乍浦。6月，英舰进攻吴淞口要塞，年近七旬的江南提督陈化成率守军五千人顽强抵抗，而后援两江总督牛鉴却闻风逃遁。陈化成孤立无援，战死在炮台。随后，上海、宝山相继陷落。英舰又溯长江西上，7月攻陷镇江。8月初，英军侵入南京下关江面。耆英到达南京，向侵略者乞降。

8月29日，清政府全部接受了英国提出的议和条款，在英军旗舰"康华利"号上正式签订了中国近代第一个不平等条约——中英《南京条约》，满足了英国大多数的要求。

《南京条约》主要内容包括：割香港岛给英国；开放广州、厦门、福州、宁波、上海为通商口岸，允许英国人在通商口岸设驻领事馆；中国向英国赔款两千一百万银元（军费，分二十四年付清）；英国在中国的进出口货物纳税，中国与英国共同议定；英国商人可以自由地与中国商人交易，不受"公行"的限制；享有领事裁判权，英国人在中国犯罪可不受中国法律制裁。

1843年英国政府又强迫清政府订立了《五口通商章程》和《五口通商附粘善后条款》（《虎门条约》）作为《南京条约》的附约，增加了领事裁判权、片面最惠国待遇等条款。

眼看英国在华得了大便宜，列强也不甘落后，纷纷强迫清政府签订更多不平等条约。1844年7月3日，中美签订《中美望厦条约》。1844年10月24日，法国与中国签订《黄埔条约》，享有领事裁判权和传教权等。从1845年起，比利时、瑞典等国家也都胁迫清政府签订了类似条约，中国的主权遭到进一步破坏。

鸦片战争一直被许多人认为是中国真正衰落的开始，殊不知丧权辱国的《南京条约》只是中华衰败的果而非帝国下滑之因。自乾隆中后期以来，当西方世界已经开始工业革命，英国国会、法国制宪会议和美国大陆会议已相继通过《权力法案》《人权宣言》和《独立宣言》的时候，大清帝国却逆流而动，以粗暴的"文字狱"抑制志士仁人治国强国的热情，从而与工业文明和民主政治失之交臂。1840年这场一触即溃的战争，实在是对清帝国封闭、专制的一种报应。

耍奸使滑，当了皇帝误了国

纵观大清王朝的十多个皇帝，应当说，咸丰是其中比较差劲的一个。而且，他皇位的得来，还是靠着耍奸使滑的卑劣手段……

道光皇帝在位期间，其实还是做了不少有利国计民生的事情。然而，随着禁烟运动的失败以及鸦片战争的一声炮响，道光的一世英名付之东流。

到了晚年，道光痛定思痛，逐渐抛弃了投降派，对那些有功的抗敌将领，总是想尽办法加以优待和保护。而且，不想成为千古罪人的他，还想好好选一个继承人，以便替他来推进大清的事业。

可惜的是，这回他又错了。

因为他"千选万选，选了一盏漏灯盏"，让奕詝做了大清王朝的新一代皇帝。

《清史稿·文宗本纪》记载说："文宗体弱，骑术亦娴，为皇子时，从猎南苑，驰逐群兽之际，坠马伤股。经上驷院正骨医治之，故终身行路不甚便……"

据上述史料记载，四皇子奕詝，也就是后来的咸丰皇帝（庙号文宗），在登基之前，一次狩猎时从马上摔了下来，经过太医的精心治疗，骨病虽然好了，却落下残疾，成了跛子。奕詝的这个身体缺陷本来是不为黎民百姓甚至是朝廷官员所知的。因为为了掩盖身体上的缺陷，奕詝刚一登基，便下了一道旨令，意思是说每次退朝后，文武大臣先退，皇帝后走，以免让文武大臣看到自己的跛脚。可是，在一次朝堂议事过后，由于过度气愤，他竟然忘记了自己曾经颁发过的这道圣旨，愤愤而去，比群臣先走。此刻，满朝官员才了解到自己侍奉的主子原来是个残疾人，后来这一秘密才被世人所知。

此外，奕詝还得过天花，脸上留有麻子。

那么，这么一个身有残疾的皇子是怎样赢得道光的宠信，从而登上大统之位成为天下之主的呢？

道光皇帝共有九个儿子，奕訢排行第四。当道光 65 岁时，长子奕纬、次子奕纲、三子奕继此时都已死去，皇四子奕詝也就实居皇长子之位。道光考虑自己年岁已大，身体又不好，立储之事成了当务之急。要知道，在皇朝政治中，确立皇储，是无可争议的头等大事。道光的儿子虽然还有六个，但想要在其中选出一个可以延续大清命脉的继任者，并非易事。平常人家有一群孩子，可以把家产分了，哪怕一堆孩子中只有一个争气的，也可以光耀门楣。但皇帝的儿子却不能这么分配，毕竟皇位只有一个。一旦成为下一位君临天下的帝王，无论是什么样的人，都无可挽回。这就需要指定继承人的皇帝有一种非凡的识人能力。

当时，道光的五子奕誴已经过继给了醇亲王绵恺为子，失去了继承大统的权利。六子就是后来人称"鬼子六"的奕訢。这一年，四子奕詝16 岁，六子奕訢 15 岁，老七、老八、老九三子均不满 10 岁，无须考虑在内。所以储君人选，实际上只有奕詝和奕訢。

奕訢是道光与孝静皇后所生，与奕詝同父异母。小时候，奕訢天资聪颖，能文能武，深受道光的喜爱。

奕訢的老师是卓秉恬。此人学识渊博，品德高尚，长期担任大学士一职。此外，卓秉恬还兼管过兵部、户部、工部，去世后被谥为文端。奕訢在老师的言传身教下所获颇多，性格逐渐与之相似。而奕詝的老师杜受田官职却不高，只有二品，但他为人精明，善揣测圣意。在这一点上，卓秉恬是无法与他相比的。

事实上，道光在立储之事上一度是倾向奕訢的。除了奕訢从小聪颖，读书习武均是一点就透外，奕詝则不但为人迟钝，且一直体弱多病。

两相比较，看来储君之位非奕訢莫属。但奕詝毕竟是嫡长子，行事又没有什么大的差池，在朝堂上自有一班老臣鼎力支持，而其外祖家钮祜禄氏的势力也不容小觑。道光顾忌于此，便安排了一文一武两次考试来测试两位皇子。道光皇帝如此安排，原意本是想让奕訢借此机会出彩，好堵住那些拥立奕詝之人的悠悠众口，但没想到奕詝却意外地表现出色，让他改变了主意。

武考试是道光带着众皇子到南苑狩猎，借此机会考查皇子们的骑射能力。对有尚武传统的满清王朝而言，一个具备高超骑射能力的君主才能领袖群伦，赢得八旗子弟的心。

到了围场时，诸皇子兴高采烈地争先驰逐，独奕詝一人呆坐一隅，随从人员亦垂手而立。诸皇子中有感到奇怪者，便走去问他为何不参加驰猎，他只推说觉得身体有点不舒服，所以不敢驰逐，静坐一旁休息。

猎了一日，各人回宫复命，诸皇子皆有猎物，而皇六子奕訢的猎物更多，入报时面露得意之状。唯奕詝两手空空，别无一物。

道光皇帝见此情形，便怒问奕詝："你去驰猎了一整天，为什么一点东西也没有猎到？"

奕詝从容禀报："子臣虽不肖，若驰猎一日，当不是一物没有。但时当春和，鸟兽方在孕育，子臣不忍伤害生命，致干天和，且很不愿就一日弓马，与诸弟争胜。"

道光皇帝听到他这样说，立即转怒为喜道："好！好！看汝不出有此大度，将来可以君人，我放心得下了。"也就是说，奕詝之假惺惺作态，居然骗得道光皇帝认为他是有度量和慈悲为怀的人。

文考试是道光考查他们对政事的见解。奕詝的老师杜受田便以人之常情揣测道光皇帝的喜好，要奕詝在对答时尽量少谈政事，多关心皇父的身子，"皇上若自言病重，将不久于人世，阿哥唯伏地流涕，以示子臣仁孝之心，便大事可成"。果然，文考那天当奕訢滔滔不绝大论国家治政之道，赢得道光皇帝的连连称道时，奕詝却遵照老师杜受田教给他的做法，用一场感人肺腑的痛哭赢得了道光身后的皇位。

道光三十年（1850年）正月，道光皇帝在圆明园去世，终年69岁。奕詝如愿坐上了皇帝的御座，以第二年为咸丰元年，故史称咸丰皇帝。奕訢成了这场皇位之争的输家，只得俯首称臣。但他到底也是道光最心爱的皇子，为了补偿他，道光特意在装传位诏书的匣子里加了一道谕旨，上书"皇六子奕訢封为亲王"，这就造成了清代绝无仅有的一匣两谕现象，由此可见奕訢在道光帝心中的地位。

咸丰20岁登基，在位十一年，政治上一事无成，被后人讥讽为无远见、无胆识、无才能、无作为的"四无皇帝"。他天生愚钝，在众人的帮衬下巧夺帝位，但终难改其阿斗本色。咸丰自即位以来，于内不能镇压太平天国起义，于外不能抵挡八国联军的火炮，整日只知沉溺在酒色和丝竹之声中，把国家大事丢给一个女人去处理。他宠爱懿贵妃叶赫那拉氏（即慈禧），终于贻虎为患，让这个女人得以干政，统治了大清国大半个世纪之久，酿成灾难性的后果。

而奕訢则很有一番作为。

咸丰即位那年，奕訢被封为恭亲王。1860年，英法联军发动第二次鸦片战争后，奕訢以钦差大臣的身份留守北京，与英、法、俄谈判，签订了《北京条约》。1861年，咸丰去世。在奕訢的鼎力帮助下，慈禧太后成功地发动了辛酉政变。

事后，奕訢因有功而被授予议政王的头衔，还成了军机处的领班大臣。咸丰留下的顾命大臣穆荫、匡源、杜翰、焦佑瀛等人则都被撤去了职务，由文祥等人填补了空缺。

此后，慈禧和奕訢全面控制了清政府的重要部门。奕訢同时还兼任宗人府宗令和内务府大臣，皇族和皇宫的一切大事都由他管理。此外，他还担任总理各国事务衙门大臣，控制着政府的外交事宜。此时的奕訢拥有内政、外交大权，成为朝中最有权势的人物。

后来洋务运动发起后，在地方上以曾国藩、左宗棠、李鸿章等人为代表，在中央则得到了奕訢的大力支持。他于洋务运动是有功劳的。

在对外交往中，奕訢尽量与英美等国家保持和平局面，还借助洋人之手镇压了太平天国运动，迎来了清朝的所谓"中兴"局面。奕訢也因功劳卓著被誉为贤王。

奕訢一生兼具皇子、亲王、议政王、军机首要等多重身份，在清朝末年的官场里度过了三十多年。

当时的清政府，内有农民起义，外有诸国侵略，战乱不断，不仅民不聊生，统治地位也岌岌可危。奕訢在危难时刻，成为挽救大清颓废之势的中坚力量，最终延缓了清王朝的灭亡。

所以有人说，倘使当初道光选中的皇位继承人是奕訢，或许大清王朝的历史就会改写。

也许吧，也许。

可惜，历史不容假设。

屈辱接踵而至

雨果在 1861 年写道："有一天，两个强盗闯进了圆明园，一个洗劫，另一个放火……将受到历史制裁的这两个强盗，一个叫法兰西，另一个叫英吉利。"……

鸦片战争失败后，虽然清政府与西方列强签订了一系列丧权辱国的不平等条约，但是以英法为首的西方国家对获得的权益仍不满足，他们想方设法地寻找借口，企图逼迫清朝政府签订新的条约，以获取更多的好处。不久，机会终于来了。

1856 年，法国在华天主教神父马赖公然违背《南京条约》《黄埔条约》中不允许外国传教士在中国内地传教的约定，擅自闯入广西西林县境内进行传教。他还招收了当地一些地痞流氓，以传教为名，抢劫财物，强奸妇女，无恶不作。西宁县令张鸣凤在广大民众的请求下，将马赖逮捕并斩首。法国政府得知这一消息后，恼羞成怒，硬说马赖是无辜被害，便通知英国，要派远征军到中国。英国政府早就想找个借口向中国挑衅，自然是一拍即合。

这年秋天，广州水师在黄埔港搜查了贩卖私盐的中国走私商船"亚罗"号。"亚罗"号的老板是中国人肖成，他雇用了一个爱尔兰人当船长，水手全是中国人，其中有曾作过海盗的李明太和梁建富等。广州水师发现后，将李明太、梁建富等十二个嫌疑犯全部逮捕，押在水师巡逻艇上。

英国驻广州领事巴夏礼得悉情况后，以"亚罗"号在香港登记过、领过通航证、挂过美国国旗，是英国船为借口，说中国人没有上船捕人的权力，要求水师军官梁定国释放被逮水手，遭到梁的严词拒绝。

气急败坏之下，巴夏礼又强硬地向两广总督叶名琛提出最后通牒，要求立即释放被捕的人，并出面道歉。同时，还威胁说，如果在二十四小时内没有得到满意的答复，英美海军就要攻打广州。胆小如鼠的叶名琛哪敢得罪英国人，只得赶紧派人把所抓的十二人全部送交给了巴夏礼。但是，成心找麻烦的巴夏礼却嫌叶名琛所派的人员官职太小，而拒绝接收。美国海军就以此为借口，发动了侵略中国的第二次鸦片战争。

战争刚开始，叶名琛不战而逃，美军很快攻入广州，英、法军队也随后进入。在广州城内烧杀抢掠一番后，英法联军不断向北推进。

1858 年，英法舰队在美、俄两国支持下，袭击天津大沽口。大沽炮台失陷，英法联军进犯天津。清政府派钦差大臣桂良、花沙纳与俄、美、英、法各国代表分别签订《天津条约》。条约的主要内容包括：各国公使可以常驻北京；在长江中下游及其他省份增开多个通商口岸；外籍传教士可以进入内地自由传教；外国人可以在内地自由游历、通商；外国商船可以在长江各口岸往来；降低外国商船关税为 2.5%；对英赔款白银四百万两，对法赔款白银两百万两。

英法两国对此似乎并不满足。

1860 年，英法联军再度集结。两万五千余名联军士兵在英使额尔金和法使葛罗的率领下，一路北上，8 月占领天津、通州；9 月 21 日，在北京八里桥又击败了一支清军。咸丰皇帝得知后，慌忙逃往承德避暑山庄。

1860 年 10 月 6 日，英法联军绕经北京城东北郊直扑圆明园。

圆明园位于北京城的西北方向，是当时世界上最辉煌壮丽的建筑群。从康熙皇帝修建开始，历代皇帝都不断对圆明园进行修饰和扩建，终于形成了一个周长二十华里，占地五千多亩的巨大园林建筑。圆明园内有一百多处风格不同的景致，把中国和西洋的建筑艺术巧妙地结合在一起。至于园内珍奇的花木、数不清的珠宝，更是不计其数。无论建筑的优美，还是珍珠宝物的珍贵，圆明园都是当时世界上独一无二的。

10月7日，英法联军头目闯进圆明园后，立即"协派英法委员各三人合议分派园内之珍物。"法军司令孟托邦当天即函告法国外务大臣："予命法国委员注意，先取在艺术及考古上最有价值之物品。予行将以法国极罕见之物由阁下以奉献皇帝陛下（拿破仑三世），而藏之于法国博物院。"英国司令格兰特也立刻"派军官竭力收集应属于英人之物件。"英法侵略军入园的第二天就不再能抵抗物品的诱惑力，军官和士兵们都成群结队冲上前去抢劫园中的金银财宝和文化艺术珍品。

据一名英军目击者称，在整个法军营帐内堆满了很多装潢异常华丽的各色钟表，在士兵的帐篷周围，到处都是绸缎和刺绣品。一位名叫赫利思的英国二等带兵官，因在圆明园劫掠致富，享用终身，得了个"中国詹姆"的绰号。

英法侵略者究竟抢走了圆明园多少宝物，由于园内的陈设什物及其账目都一并被抢毁一空，所以已永远无法说清。以下资料或许可管中窥豹。清室史料表明，圆明园内当时仅陈列和库存的欧洲各式大小钟表即达四百四十件，劫后幸存的只有一件大钟。事后查缴被土匪抢走和侵略军"委弃道途"的一部分失散物件即达一千一百九十七件，这充其量只不过是园内物件的千分之一二。据当时《泰晤士报》一则通讯称："据估计，被劫掠和被破坏的财产，总值超过六百万镑"。实际上，被英法侵略者抢走和破坏的物件，有很大一部分实属无价之宝。

抢劫完圆明园，同年秋，英法联军攻进安定门，占领北京城。随后，这些侵略者又大肆掠夺万寿山、玉泉山和香山，并放火焚烧这些地方。而此时，软弱的咸丰皇帝竟然说"只可委曲将就，以期保全大局"。授权与侵略者谈判的奕訢顺承意旨，接受英法联军的所有条件，先后与英使额尔金和法使葛罗签订中英、中法《北京条约》。条约的主要内容包括：清政府承认《天津条约》有效；增开天津为商埠；割让九龙半岛给英国；准许英、法招募华工出国；对英、法两国赔款各增至八百万两白银。

在几乎同一时间，清政府还被迫与北方的强盗俄罗斯签订了《瑷珲条约》和《北京条约》，黑龙江以北、外兴安岭以南和乌苏里江以东（包括库页岛）在内的共一百多万平方公里的领土，从此被俄罗斯强占。

英国人和法国人以及俄罗斯人终于得到了他们想要的一切。大清帝国至此终于被迫打开它那封闭已久的大门，只是打开大门的过程却是那样的屈辱与不堪。

"屋漏偏逢连夜雨"

面对洋人一而再、再而三的欺负，清王朝的统治者们除了割地赔款，也实在没有别的好办法。就在他们苦不堪言的时候，内患又滋生了……

真是"屋漏偏逢连夜雨"。外患不断的同时，大清王朝还于19世纪中期陷入了几场规模巨大的内战之中。外国人的鸦片贸易在帝国的广大地区尤其是东南部造成的巨大伤害可想而知，巨额战争赔款经过层层加码后被转嫁到底层民众，暴虐政治的刺激使贫穷阶层的抵抗情绪空前地迸发出来。在清朝的统治者看来，内忧的烦恼远胜于外患。在1860年英法联军进入北京以前，清政府对洋人们的事务从来都是敷衍了事，未曾有过认真的应对，而对江山社稷之内爆发的战乱则反应迅速并全力以赴，因为，凶猛异常的"乱民"再一次印证了他们先前的判断——外人只要钱，自己人却要命。

这期间最为惊心动魄的，当属发端于19世纪50年代并绵延多年的清政府与太平天国的较量。

太平天国的创始人是洪秀全。

洪秀全，原名洪仁坤，小名火秀。1814年出生于广东省花县的一个农民家庭。他7岁到私塾读书，因为聪明好学，勤奋上进，18岁时，在史学和文学两方面的造诣就远近闻名了。但因为家贫，只好以教书为生。

此后，一直信奉"学而优则仕"的洪秀全，多次应考科举不第。当他目睹清政府的腐败无能，广大平民百姓痛不欲生，于是决定丢掉科举功名的幻想，开始关注现实社会。

后来，在一本基督教教义《劝世良言》的影响下，洪秀全和同学冯云山、族弟洪仁玕毅然放弃教书，一起创立拜上帝会，并到外地进行广泛的宣传活动。

冯云山，广西人，富有宣传鼓动才能。在他的影响下，入教会员很快发展到两千多人，聚集了一批后来太平天国运动的核心人物：杨秀清、萧朝贵、韦昌辉、石达开等。

1851年1月11日，是洪秀全的38岁生日。这天，他正式在广西桂平金田村宣布起义，建号太平天国，军队称太平军。3月23日，洪秀全在广西武宣东乡（今武宣县东乡镇）"登基"，正式称天王。12月洪秀全发布封王诏令，封杨秀清为东王（称"九千岁"），萧朝贵为西王，冯云山为南王，韦昌辉为北王，石达开为翼王，同时规定西王以下，俱受东王节制。

太平天国起义后，一开始战事很顺利，很快就攻下了武昌、安庆、南京等城，并把南京作为首都，称为天京。定都天京后，为巩固政权，夺取全国胜利，太平军进行了北伐和西征。洪秀全进一步完善了从中央到地方的政权制度建设，并颁布了著名的《天朝田亩制度》。

就在太平天国军事上节节胜利的同时，其政治上的腐败也开始滋生，内部矛盾也逐渐激化。当时军政大事均由杨秀清负责，军事上一个又一个的胜利使杨秀清越来越不满足于所谓"九千岁"的地位。

1856年8月，杨秀清逼洪秀全封他为"万岁"，与他同谋的是豫王胡以晃。杨秀清计划到8月中旬他的生辰之时，登上大宝，如洪秀全到时不肯禅位，即行杀之。

不料胡以晃不知如何突然回心转意，向洪秀全告密。洪秀全大惊，立即召韦昌辉、石达开及秦日纲等率师回天京救驾。

秦日纲离得较近，最先到达天京，只是所率部队不多，恐人手不足，未敢发难，只有等待韦昌辉回来。

9月1日深夜，韦昌辉带精兵数千抵达天京，与秦日纲等连夜举行会议，决定以迅雷不及掩耳手法，即刻诛杀杨秀清。

当夜韦昌辉与秦日纲亲率精兵，直闯东王府把杨秀清刺死。本来，他们计划是只杀杨秀清及其兄弟的，但韦昌辉兽性大发，杨秀清部属几无幸免，死亡极多。杨秀清全家被戮，只有幼子一人漏网。

稍后赶回的翼王石达开见韦昌辉杀人过多，牵连甚广，对韦昌辉表现出强烈不满，并指责韦昌辉滥杀无辜，嗜杀成性。两人于是翻脸，不欢而散。

石达开是一位十分机智的人，也很有谋略，与韦昌辉闹翻后，回家细细思索前因后果，深恐韦昌辉先发制人对他不利，便连夜离开了天京，返回驻地安庆。

不料韦昌辉果然心狠手辣，当夜即亲率精兵围攻石达开的翼王府，见石达开已逃，便愤然杀尽石达开的家属，共计十三口人。

石达开闻讯，迅速召集部下，准备清除韦昌辉。此时的洪秀全虽借助韦昌辉的力量除去了杨秀清，但他"引狼入室"，已无法控制韦昌辉。因此也支持石达开及东王旧部攻打韦昌辉的北王府，并最终杀掉了韦昌辉。因洪秀全认为秦日纲与韦昌辉属同党，也将之除去。这就是历史上所谓的太平天国"天京事变"。

洪秀全在杀韦昌辉与秦日纲后，便让石达开回天京主政。太平天国发展至此，开国时的功臣名将，大部分战死的战死，被杀的被杀了。

石达开奉召回天京主政后，不料又遇到猜忌。主因是洪秀全经历了杨秀清、韦昌辉等人之造反后，便不敢过分信赖石达开，而且多方防备，暗使其兄洪仁发、洪仁达干预朝政，并暗中监视石达开。

1857年6月，石达开一气之下，带领二十多万太平军的精锐部队离开天京，一去不回头。

此后，石达开转战川黔滇等省，虽多次击败清军，但一直没有一个固定的根据地。1863年2月，石达开决定仿效三国时的刘备，先占领四川，

再图中原。4月，石达开兵不血刃渡过金沙江，突破清军长江防线。5月，太平军到达大渡河，

就在石达开准备率部强渡大渡河时，河水突然暴涨，清军联合当地的武装部队也赶到了，将石达开的太平军团团围住。当时，太平军北面是大渡河，对岸有清军将领唐友耕严密把守；西面松林河有王应元的当地武装把守；东面马鞍山有承恩岭的当地武装把守；而南面本来就山高路险，又被砍倒的千年古树将路封住，还有清军将领杨应刚把守，石达开陷入了重重包围。他指挥部队砍树造船扎筏，几次抢渡，均被对岸清军击退，死伤上万人。三日后，太平军的粮草也已用尽，陷入绝境。

无奈之下，石达开向四川总督骆秉章写了封求降信，用箭射入清军营中。信中表示，他石达开可以投降并自杀，但只求骆秉章能放他手下人一条生路。骆秉章认为这是个不费吹灰之力全歼石达开部的大好机会，便假意答应了石达开的要求。而天真的石达开竟信以为真，带着5岁的儿子亲赴清营谈判，结果被俘，而他手下七八千士兵几乎全部被杀。

被俘后，石达开被押往成都，由骆秉章亲自审讯。骆秉章问道："你想投降吗？"

石达开毫不犹豫地说："我来只求一死，只是希望你们不要将我的部下赶尽杀绝。"

骆秉章又恶狠狠地说："今天就是杀了你，你也值了。自从你们闹起来，像我这样的官员就有三个死在你们手中。"

石达开听了哈哈大笑，回答说"成者为王败者寇。今天你杀了我，说不定来生就是我杀你。"

骆秉章听了又惊又怕又恼，当即下令将石达开父子杀了。

石达开之死，预示着太平天国离覆灭不远了。

1864年6月，洪秀全因病死去。7月，天京失守。太平天国在曾国藩和左宗棠的湘军、李鸿章的淮军以及英、美等侵略者的联合进攻下，最终以失败告终。

两百多年以前，闯王李自成率领他的农民起义军在冒冒失失地闯进

北京的皇宫之后，急吼吼地抢夺金银财宝和美女。两百多年后，天王洪秀全和他的农民兄弟们在顺利地进入南京的皇宫之后，则对尚无保障的权力展开了疯狂的抢夺。两者的结局也大致相同，或落荒而逃，或身首异处。

当然，太平天国运动也给清政府以沉重打击，动摇了清朝的统治，加速了清朝灭亡的进程。

第七章　大厦已然将倾

这个女人不好惹

一提起慈禧太后，许多人总是骂声一片，认为她是一个标准的"红颜祸水"。其实，评判一个人的所谓"好"与"坏"，并不是那么容易的一件事……

在清朝的历史上有这样一个女人：她以垂帘听政、训政的名义统治中国四十七年。在她的手上，中国经历了一系列丧权辱国的变故。但就个人来说，她从一名普通的官宦之女通过"选美"进入皇宫，然后一步一步地走上权力的最高峰，她经历了那个时代普通女子奋斗的艰辛，也获得了那个时代普通女子难以获取的权位。

这个女人，众所周知，就是慈禧。

慈禧，叶赫那拉氏，名杏贞，出身满洲镶蓝旗一个普通的官宦世家。

慈禧自幼聪明伶俐，博学多才，史称"五经成诵，通满文，廿四史亦皆浏览"，这是慈禧少女时代最值得称道的。这些也使她拥有了日后在皇宫竞争的资本，有了击败政敌的强盾，也为其日后垂帘听政打下了基础。

慈禧是在咸丰二年（1852年）通过"选秀"被选入皇宫的。清朝的"选秀"其实就是一场选美，是为皇帝、皇子、皇孙、亲王和郡王物色婚姻的对象。它开始于顺治朝，每隔三年举行一次。为了保证满洲贵族血统的纯正与高贵，首先必须对候选人进行资格审查，只有八旗官员家中 13 岁至 17 岁的少女才能成为入选对象。审查合格，才目视选拔。应选之日，秀女们由神武门鱼贯而入，至顺贞门前"候台"。太监按名册顺序引入，由皇太后、皇帝评选。通常是五人一排，供皇帝或太后选阅，如有被看中者，就留下她的名牌，再定期复选，复选再度被选中的秀女，优秀的留于皇宫之中，随侍皇帝左右，成为后妃的候选人；其余的则赐予皇室王公或宗室之家。

当时年方 17 岁的慈禧因天生丽质、风韵独特被选中封为贵人，迈出了她人生旅途中的第一步，从此一个末代王朝的命运便与"慈禧"这个名字在风雨中共同飘摇。

慈禧素好打扮，入宫后越发打扮得婀娜娉婷，但因皇帝无暇顾及，慈禧一直没有机会得受"天宠"。这段冰冷无情的宫廷生活磨冷了她的热情，磨硬了她的心肠。

直到两年后，咸丰皇帝才发现了这个艳丽多姿的女人，慈禧使出浑身解数，多方奉迎取悦，终于取得了咸丰的宠信。她从第五级的贵人，连跨三级，晋升为第二级的贵妃，速度之快实在令人侧目。

慈禧深知"以色待人者，人老则色衰，色衰则爱驰"的道理，她对宫闱政治的明争暗斗了解颇深。她也知道，要想在宫廷中做一个胜利者，除了不惜一切手段保住自己的地位，还要不断地努力谋职高位，而这一切的基础是给皇上生儿育女，尤其是生儿子。

1856 年，即进宫第四年，慈禧如愿生下咸丰皇帝唯一的皇子载淳（也就是后来的同治），母以子为贵，她被封为懿贵妃，位置只在钮钴禄氏孝贞皇后（慈安）之下。这是慈禧在宫廷夺权的斗争中迈出的最关键的一步，她开始利用自己的特殊地位参与朝政，为日后篡权执政打基础。

当时咸丰皇帝虽然只有 28 岁，但身体赢弱，诸病缠绕，懒于政事，这就为慈禧的干政提供了难得的机会。她对朝章制度、驾驭臣下之道等均有粗略了解，史载其"时于上前道政事""时时批阅各省章奏"，后来干脆直接代替咸丰办理军国要务，久而久之便有了"渐思盗柄"的政治野心。

从史料记载来看，咸丰在位时慈禧的干政行为，主要集中在第二次鸦片战争时期的"和战"问题上。她曾多次向咸丰皇帝建言，主张对外采取强硬态度，要一战到底，反对同外国侵略者议和。

慈禧之所以持此态度，可能与她之前深居内宫，对国内外的形势不甚了解有关，但她主张反抗侵略，尽管是出于维护专制统治的需要，但从爱国这一点来说，还是值得肯定的。

正是在王公大臣以及慈禧的反对和谏阻之下，咸丰皇帝经过几天的犹豫，决定改变了原来的求和立场，转向主战。但咸丰的决心并未坚持多久，英法侵略军很快便攻下北京郊外的八里桥，京师岌岌可危。咸丰当晚便带着亲信大臣及后宫妃嫔等人，逃往承德避暑山庄。

在逃亡期间，咸丰无视国家危难，干出了一件荒唐之事。原来，咸丰迷恋上一个姓曹的寡妇，曹寡妇还怀上了龙种。咸丰又将曹寡妇暂迁入行馆，以示照顾。这让慈禧坐立不安，她找来心腹太监安德海，要他伺机下毒。没过多久，曹寡妇便小产了。

咸丰皇帝身体本来孱弱，又纵情色欲，很快就病入膏肓。临死前他宣布6岁的儿子载淳继位，并任命怡亲王载垣、郑亲王端华、景寿、尚书肃顺、穆荫、匡源、杜翰、焦佑瀛八人为赞襄政务王大臣，辅佐载淳处理朝政。这些人都是咸丰的亲信，肃顺尤其足智多谋。

为了防止辅臣一手遮天，又避免后宫专政。咸丰临终前还赐给慈安一方"御赏"印，赐给载淳一方"同道堂"印，由慈禧掌管。载淳的谕旨，起首处盖"御赏"印，即印起；结尾处盖"同道堂"印，即印讫。只有盖上了两方印，才说明所发谕旨得到皇帝的批准，否则便是无效的。

但后来的事实证明，咸丰皇帝的如意算盘落空了，他的分散两宫皇太后和八位王公大臣权力的目的没有达到，反而为他们之间争夺最高统治权埋下了危机种子。

顾命八大臣认为一切权力应归属于他们，因为这是咸丰的遗诏。这当然让已经沾涉权术、意图垂帘听政的慈禧很不满意，她凭其如簧之舌，将慈安拉到了自己这一边，指示御史董元醇奏请皇太后垂帘听政，但八大臣以清朝无此先例拒绝，并以"罢工"相威胁。

至此，两宫皇太后和顾命八大臣之间的矛盾便凸现出来了。

1861年10月26日，咸丰的灵柩启行回京。慈禧和慈安一行也回到了北京，但二人比护送咸丰棺材的肃顺等早到四天。她们回京后立即单独召见恭亲王奕訢，流着眼泪哭诉了顾命八大臣独揽大权的傲慢和跋扈，接着便详细地密谋、策划了铲除顾命八大臣的步骤和方法。

然后，慈禧令年幼的载淳立刻发布早已写好的上谕，控诉肃顺等人种种真假难辨的罪状，随后恭亲王奕訢又联合朝中大学士贾桢、户部尚书沈兆霖、刑部尚书赵光等人，上书载淳和两宫太后要求将载垣、端华、肃顺处死，其他五人革职或遣戍。慈禧自然照准。

11月2日黎明，载垣、端华刚踏入宫门，就被事先埋伏两旁的侍卫一一逮捕。肃顺扶柩到达北京密云时，在行馆即被捕拿。7日，清廷宣布载垣、端华、肃顺三人大逆不道等罪状，当即赐载垣、端华自缢，将肃顺斩首，景寿等五人则分别被罢黜或遣戍。由于1861年是中国农历辛酉年，故称这次事变为"辛酉政变"。

12月2日，在慈禧的安排下，载淳正式登上了帝位，并把肃顺等人原拟的年号"祺祥"改为"同治"，载淳即为同治皇帝。由于同治年幼无知，实行两宫太后共同垂帘听政，因两位太后分居东宫和西宫，人们便称慈安为"东圣"，慈禧为"西圣"，后宫之人则称她们为"东佛爷"和"西佛爷"，慈安去世后，则专称慈禧为"老佛爷"。

掌握了国家最高统治权力后，慈禧认为当务之急是稳定人心，这就必须尽快组成新的政治集团，以免造成权力真空。

为了奖励恭亲王奕訢在政变中的功劳，两宫太后两天之内连发四谕，授予其议政王兼军机大臣、补授宗人府宗令，又补授总管内务府大臣，管理宗人府银库。这些头衔，使奕訢明显地凌驾于其他诸王之上，成为两宫太后和幼帝之下的第一人。

接着，要奖赏的是这次政变中功劳卓著的人员。如，任命大学士桂良、户部尚书沈兆霖、户部右侍郎宝望、户部左侍郎文祥、鸿胪寺少卿曹毓瑛等均在军机大臣上行走，这样以奕訢为首的新的军机处组成了。

慈安太后是位性情温和的女子，对政治不感兴趣，不久便要求撤出听政，这样两宫太后的垂帘听政变成慈禧独揽大权。慈禧名为太后，实为女皇，她像武则天一样以铁腕谋略顽强地登上了最高的政治舞台，挑起了大清帝国元首的重任。

慈禧确实有着不同常人的手腕和气魄，她掌握了实际权力后不久，就在统治阶级内部很快树立了颇高的威望。巩固政权比夺取政权要困难得多，走上权力之路的慈禧已经深有体会了。如今她面临的是千疮百孔的政局、纷繁复杂的朝政、瞬息万变的军机、江河日下的形势，只有拿出点成绩才能有底气说活。

慈禧一掌权，就开始大搞改革。她在议政王奕訢的辅佐下，整饬吏治，处理了一批贪污受贿的官员；发展军用、民用工业，训练海军和陆军以加强政权实力。以前汉人官员一直不受朝廷重用，但汉人之中确实有不少有才之人，汉人的地主武装十分精锐，而反观八旗子弟，却个个因为养尊处优而磨平了战斗力。慈禧决定提拔一批汉族官员，作为自己强大的援手。曾国藩、左宗棠、李鸿章等汉族官员就是这一时期由慈禧提拔上来的，他们在洋务运动、国防事务、外交事务等方面均作出了巨大贡献。

另一方面，太平天国起义作为长期威胁清政府统治的一股力量，注定成为慈禧弄权和立威的"炮灰"。

这日，奕訢来到慈禧所在的西宫，与慈禧商讨剿灭太平天国一事。

奕訢奏道："现在太平贼子直逼京城，臣已经派僧格林沁前去围剿。但现在朝廷与洋人刚刚停战，尚未恢复元气。以当前之军力，想要一举歼灭太平贼子，恐怕不是易事。"

慈禧点点头："确实，朝廷正需要休养生息，岂能再用重兵。明天本宫就下旨，拨一些军费给曾国藩、李鸿章，让他们在地方上大力扩充军队，改善军备,这样他们就能助朝廷一臂之力。洋人那边谈得怎么样？"

奕訢答道："他们同意出兵帮忙，但要求我们聘用他们的顾问进入军机处。军机处可是大清的中枢权力机构，臣不敢答应。"

慈禧不以为然。"洋人如果想要大清的江山，当年就不会与我们签订《北京条约》然后撤兵。本宫一直认为，洋人的最终目的不过是从我大清捞取好处罢了。而我大清地大物博，他们索取的只是小小一部分，不至于伤及我大清的根本。他们要什么，我们给他们就是，如能与洋人建立友好关系，不仅能使大清免遭入侵，还可以借洋人之力铲除国内的叛党、乱民。现在不仅太平天国，连苗民、回民那边也是烽烟四起，这些都是威胁大清的根本隐患。我们已经别无选择了，王爷，明天本宫再下旨，命你为全权外交大臣，与洋人交涉，只要他们肯出兵，一切条件都可答应，而我们的目的只有一个，就是彻底剿灭太平贼子！"

"太后所言极是，臣会尽快与洋人交涉，争取让他们早日出兵。"奕訢答道。

最终在外国列强的干预下，依靠李鸿章、曾国藩的地方军队，慈禧先后严酷镇压了太平天国起义、捻军起义、苗民起义、回民起义等。

此外，慈禧还做过其他一些利国利民的事情。

她下令废除女子缠足令，结束了对中国女人的残酷折磨，也捍卫了女人的尊严。与此同时，她又强调女人的独立，倡导女学，认为女人应该读书识字，女人应该有自己的生活空间。

当然，支持洋务运动也是慈禧掌权时期的一大亮点。这里姑且不表。

总之，在这段垂帘听政期间，由于慈禧与列强的巧妙周旋，中国在外交上没有损失更多利益；洋务运动后，清王朝的军事实力也有所提高，工商业有了初步发展，在一定程度上促进了国家的振兴。由于这一时期的最高统治者是同治皇帝，因此史称这一段时期为"同治中兴"。

处在一个社会大变革的时代，慈禧作为实际掌权者支持改革无疑是明智的，但是她对西方先进的科学技术知之甚少，对改革的进程和目标从未有过足够的通盘考虑，只是在外力的刺激下被动地调整政策，甚至也作出了很多愚蠢的决定。这也表明慈禧仍然缺乏一个卓越政治家的远见卓识和雄韬伟略。

希望的肥皂泡又告破裂

第二次鸦片战争以后，面对内外交困的局面，清朝统治集团内部的一些较为开明的官员主张利用西方先进技术，富国强兵，摆脱困境。于是轰轰烈烈的洋务运动开始了……

经过两次鸦片战争以后，西方列强不断加紧在经济上、政治上对清政府的控制，致使清朝统治机构的半殖民地化程度日渐加深。后来，清朝统治集团内部逐渐有一些官僚开始与洋人、洋事务打交道。这些与洋务关系密切的人，逐渐形成了一个派别，而且比较有权有势，被称为洋务派。所谓"洋务"，当时也被称"夷务"，是指一切同外国资本主义有关的事物。只要是办理过与洋人有关事务的人，均被称为洋务派。在清朝中央以总理衙门大臣奕訢、侍郎文祥等人为代表，地方上则以封疆大吏曾国藩、李鸿章、左宗棠、张之洞等人为代表。他们手中大权在握，可以左右清朝的政局。清政府在两次鸦片战争中的失败使他们接受了沉痛的教训，他们从自己的亲身经历中，深知西方列强"船坚炮利"的厉害。于是便积极主张多多引进西方的科学技术，仿造西方船炮枪弹，运用西式方法来训练部队等。

1860 年 12 月，曾国藩上奏折说，目前借外国力量助剿、运粮，可减少暂时的忧虑，将来学习外国技艺，造炮制船，还可收到永久的利益，并且可以维护清政府对中国的统治。第二年，他对上述看法加以发挥，主张购外国船炮，访求能人巧匠，先演习，后试造，不消一两年，火轮船必成为官民通行之物，那时可以"剿发捻"（镇压太平天国起义和捻军起义）、"勤远略"（加强国防建设以抵御外国侵略）。

1862 年，李鸿章到上海后，得到外国侵略者帮助训练洋炮队、设洋炮局。他认为，清军作战往往数倍于外敌，仍不能胜，原因在武器不行，如能使火器与西洋人的相同，则"平中国有余，敌外国亦无不足"。

奕訢等人也认为，只要在封建制度中加进一些西洋先进技术，可以镇压人民，可以自主自强，封建统治便可长治久安，并认为筹办洋务，必定能得到列强的支持。

当然，并非所有人都支持办洋务。

事实上，以曾国藩、李鸿章、左宗棠、张之洞等人为主的洋务派每提出一事，必招致顽固派的攻击，致使朝廷上无一日安宁。幸好，此时真正执掌大清权柄的慈禧太后给予了洋务派大力支持。面对顽固派的嚣声，慈禧太后巧妙地施展其强硬的政治手腕，逐渐地减少来自他们的阻力。

1866 年，洋务派拟在同文馆加设天文、算学馆，选派科甲正途出身的人进馆学习。此议一出，文渊阁大学士、理学大师倭仁便率先反对。他认为以中国之大，何患无才，"何必师事洋人"。

慈禧见倭仁振振有词，即令他保举精通自然科学的中国教师，另行设馆授徒，以与同文馆的洋教习相比试。倭仁见慈禧动了真格，赶快申辩，说所谓中国"不患无才"，不过是自己"以理度之"，"况奴才并无精于天文、算学之人，不敢妄保"。

另一保守派人物张佩纶也曾经领教过慈禧太后的厉害。中法战争期间，张佩纶放言高论，以谈兵事为能，对洋务派的军事外交政策不屑一顾。慈禧顺水推舟，任命张佩纶为福建海疆大臣，到前线指挥作战。

在慈禧太后的支持下，在洋务派官僚的努力下，各地的洋务运动如火如荼地开展起来。以李鸿章为代表的地方大员们，于东南地区各大城市设立机器局和船政局，制造现代化的兵器和船舰。在"海防重于塞防"的理论支持下，他们在漫长的海岸线上修筑了多处炮台，并花巨资从海外购进大批军舰，连同本土制造的军舰一起，组建南北洋水师。与此同时，电报、铁路、矿务等实业也在置办之中，只不过，实业的兴办依然以服务军事为主要目的。

其时的洋务运动有一项重大贡献，那就是设立各种学馆，派遣留洋学生。

为了培养精通外语和熟谙洋务的人才，洋务派积极筹划设立各级各类学馆、学堂。1861 年，奕訢奏请设立京师同文馆，第二年该馆正式成立，

以教授外文为主，同时也开设了天文、历史和数理化等课程。此后，广州、上海等地也纷纷效仿，成立学馆。1880年，李鸿章奏请设立天津水师学堂，此后又设一分馆，定名为管轮学堂。水师学堂学生学习天文地理、几何代数、平弧三角、驾驶御风、测量演放鱼雷等项。管轮学堂学生学习算学几何、三角代数、物力汽理、机器画法、机器实艺、修造鱼雷等课程。1885年，李鸿章还在天津创办了武备学堂，专门用来轮流培训淮军及北洋各军军官，并聘请德国军官李宝等对官兵进行德国式操练，以提高各军能力。据保守统计，到1895年，洋务派共创办大约二十余所外语和各类工业技术学堂。许多军工或民用企业还附设翻译馆，用来讲习、翻译外国书籍。

1870年，在中国近代第一个留学生容闳的建议下，曾国藩奏请派遣留学生出国，清廷批准了此事。1872年，中国第一批学生从上海出发赴美留学。到1875年，共派遣一百二十名留学生。此后赴外国留学人员还在不断增加。例如，李鸿章在筹办海防的过程中，感到船舶与驾驶人才奇缺，便于1876年奏请派福州船政局附设学堂的十八名学生赴法国学习制造轮船，另外又派十二名学生赴英国学习驾驶。福州船政局先后派出众多留学生，其中有许多在国外深造成才的，如严复、刘步蟾、林永生、萨镇冰等，他们后来均成为中国海军中的优秀教官和将领。李鸿章在筹办海防的同时，也对陆防进行了一番整顿，1876年曾选拔一批年轻的中下级军官卞长胜等七人赴德国学习陆军的有关军事技术。他们于1879年学成归国，按照德国操法训练军队，大大提高了将士的军事技术。

总体上讲，在三十余年间，洋务派相继创办了几十个近代化的军工、民用企业，组建了近代化的海军，并成立了传播西学的学堂。在世界资本主义势力频繁入侵，商战、兵战蜂拥而至，民族危机日渐加深的形势下，这些做法无疑是进步的，具有重大意义。

但是，红红火火的洋务运动所追求的目标极为简单。朝野上下希望借助外国人先进的科学技术来充实国家的军事实力，再反过来去制服洋人。各种洋务孜孜以求的，唯有军舰枪炮而已。坚守传统价值观的洋务领袖们，在构造洋枪洋炮的时候，小心翼翼地避开雷区，谨小慎微地与旧有的体制相隔离，以免相互妨碍。因此，三拜九叩如仪，科举取士不变，糨糊脑筋依旧。

他们不能看到或不愿看到的是，西洋各国之所以强大，其根本在于效率，在于精确，在于先进的政治制度和法律制度，更在于催生现代文明的思想观念，船坚炮利不过是于此之后的产物而已。舍本而逐末的变革，即使目标有限，也不能实现。

因此，轰轰烈烈的洋务运动，就像一个希望的肥皂泡，很快就破裂了，并没有真正实现富国强兵的目标。

少年天子"糊里糊涂"地死去

在晚清的皇帝中，同治皇帝的死因一直是史学界和普通老百姓津津乐道的话题。根据正史记载，他是死于天花。但在民间流传甚广的，却是他因逛妓院而染梅毒致死……

虽然同治6岁就做了皇帝，但这么大的小孩子能做什么呢？除了徒具国家元首的名号外，他每天的主要任务其实是到弘德殿读书。

有清一代，对皇子的教育是极为严格的，可是同治却是个例外。由于他从小就失去了父亲，而两位母亲慈禧与慈安又忙于国事而无暇他顾，因此同治自小就和一帮太监宫女厮混在一起，正所谓"入鲍鱼之肆，久而不知其臭"。本来少年心性就贪玩好动，又没有得到严格的管教，同治逐渐养成了懒散、不好读书的恶习。

当日被选定为皇帝老师的两人是李鸿藻与翁同龢，两人的品学自当可为帝师有余，只是同治无心向学，所以，他们纵有满腹经纶，亦难向同治皇帝传授。

翁同龢的日记中曾有以下的记载："嬉笑意气皆全，功课如此，至难、

着手。"慈禧太后也曾这样说过："书房功课耽误，书既不熟，论文多别字，说话不清。……上年已十六，亲政不远，奈何所学止此？督责之词，至严至切。"

然而皇帝再没有学问也是皇帝。慢慢地，随着同治年龄的增长，朝野中要求两宫太后停止垂帘、归政于帝的呼声也越来越高。慈安禀性恬淡，对权力甚不感兴趣，对此提议自然是无可无不可，可是慈禧却始终以"典学未成"为由，不允许同治亲政。这虽是慈禧权力欲望强烈使然，但这个理由倒一点儿没错，同治没有治国之才是千真万确的。

不过，慈禧终究不得不遵守祖制，于同治十一年（1872年），宣称皇帝年纪渐长，理应亲政，不过皇帝既然成人，应当先举行大婚方为妥善。于是下诏命京城内外满蒙大臣送秀女入宫备选，为17岁的同治挑选皇后。

慈禧选后的用意，是想在同治身边安插一个自己的内应，用"枕头风"间接控制同治。因此，她自然希望同治按照自己的心意立后。在众多的秀女中，慈禧看上了员外郎凤秀的女儿富察氏。说起来，这富察氏确实长得比其他秀女漂亮许多，特别惹眼。

然而慈安对此事却有不同的看法，她认为富察氏虽然漂亮，但也许是出身小户人家的缘故，举手投足间透着一股轻佻之态，一看便知缺少教养。这样的女子怎么能够统摄六宫，母仪天下？因此她看上的并非富察氏，而是翰林院侍讲崇绮的女儿阿鲁特氏。崇绮才学过人，父亲是道光、咸丰两朝重臣塞尚，岳父是郑亲王端华。因此阿鲁特氏算得上是出身书香门第、官宦世家，从小就接受了极好的教育。据《清史稿》记载，阿鲁特氏"幼读书，知大义，端静婉肃，内外称贤"。虽然有溢美之嫌，却也不乏真实。总的来说，阿鲁特氏虽然长得不如富察氏，但气质却非富察氏可比。

这样一来，慈安和慈禧在立后问题上发生了分歧，双方都希望立自己偏爱的秀女为妃。最后皮球被踢到了同治面前。

按照同治皇帝的本性，他应该比较喜欢姿色过人、艳丽无双的富察氏才对，可不知为何，当他看见跪在丹墀下的一排美女时，一眼就看中了气质过人、温婉贤淑的阿鲁特氏。结果，同治立了阿鲁特氏为后，而立富察氏为慧妃。

慈禧太后事后十分不高兴，认为同治不遵从自己的意思，便开始干涉同治与皇后的生活，以致后来皇后入见，慈禧从未假以辞色，渐而至母子之间亦不和。

据说慈禧为了要同治多与慧妃亲近，曾对同治说："慧妃贤明，宜加眷遇。皇后年少，未娴礼节，皇帝毋辄至宫中，致妨政务。"后来慈禧更发展到派内监监视同治的行动。

同治皇帝自读书时期开始，就显得很具反叛性，所以对慈禧此举，甚为不悦，以致后来有终年独宿乾清宫之举，以作抗议。

同治十二年(1873年)，同治皇帝开始亲政。谁知1875年1月12日，刚刚亲政两年的同治就崩于皇宫养心殿，死时年仅19岁。

一个原本活蹦乱跳的少年天子，如此年纪就早离人世，很快引起人们的种种议论，并延续至今。有人说他死于天花，有人说他是因为逛妓院染上了花柳病（性病梅毒的民间称谓）而死，还有人说他死于天花和梅毒两种病。各种说法各执一词，争论不休。

那么，同治皇帝究竟是因何而死呢？

近年来，有学者根据历史档案和翁同龢日记的记载，认为同治死于天花。由同治御医李德立、庄守和所写的清宫历史医案《万岁爷进药用药底簿》中对同治皇帝患病和诊疗过程的有着明确的记载，人们根据这个记载推测同治确实是患天花而死。这本医案记载说：同治皇帝自1874年12月6日下午发病，到1875年1月12日病死，前后共经历了三十七天的时间。在这三十七天中，两位御医对同治的病情，所开的药方做了详细的记载。根据记载来看，同治皇帝发病时的症状主要是："脉息浮数而细。系风瘟闭束，阴气不足，不能外透之症。以致发热头眩，胸满烦闷，身酸腿软，皮肤发出疹形未透，有时气堵作厥。"此为明显的天花症状，同时御医们当时所开的药是生地、元参、牛蒡子、芦根等

第七章 大厦已然将倾

配制的"益阴清解饮"。这些草药的主要作用是滋阴化毒，是治疗天花的必用之药。由此可见，同治是患了天花无疑。

但有人对此有异议。因为当时的医疗条件已非清初可比，天花并非必死之症，平常百姓家出天花尚且都能照常活命。对于医药齐备、名医云集的皇帝来说，更不应该说是一种绝症。况且同治平时的身体很好，怎么会一出天花就死了呢？所以，人们仍然对同治死于天花有点怀疑。

但从御医们所记的脉案来看，同治皇帝出天花之后在御医们的精心护理下，病情确实有了很大的好转，痘粒也开始表发。只是由于同治的内毒过盛，所发的痘粒中总是带有血丝，而且还伴有咽痛作呕，身颤口干，便秘溺赤。身体内部积郁的毒滞并没有完全表发出来，这属于中医上所说的发痘不顺利的情况。因此，御医们在后来的脉案中诊断为："由气血为毒滞锢所致，症界于险！"再加上同治又"微感风凉"，"以致咳嗽鼻塞，心虚不寐；浸浆皮皱，似有停浆不靥之势"。由此同治的病情进一步加剧，情况越来越坏，并出现了许多并发症，开始全身浮肿，并出现大面积的溃烂。到了12月24日时，同治的病情急剧恶化，出现了"肾虚赤浊，余毒挟湿，袭入筋络。以致腰软重疼，微肿，不易转坐；腿痛痉挛，屈而不伸……"体内的毒素已经开始侵入筋络，从中医上来说已经到了无药可救的地步。

虽然御医们用尽了一切手段，但是在当时医学尚不发达的情况下也无力回天。从12月27日起，同治的病情开始急转直下。全身开始出现大片的溃烂，腰部溃烂成洞，脓血不止；痘痛遍身，肿疼难忍；面颊肿硬，牙浮口粘；口喷臭气，胸满肋胀；大便腥臭，小便赤短。后来，痘毒上亢，有增无减。而且腰部与臀部的溃烂已串联一起，溃口外小，而内溃很深很大。每日流出的脓汁多达一茶碗，并开始发起了高烧。这时的同治已经处于死亡的边缘了，不久便因医治无效而死。

除了御医们的记载，同治皇帝的病情，在他的老师、军机大臣翁同龢的日记中也有记载。翁的日记记载说：同治于"十月二十一日（1874年11月29日），西苑着凉，今日（指三十日，12月8日）发疹"。12

月 10 日，"闻传蟒袍补褂，圣躬有天花之喜"。又记载："昨日治疹，申刻，始定天花也。"1874 年 12 月 19 日，召见御前大臣时，"气色皆盛，头面皆灌浆泡饱满"。上谕云："朕于本月遇有天花之喜，经敦亲王等合词吁请静心调摄"云云。而且《翁同龢日记》中对御医们所开的方药也有所记载，同宫里的脉案上的记载基本一致。由此可见，同治也许确实是因为天花病而死。

可是"无风不起浪"，人们为什么又说同治皇帝死于"花柳病"梅毒呢？有人认为可能是由于天花和梅毒的病症有些类似，导致人们误传。但令人奇怪的是，就连曾经是慈禧太后"御前女官"的德龄公主在自己所写的回忆录中，也对同治死于天花的说法提出了怀疑。

而更令人惊奇的是，前文所说的同治御医李德立的后人也写过一篇文章，说他的曾祖父曾亲口说过同治皇帝确系患花柳病而死。同治病倒之后，他的曾祖父奉诏到宫内给他诊治。诊过之后，他怀疑皇上是染上了花柳病，但又不敢确诊。因为他不明白这九五之尊的皇上为什么会染上这等红楼妓院的病。于是，他又约了另一位御医张本仁一块会诊。最后两人都一致肯定皇上确实是患了花柳病，也就是我们今天所说的梅毒。皇上得了花柳病？这事如果传到满朝文武、天下百姓的耳朵里，将是一大宫廷笑话。对于极其爱面子的慈禧太后来说，是说什么也不可能接受的。说不定，如果如实上奏，惹恼了她还会招来杀身之祸。但是如若不据实禀奏，耽误了病情，又怕慈禧太后怪罪。两位医生左右为难，觉得反正皇上得的是不治之症，恰好此时宫廷上下都传言皇上患了天花，于是也把同治的花柳病说成是患了天花。在皇帝的脉案和所开的方药上也都是按照"出喜"（以前人们为了忌讳，把出天花称作"出喜"）治疗，由于天花同梅毒都属于内毒外发之病，所以他们所用的药也都是些芦根、元参、金银花等滋阴化毒的药剂。这才有了后人依据脉案，认为同治是得天花病而死的误解。由于给皇帝治病，每一方药剂都要经过皇太后、帝师翁同龢等人的亲自审定，所以他们不敢明目张胆地用治疗花柳病的药剂，只好用这些药理类似的药来缓解这个不治之症。翁同龢当年看过

第七章　大厦已然将倾

他们所开的方子，在自己的日记里记下这些药剂也并不能说明什么。

不过这又牵涉一个问题，身为一国之君的同帝皇帝怎么会得那时妓院才有的性病呢？于是有人说，这是因为同治经常偷逛妓院所致。

关于同治逛妓院的故事，在清朝的正史中并没有任何记载，但在民间却广为流传。说同治是因为母亲慈禧阻碍他和自己喜欢的皇后阿鲁特氏亲近，所以正值青春期，逆反心理本就很强的他便干脆偷偷跑出去和妓女鬼混。

关于此事，前文已有描述。在慈禧的女官德龄所写的《清宫二年记》一书里面也记载说：慈禧太后将自己的宫殿设置在皇帝同皇后寝宫中间，并封闭了两宫之间其他的通道，以至于皇帝同皇后来往只能够经过她的宫殿前面，以便于严密地监视帝后的行为。同治得不到自己喜欢的人，反而被迫同不喜欢的人亲近。为了以示反抗，就索性谁也不接近，整天自己独宿乾清宫。正处青春岁月的同治，时间一长自然熬不住，就带了几个小太监化装成公子爷到宫外的八大胡同去逛妓院。如此神不知鬼不觉地在妓院里混了几年，没想到染了一身花柳病回来。其实有些王公大臣也知道同治逛妓院的事情，但是碍于慈禧太后和皇上的面子，谁也不敢说出来，以至于历史中少有记载。

但有清宫史专家指出，清朝的典章制度是极为严格的，皇帝私自从紫禁城里出去寻花问柳，是没有什么可能性的。而且就算同治无法亲近皇后，又不想亲近自己不喜欢的慧妃，那后宫可供他"临幸"的女人又何其之多，他犯得着丢下九五之尊偷偷摸摸地去逛妓院吗？

也有人认为同治死于天花和梅毒两种病。这种说法也主要来自于对历史档案与文献资料的推断。前已述及，御医诊断同治的症状是：湿毒乘虚流聚，腰间红肿溃破，漫流脓水，腿痛盘挛，头颈、胳膊、膝上发出痘痈肿痛。因此有医学界人士认为，同治或先患天花未愈而又染上梅毒，或先患梅毒而又染上天花，两种疾病并发，医治无效而死。

此外民间还有一种更骇人听闻的说法，说是慈禧太后为了保住自己的权力，害死了自己的亲儿子。这种说法主要来源于《清宫遗闻》等野史笔记的记载。这本书里说同治患病之后，自己心知或许没救了，就召来军机大臣李鸿章起草遗诏，在遗诏中同治安排贝勒载澍入承大统。但是对于这种皇位继承的大事，李鸿章不敢独自承诏，因为他深知一旦按照同治的安排，让贝勒载澍入承大统将会严重损害慈禧太后的权力。如果惹恼了慈禧，后果当然会很严重，说不定就会丢了自己的老命。于是，他便向慈禧告了密。慈禧听了大惊，便亲自前往同治的寝宫处理此事。到了皇帝寝宫之外的时候，恰好听到皇后正在向同治哭诉慈禧平时对她的刁难之苦。还听到同治说，不要伤心，日后总会有出头的日子。慈禧听完勃然大怒，立刻命令断了皇帝的医药饮膳。此后不久，宫里便传出了同治皇帝驾崩的消息。

上述多种说法，早在同治死后不久就广泛流传于民间，但清朝官方始终对此保持沉默，从未申辩或采取过其他措施。因此，同治皇帝到底是死于什么病，应当说还是一个历史疑案。

晚清夕照图中最光彩的一笔

在"内战内行，外战外行"的晚清官员中，左宗棠征战边塞，收复失地，成为当时政治中唯一的亮点。梁启超因之评价左宗棠为"五百年来第一伟人"……

美国著名的《新闻周刊》在 2000 年曾推出一个栏目叫《千禧年一句话》。该栏目一共刊载了最近一千年全世界的四十位智慧名人。其中，中国有三位：一位是毛泽东，一位是成吉思汗，第三位就是左宗棠。

左宗棠于 1812 年 11 月 10 日出生于湖南湘阴县一个耕读世家。祖辈们立志于功名，但最终却落得个苦不得志的结局，这为左宗棠日后脱颖而出奠定了基础。

左宗棠很小的时候，父母相继过世。当时清朝政府的统治日益黑暗，全国各地的反抗运动愈演愈烈；西方帝国主义国家不断挑衅肇事。清王朝处于一种风雨飘摇、摇摇欲坠的社会形态之中。

面对自己坎坷的家庭环境以及不良的社会环境，左宗棠意识到：只有获得功名，通达政务，生活才会有前途。从此他便将主要精力致力于读书做学问。

"功夫不负有心人"，经过勤学苦读，左宗棠终于在 1832 年中举。然而之后六年，他三次赴京会试，均未考中。

才高八斗的左宗棠之所以科举失利，与他对治学的态度有关。与其他同时代的读书人不同，左宗棠感兴趣于"经世致用"知识的学习，从十八岁开始读顾祖禹的《读史方舆纪要》、顾炎武的《天下郡国利病书》和齐南的《水道提纲》。这些完全不同于儒家经典，不算是"正统"的学问，但这些却为左宗棠日后的成功奠定了知识基础，但也让他在科举之途上吃尽了苦头。

幸好，科举失利的左宗棠并没有在悲观中走向人生的沉沦，而是继续闭门读书。他对地理与兵法很有研究，自比诸葛亮，人们觉得他狂放，唯独当时的名臣和湘军重要首领之一的胡林翼欣赏他。胡林翼说："举国之中没有一个人能超过左宗棠。"

然而，左宗棠到了 40 岁时，仍然没有发迹的征兆，一直隐居家乡。幸运的是，在此期间，他有幸结识了两个人，从而让自己的命运有了翻天覆地的变化。这两个人一位是他的同乡、连任了十多年两江总督的陶澍，另一位则是民族英雄林则徐。

陶澍是当时经世致用之才的代表人物。1837 年，陶澍回乡省亲。这位 60 多岁的封疆大吏，结识了 20 多岁的左宗棠。两人彻夜长谈，共议时政。左宗棠从此开始接触军国大事，了解夷人的船坚炮利与世界大势。由此，他将自己的命运与朝廷的命运连在一起了。

1849 年，林则徐途经长沙，指名要见隐逸在老家读书的左宗棠。林则徐将自己在新疆整理的资料和绘制的地图全部交给左宗棠，并说："吾老矣，空有御俄之志，终无成就之日。数年来留心人才，欲将此重任托付！"他还说："将来东南洋夷，能御之者或有人，西定新疆，舍君莫属。以吾数年心血，献给足下，或许将来治疆用得着。"临别，林则徐还写了一副对联相赠："苟利国家生死以，岂因祸福趋避之。"年逾花甲的林则徐好比临终托孤，后来左宗棠征战新疆，带的就是林则徐所绘制的地图。

左宗棠将林则徐所赠的对联当作自己的座右铭，时时激励自己。他说："每遇艰危困难之日，时或一萌退意，实在愧对知己。"回福建后，林则徐身染重病，知道来日不多，命次子聪彝代写遗书，向咸丰皇帝一再推荐左宗棠为"绝世奇才""非凡之才"。左宗棠的名字遂引起了京城的注意。

1852 年爆发的太平天国起义，给左宗棠提供了施展才华的舞台。当时，太平天国大军围攻湖南长沙，省城危急。已经名声在外的左宗棠在同乡郭嵩焘等人的劝勉下，应湖南巡抚张亮基之聘出山，投入到了保卫大清江山的阵营。

左宗棠在炮火连天的日子里缒城而入，张亮基大喜过望，将全部军事悉数托付给左宗棠。左宗棠"昼夜调军食，治文书""区画守具"，各种建议都被采纳，并立即付诸实施，终于使太平军围攻长沙三个月不下，撤围北去。左宗棠一生的功名也就从此开始。

后来，骆秉章担任湖南巡抚后，也看中了左宗棠的才华，让他做了自己的助手。每有军事任务，骆秉章总是要征求左宗棠的意见，对左宗棠非常器重。左宗棠越受器重，嫉妒他的同僚也就越多，但他的名声却因为嫉妒而越来越响，而且不断传到咸丰皇帝耳中。

咸丰皇帝让左宗棠的同乡郭嵩焘带信说，希望他能出来为朝廷效力，剿灭贼寇。胡林翼得知这个消息后，很高兴地说："皇上得到贤相的日子到了。"

其时正在湖南组建湘军的曾国藩听说左宗棠才华超群后，也向咸丰皇帝奏请让左宗棠入仕。不久朝廷下旨，命令左宗棠以四品京官的身份跟从曾国藩治理军务。

就这样，左宗棠得到了能够施展自己才能的大舞台。

1860 年，太平军攻破江南大营后，太平军首领李秀成部挥师东征，声势浩大，使得曾国藩手足无措。在这个危急时刻，左宗棠率领自己亲手组建才两个月的楚军进驻景德镇，作为曾国藩的后援部队。左宗棠在贵溪、东平等地段多次阻击太平军，节节胜利。事实证明，左宗棠确实具有将帅之才。曾国藩也如此赞叹说："长江南岸，七百多里，只有左宗棠一军纵横驰骋，来回策应。这在清军之中是绝无仅有的。"

此后，朝廷命令楚军移师四川，与石达开开战。但当时安徽与江西战事危急，曾国藩、胡林翼等需要左宗棠的辅佐，于是二人联名向朝廷上书希望留下左宗棠。朝廷应许。

曾国藩进兵皖南时，遭到太平军十万人的猛攻，形势异常危急，于是向左宗棠求援，左宗棠得到密令之后立即回师向太平军杀来。太平军在江西乐平、鄱阳一带与左宗棠的军队展开了激战，太平军死伤不计其数，左宗棠打败了太平军。这一仗，使左宗棠军威大振。

1861 年，在曾国藩的力荐下，左宗棠被任命为浙江巡抚。左宗棠认为要收复南京、苏州，必须先进兵浙江，清廷同意了他的建议。不久，左宗棠率领官兵五千人进入浙江，军队当时粮草跟不上，士气十分低落，而且军队中号令难以施行，军纪十分败坏。而太平军在浙江有五十万人之众。左宗棠的五千军马要想战胜太平军，无异于以卵击石。

危局之下，左宗棠大刀阔斧地对军队进行改革，并奏请朝廷从广西调遣蒋益澧，从湖南调刘培元等前来增援。但各地兵马由于深陷于太平军的困境之中，无法调遣，左宗棠不得不以几千人马在七百余里防线上对付太平军的五十万大军。左宗棠深谋远虑，将军队移师婺源，这一举动使太平军如鲠在喉。接着，左宗棠施巧计，一举击败了太平军杨辅清部十余万人，继而又在开化将他们击破。

由于左宗棠在战场上以身作则，与士卒同吃住，将帅同心，因而他的军队战无不胜。朝廷因此下诏命令左宗棠负责收复浙江。

左宗棠每收复一地，都注重发展生产，招抚百姓，这些措施在客观上起到了瓦解太平军的作用，同时也显示了他在政治上高于一般将帅的杰出才能。在战争中，采用政治与军事并重的手段，左宗棠堪称其中的佼佼者。

1864 年 3 月，左宗棠攻陷杭州，控制浙江全境。论功，封一等恪靖伯。旋奉命率军入江西、福建，追击太平军李世贤、汪海洋部，至 1866 年 2 月，左宗棠攻灭李世贤等于广东嘉应州（今梅县）。由于战功赫赫，清廷升他为闽浙总督，并加太子太保衔，赏穿黄马褂。

在闽浙总督任上，左宗棠倡议减兵并饷，加紧练兵。1866 年中，他上疏奏请设立造轮船，获准试行，即于福州马尾择址办船厂，派员出国购买机器、船槽，并创办求是堂艺局（亦称船政学堂），大力培养海军人才。左宗棠兴办的船政学堂，在中国教育史与军事史上具有很突出的地位。

左宗棠一生最得意之笔，或者说为后人所永远怀念的事业，还是他挥戈西指，收复新疆。正是这样一个壮举，使得左宗棠名垂青史，光照后人，成为晚清抗敌御寇的名将。

新疆，古称西域，自古以来就是中国的领土，其地域辽阔，有着相当丰富的自然资源。但由于大清王朝对新疆人民施行种族高压政策，再加上外国势力的侵扰，使得新疆反清浪潮日益严重。在俄国人的支持下，1865 年春，阿古柏率兵占领了新疆的南部，后来又向北占领了乌鲁木齐。

1867 年 5 月，阿古柏在新疆建立"洪福汗国"（又称"毕杜勒特汗国"），自封为"巴达吾来特哈孜"，即汉文史籍上的"毕杜勒特"（意即"洪福之王"）。在新疆当上了国王后，阿古柏公开要将新疆从中国领土上分裂出去。与此同时，俄国对新疆这块土地垂涎已久，便趁机出兵占领了新疆西部的伊犁地区。新疆形势异常危急。

正在这时，又发生了日本侵犯我国台湾岛的事件，东南沿海的形势也骤然紧张起来。由此，在朝廷内部引发了一场"海防"和"塞防"的大争论。晚清重臣李鸿章等人认为，海防、塞防二者不能兼顾，主张放弃塞防，把停设塞防节约下来的饷银用来加强海防。对此，左宗棠有不同的看法。

1875年，左宗棠上疏清廷，提出了海防与塞防"并重"的主张，并严厉批驳了放弃新疆、弃地退守的论调。他强调，在西北"自撤藩篱，则我退寸而寇进尺"，不仅新疆、甘肃难保，京师的北方屏障蒙古也将不得安宁，因此必须出兵收复新疆。左宗棠的这些主张被朝廷采纳，同年5月，他被任命为钦差大臣，督办新疆军务。

左宗棠受领进军新疆的任务后，没有马上采取军事行动，而是首先以极大的精力进行了战争准备。他主要是抓了"集兵、筹饷、筹转运"三件大事：根据新疆地处边陲、远离中原、交通不便、人稀地广、地形复杂、后勤补给困难等特点，他制订了"缓进急战""先北后南"的战略方针，狠抓了部队官兵的整顿和训练，进一步更新和改善了武器装备；他通过"举外债""借商款"等方式多方筹款，以保证部队粮饷充足；他还多渠道采购军粮和其他作战物资，并精心组织转运，秘密运往新疆前线。

1876年4月，在各项准备工作基本就绪之后，左宗棠率领大军进驻肃州（今甘肃酒泉），与军队将领们一起讨论制订了进军新疆的具体战略计划，随即向各位将领布置了任务，让他们分头行动。

在行动前，左宗棠下令说："新疆民族很多，都是我们的姐妹兄弟。你们要尊重他们，绝对不允许杀人放火！"左宗棠的这一招对拉拢和取得当地人民的支持起到了重要作用，为自己营造了正义和仁义之师的形象。

左宗棠的部下刘锦堂率领主力部队离开酒泉后，直向乌鲁木齐杀去。刘锦堂一到乌鲁木齐，就下令向叛军所在的古牧场发动进攻，阿古柏的军队拼命抵抗了一整天。清军只是远远地开炮，并没有真正发动攻击，这样将叛军拖得很疲惫。

夜里，守城的叛军以为可以安心地睡觉，因为清军在白天发动了攻击，大概也很疲惫，于是他们便放松了戒备，但清军突然在夜里发动进攻，叛军没有任何防备，乌鲁木齐便很快被攻下了。

阿古柏本来以为有俄国人作为后盾，清军不敢轻易攻打他，于是一直高枕无忧。然而，现在左宗棠的军队收复了乌鲁木齐，他就慌了阵脚，想负隅顽抗，与左宗棠决一死战。但他的计划很快就落了空。

不久，南疆地区也被左宗棠收复了，阿古柏只得带领残兵败将向西逃窜，半路上被手下人杀死。左宗棠手下的各路大军，在吐鲁番胜利会师。这样，除伊犁以外，清军收复了全部的疆土。

之后，左宗棠一方面主张在新疆建行省，一方面积极准备以武力收复伊犁。1880年春，他拟订三路出击收复伊犁的计划。这时，左宗棠已经近七十高龄了，身体不好，但他收复失地的决心却毫不动摇。他让士兵抬着为自己准备的棺材出了嘉峪关，以示准备战死疆场的决心。

但手下人毕竟不明白其中的含义，左宗棠就解释说："我已经年近古稀了，为了收复国家的领土，我情愿搭上这条老命。"将士们被他这种爱国热情深深感动了，都纷纷激愤地说："不赶走俄国人，我们决不活着回来！"军队由此士气大增。

尽管左宗棠有收复伊犁之心，但掌握清廷实权的慈禧太后惧怕俄国人，害怕左宗棠收复伊犁会导致与俄国人彻底闹翻，于是命令左宗棠停止进攻伊犁。左宗棠接到了慈禧太后的命令，无奈之余只好停止进军。清廷经过与俄国商量，改派曾国藩的儿子曾纪泽去跟俄国人谈判。曾纪泽据理力争，要回了伊犁，却把霍尔果斯河以西的大片领土让给了俄国，最终中俄签订了《伊犁条约》。至此，西北的局势暂时安定了下来。

新疆局势安定之后，左宗棠意识到收复新疆之后仅仅依靠军事力量是远远不够的，还必须学会如何建设新疆。在治理新疆方面，他采取了这样四个措施：一是修浚河渠。由于新疆沙漠颇多，水资源极度紧缺，左宗棠命令清军在休战期间修河渠，在吐鲁番成功开凿坎井一百多处。二是广兴屯垦。在河渠两旁广泛开辟耕地：这样既能够满足军需，又有利于人民的安居乐业。三是改良桑蚕，清丈土地。由于新疆桑树很多，但人民从来不懂得养蚕。左宗棠便派出养蚕专家教授当地人民喂蚕、抽丝，为民生的改善做出了卓越的贡献。四是文武兼济，以德治民。他在新疆建学塾，振兴新疆教育。

由于新疆的战略地位十分重要，左宗棠上疏奏请清廷在新疆设行省，以刘锦堂为新疆第一任巡抚。行省的设立大大有利于开拓新疆、巩固西北边防。

此后，左宗棠曾经先后出任过两江总督和军机大臣等职。中法战争打响之后，左宗棠任钦差大臣查督中法战情，为中法战争中清军的胜利做出了不可磨灭的功勋。

1885年9月5日，左宗棠在福州病故，享年73岁。

综观左宗棠一生，他排除种种险阻，毅然出兵，终于收复了沦陷达十四年之久的新疆地区，为祖国保住了一片大好河山，这是晚清历史上最扬眉吐气的一件大事，也是晚清夕照图中最光彩的一笔。数年后，浙江巡抚、左宗棠的老友杨昌睿在清廷恢复新疆建省后赴西域，所到之处，杨柳成荫，鸟鸣枝头，人来车往，百业兴旺，当即吟出一首《恭诵左公西行甘棠》：

大将筹边尚未还，湖湘子弟满天山；

新栽杨柳三千里，引得春风度玉关。

左宗棠两次率部西征，一路进军，一路修桥筑路，沿途种植榆杨柳树。不出几年工夫，从兰州到肃州，从河西到哈密，从吐鲁番到乌鲁木齐，凡湘军所到之处所植道柳，除戈壁外，皆连绵不断，枝拂云霄，这就是后人所称的"左公柳"。

当年，西征的清朝大军，正是沿着夹道成荫的左公柳，把春天带到了边疆，让春风吹到了玉门关外。左宗棠雄师亲驻玉门关、不破楼兰誓不还的万丈豪情，至今仍让人们感叹不已。

直至今天，我们仍然尊敬和怀念这位伟大的民族英雄。

又一个可怜的傀儡皇帝

与同治皇帝一样，光绪的皇帝生涯也是一场令人伤感的悲剧。原本能力不弱的他，何曾亲自指点过大清的江山……

同治皇帝于1875年1月12日驾崩后，享国二百余年的清帝国第一次出现了皇储断档的危机。

按清代祖宗家法，若皇帝死后无子，则应从皇族近支选一个晚辈的人来继承帝位。同治名载淳，其下一辈是"溥"字辈，按惯例，同治死后应从"溥"字辈中挑选一人，继承皇位。"溥"字辈中，道光皇帝长子奕纬的长孙溥伦是最为合适的人选，因为立溥伦既符合同治嗣子的惯例，并且合乎次序。但慈禧太后为了统揽大权，坚决反对立"溥"字辈的人继承帝位。因为如果那样做，慈禧将会由于她的孙辈为帝而被晋尊为太皇太后。太皇太后，虽然地位更加显贵，但就不便于再垂帘听政，干预国事了，因此，慈禧极力坚持从"载"字辈中选择嗣帝。

在皇室近支中，最有资格入选的"载"字辈应是奕訢长子载澂，但一来慈禧此时因免去了奕訢的议政王头衔而导致二人出现了矛盾，二来载澂当时已经17岁，如立为帝，就要亲政，倘若慈禧不归政，又会遭群臣反对。因此慈禧决意不立载澂，而立醇亲王奕譞之子载湉，也就是后来的光绪帝。这是为什么呢？

原来，在道光皇帝的几个儿子中，当时仍健在，并且育有后代的，就只有恭亲王奕訢和醇亲王奕譞。恭亲王奕訢的儿子既然排除在外，醇亲王的儿子自然是第一人选。况且，醇亲王奕譞为人低调，而其次子载湉彼时年纪只有4岁，不大不小，便于从小控制。更重要的是，奕譞的正福晋，乃是慈禧的亲妹妹，两家可谓亲上加亲。于是，事情就这么定了下来。

1875年2月25日，载湉在紫禁城太和殿举行登基典礼，继位为帝，改年号为光绪，因此史称光绪皇帝。因其年幼，由两宫太后再次垂帘听政。

光绪的幼年生活几乎和同治无甚区别，从6岁开始，进入毓庆宫读书，先后教过他的老师有翁同龢、孙家鼐、夏同善等人。光绪在这些饱学宿儒的教导之下受到了良好的教育。和贪玩懒学的同治不同，光绪从小就非常知书达理，慈禧也称赞他"实在好学，坐、立、卧皆诵书及诗"。两代帝师翁同龢与光绪感情甚好，在其《翁同龢日记》中记载了大量光绪小时候的轶事。比如，光绪 8 岁那年，曾经向上天祈雨，为了表示虔诚，居然自行斋戒，并要求上书房的师傅一例办理；9 岁那年过生日，宫中唱戏庆祝，光绪甚为不满，认为沉迷戏剧，有害无益。光绪小小年纪，其行为举止便深合儒家之道，这让翁同龢大为高兴。

光绪读了七八年书之后，将《四书》《五经》都已经读遍。但奇怪的是，他最怕读满文，每次上满文课的时候都不愿开口，所以有人说清朝气运确已有转移的迹象了。

除了读儒家经典，光绪后来也跟着德龄学英文，所以光绪皇帝应是清室第一个懂英文的皇帝。德龄后来对人说，光绪皇帝的英文发音虽然不很正确，但记忆力很强，不久就能阅读英文的短篇故事。

光绪每天早上起来的时候，如果遇到德龄，偶然会说一两句简单的英文，有时还会问她一些英文生字。而他与德龄的感情也不错，常常有说有笑。

但慈禧太后则不同了，由于德龄常在她的身旁，又见她教光绪皇帝读英文颇有成绩，自己便也想到不妨学一点儿英文。但慈禧太后并无耐性去学，只上了两课，便没有兴趣再学下去，可以说于英文是完全不懂。

光绪的母亲就是慈禧太后的胞妹，所以光绪皇帝就好像是慈禧太后的儿子那样，只是光绪一直都十分害怕慈禧太后。在平常的日子里，光绪在宫中见到上下人等，很多时都有说有笑。但一见到慈禧太后时，就完全变成了另外一个人，表情显得忧郁且迟钝，说话也有些口吃，使人觉得他有些呆气似的。

据最初教他英文的德龄说，光绪皇帝其实是一个十分聪明和有见识的人，同时还是一个出色的外交人才。但宫中规矩严格，且受礼教的束缚，而他又特别害怕慈禧太后，所以才有时表现得呆头呆脑、毫无主见似的。

光绪十五年（1889 年），年满 18 岁的光绪皇帝开始亲政。应该说，以光绪的能力，完全有资格独立处理政务，虽未必会成为一代有道明君，但必然不会像咸丰、同治那样昏庸无用。不幸的是，他当皇帝这件事本身就是一个悲剧。正如前文所说，他的即位，纯粹是为了配合慈禧掌握权力的要求。

因此，光绪亲政以后，慈禧规定，光绪必须每隔一日向她奏报政务，听候训示，还经常派人监视他的行踪。而光绪慑于慈禧的威严，每日请安时都浑身颤抖，有什么政务上的事情也根本不敢自作主张，还要主动向太后请旨才能实行。后来，"戊戌变法"失败后，慈禧太后以"训政"为名，重新临朝视事，居然连垂帘听政的形式都免了，干脆与光绪一起坐在皇帝宝座上接受群臣叩头谢恩。有大臣奏对政务，全凭慈禧一一裁决，光绪在一旁只是默然不语。有时候慈禧觉得不妥，用胳膊肘碰他，示意他说两句，光绪才提起精神，胡乱应付两句而已。说得不妥，还要遭到慈禧的斥责。

显而易见，在慈禧太后眼中，光绪皇帝不过是一个她实现权力欲望的玩偶与傀儡而已。光绪的皇帝生涯，与同治一样，注定又是一场悲剧。

一场刻骨铭心的败仗

1894 年，是中国的甲午年，这一年中日之间爆发了一场令无数中国人刻骨铭心的大海战。不幸的是，战争的胜利者属于东面那个岛国⋯⋯

当大清帝国日薄西山时，我们的近邻日本却在蒸蒸日上。

1868 年 10 月 23 日，日本睦仁天皇取中国《易经》"圣人南面而听天下，向明而治"之意，改年号为"明治"，于第二年将首都从京都迁到了东京，随即颁布并实施了一系列的革新措施，走上了具有资本主义性质的现代化改革之路。这就是日本的"明治维新"。

应当说，明治天皇领导的这场变革在日本发展历史上具有划时代的意义，它改变了日本社会的性质，使日本走上了近代资本主义发展的道路，并迅速地摆脱民族危机，成为新兴的世界强国、亚洲的霸主。可以说，没有明治维新也就没有日本在近代的飞跃发展，也就不会有今天的日本。

同时，明治维新也是人类历史上最成功的改革之一，在近代历史上，可以与之相提并论的是俄罗斯彼得大帝的改革。这两场伟大改革都各自促成了一个强国的出现，不过从时间与成效上来看，明治维新似乎略胜一筹，日本在更为激烈的国际竞争中，通过三十年的改革就一跃而为世界列强中的一员，开始参与列强争夺世界的游戏，而俄国则在彼得大帝改革的半个世纪后，才获得欧洲列强的认可，而且它还败在了日本人的手中。

然而，通过明治维新，明治天皇虽然给日本带来了无尽的福泽，但却给亚洲人民特别是东亚人民带来了痛苦与灾难，他的军国主义和扩张主义思想给东亚国家带来了无尽的耻辱。

早在明治天皇刚刚登基不久，日本统治阶级中就出现了"征韩论"，开始觊觎其东亚邻国。

就在开始明治维新的那一年，明治天皇明确提出"开拓万里波涛，布国威于四方"的主张，已经明显地显露出他的对外扩张思想。

1874 年，日本发动侵略中国台湾的战争，并与清政府签订了《北京专条》。1876 年，日本借口"江华岛事件"，武力征韩，强迫朝鲜签订《日朝修好条约》，在朝鲜取得领事裁判权。

到 19 世纪 80 和 90 年代之交，在明治天皇参与下，日本形成了极富侵略性的"大陆政策"，其侵略目标直指中国。

很快，日本人为它的"大陆政策"的实施找到了契机。

1894 年春，朝鲜爆发东学党农民起义，朝鲜政府请求作为"宗主国"的清政府出兵协助镇压。清政府先后派直隶提督叶志超和太原镇总兵聂士成率兵赴朝。日本也不甘人后，向朝鲜派出军队。而此时，东学党农民起义已告结束，日本已无出兵朝鲜的借口，然而，日本并没有停止向朝鲜出兵，反而增派了军队。7 月 12 日，日本外务大臣陆奥宗光电令驻朝公使大鸟圭介"目前有采取断然处置之必要，不妨利用任何借口，立即开始实际行动"。23 日，大鸟圭介带领驻朝日军攻占朝鲜王宫，拘禁了国王李熙，成立了傀儡政府。

在大鸟圭介的指示下，25 日，朝鲜傀儡政府废除了与清朝的一切条约，并对清朝军队实施驱逐。这一驱逐行为的实施者是被傀儡政府"授权"的日本军队。这一天，日本陆军开始向驻守朝鲜牙山的清军发起攻击，海军则在朝鲜的丰岛海面突袭清朝军舰，击沉运兵船"高升"号。8 月 1 日，清政府与日本同时宣战。由于这一年是中国的干支纪年甲午年，因此史称"中日甲午战争"。

8 月初，日军进攻平壤。直隶提督叶志超既不派兵侦察敌情，又没有部署战局，而是把平壤以南的地区弃置不顾，在城内外防守。9 月 16 日，日军四路同时向清军发起猛攻。清军将领拼死奋战，然而，叶志超见形势危急，在城头竖起白旗。当天晚上，他率领部下放弃平壤，向鸭绿江方向逃走。

9 月 16 日，清政府派北洋舰队护送陆军增援朝鲜，率领这支舰队的是中国北洋海军提督丁汝昌。17 日，北洋舰队在完成护航任务后正准备返航时，在鸭绿江口的黄海大东沟，与日舰遭遇，黄海海战爆发。

当时，北洋舰队参加战斗的军舰为十艘，日本海军为十二艘。丁汝昌下令应战，黄海海面刹那间炮声震天，硝烟弥漫。北洋舰队虽然在仓促中迎战，但将士们表现得十分英勇。

丁汝昌不幸身受重伤，但他拒绝入舱治疗，坚持坐在甲板上指挥作战。管带邓世昌指挥的"致远"舰在战斗中表现得最为勇猛，也中弹最多，船身已严重倾斜。就在弹药即将用尽、船身不久就要倾覆的危急时刻，邓世昌大义凛然地对部下们说："我们从军卫国，早已将生死置之度外。今天虽然牺牲了，但可以壮国家的声威，也就达到了报国的目的。"说完，邓世昌下令开足马力向敌舰"吉野号"撞去，决心和敌人同归于尽。不幸的是，"致远"舰还未撞上"吉野号"，就被敌人的鱼雷击中，邓世昌和舰上两百余名将士壮烈牺牲。

这场海战共历时五个多小时，双方伤亡惨重。最后，日舰撤离战场，北洋舰队也返回旅顺。这一战中，北洋舰队五艘军舰被炸毁。横行一时的"吉野号"舰完全丧失了战斗力，只剩下一具躯壳，主力舰"松岛号"

被击毁，还有三艘敌舰也受到重创，几乎沉没。黄海大战的悲壮显示了中国人民抵御外辱的坚强决心。

黄海大战以后，北洋舰队尚有各种舰艇二十六艘，但在北洋大臣李鸿章消极防御方针的指示下，只能龟缩于威海卫港内。

1895年2月3日，日本出兵占领中国山东威海卫城，水师提督丁汝昌坐镇指挥的刘公岛成为一座孤岛。由于清政府的一味妥协，致使日本侵略者肆意横行，无所顾忌。2月12日，在日本陆海两军的联合进攻下，中国北洋舰队全军覆没，丁汝昌自杀殉国。

这一天，山东半岛上狂风怒号，暴雨如注。

消息传到北京，大小官员，莫不手足无措；皇城内外，哀声恸地；即将花甲大寿的慈禧太后和年纪尚轻的光绪皇帝抱头痛哭，闻者皆为之垂泪；经过风浪的大清帝国臣民们，谈及日本人的穷凶极恶，无不惊恐失色。春天虽然已经降临帝国大地，但春的气息荡然无存，山东半岛上的狂风暴雨把这个庞大的帝国送入了寒冬。

消息传到日本东京，这个作为首都仅仅几十年的城市立即披上了节日盛装，在一个名叫上野公园的地方，至少有四十万人参加了庆祝仪式，无数市民在这个城市的大街小巷彻夜狂欢。人们的欢呼响成一片，声震云霄。

狂欢完后，日军不断扩大侵略，先后侵占辽东半岛、山东威海卫和澎湖列岛等地。腐朽的清政府不敢继续作战，只好向日本求和。1895年4月17日，清廷特命全权大臣李鸿章和日本内阁总理大臣伊藤博文在日本春帆楼签订了丧权辱国的《马关条约》，故《马关条约》又被称为《春帆楼条约》。

《马关条约》共十一款，并附有"另约"和"议订专条"。其主要内容为清政府承认朝鲜是"独立"国家，不再与清朝有藩属关系；开放沙市、重庆、苏州、杭州四地为通商口岸，日本有权在这四地派驻领事官；将辽东半岛、台湾及其澎湖列岛割让给日本，赔付日本军费白银两亿两。

甲午战争的胜利，使日本获得了巨大的战争利益，尤其是清政府两亿两军费的赔款，使日本国库顿时充盈起来。日本将这笔巨额赔款的大多数用在发展军事上，使军事实力有了极大的提高，也使其一跃成为与西方列强平起平坐的亚洲强国。

中国的失败，则使中国半殖民地化的速度进一步加快，民族危机愈益深重，同时也促使中华民族日益觉醒，资产阶级维新运动和中国人民的反帝爱国运动迅速高涨。清政府也在更加艰难的处境下，开始实施新政，力图重振雄风。

第八章　无可奈何花落去

书生们的维新变法尝试

每当民族面临危亡之际，总有志士仁人挺身而出。比如康有为、梁启超、谭嗣同等。正是他们挺起了我们这个民族的脊梁，并绵延至今……

甲午战争惨败后，大清帝国与日本所订立之《马关条约》，引起了西方列强瓜分中国的狂潮。

首先是俄罗斯认为中国把辽东半岛割让与日本，使得日本势力横亘在前，对俄国极为不利，因而约同法国与德国向日本交涉，日本终因畏惧各国的势力而把辽东半岛退还给中国，但要中国增加赔款三千万两。

俄罗斯提出上述的交涉，表面似乎是在帮助中国，而实际却是不愿日本势力横亘在前而阻碍俄国向南扩张。但当时的清政府并没有意识到这一点，反而认为俄国是中国的朋友，所以联俄来制日。结果于1896年派李鸿章到俄国首都莫斯科，签订近似联防的密约。在这份密约中，中国准许俄国在黑龙江、吉林等地建造铁路至海参崴（今已成为俄罗斯领土，名为符拉迪沃斯托克市），而俄国就利用这点，成为日后侵略中国东北的跳板。

在《马关条约》签订后，俄、德、法三国以要求日本归还辽东半岛给中国有功为由，纷纷向中国索取报酬，英国本来没有参加此次事件，但同样以均势为理由要挟中国。

在此背景下，清政府被迫答应列强的要求。由此，俄国租借旅顺、大连二十五年，德国租借胶州湾九十九年，法国租借广州湾九十九年，英国则逼迫清政府将九龙半岛、香港附近大小四十几个岛屿以及大鹏湾等租借英国九十九年（1997年合约期满后已由中国政府收回）。

美国因忙于菲律宾事务而姗姗来迟。美国国务卿海约翰在列强发疯一般的抢夺之后，先后两次提出了著名的"门户开放"政策，强调维护中国领土与行政的完整与独立，但美国人的这一宣言，对大清帝国实际上的益处不大，如果非要说有，那也只是避免了各国在中国领土上的利益冲突，从而使清王朝拥有了一份令人啼笑皆非的安稳。美国人自己则于此宣言中大获裨益，从此与各国共享在中国的利益。

曾经自以为处于世界中央的天朝上国，至此已成为任人宰割的羔羊。

山河破碎，大清帝国命悬一线，变革自然又被提上了议事日程。

就在《马关条约》签订之时，适逢清政府三年一度的春闱会试结束之期。暮春时节，考试已毕。往年的这个时候，赶考的举人们无不呼朋唤友，连日吃酒，热闹非凡；可今年却大不一样，酒楼茶肆的老板们惊讶地发现，这一科的举人们全然无心作乐，而是各个面露凝重之色，整日匆匆忙忙，不知在忙些什么。

在宣武门达智桥胡同的杨椒山祠内，几百个举人正聚在一起，操着南腔北调，激烈地讨论着什么。在这些人中间，有一个30多岁的男子，看起来明显比其他人老成许多，此人并不说话，只是听着这些人的争论。

少顷，他才开口道："各位年兄年弟，都静一静。关于向朝廷上书这件事情，虽然各省举人都有去上，然而终究是各自为政之局，恐怕难以引起今上的重视。愚意以为，不若以十八省举人之名，联名上奏。我等都是国家抢才大典选出的天子门生，如此一来，庶几可以收到奇效啊！"

此言一出，顿时群情振奋。各种叫好之词、附和之语此起彼伏。此人面带微笑，顿了一会儿，举了举手示意大家安静下来，又说："若各位年兄年弟认为此策甚好，在下便斗胆提笔作文，还要烦劳各位共同署名，稍后由卓如送到都察院去。"周围的举子们又纷纷响应。

计策既然已定，这个男子也从一片壮怀激烈的气氛中慢慢地走出来，到后院去写上疏。只见他拂开宣纸，提起狼毫笔，饱蘸浓墨，用恭恭敬敬的楷体写下几个大字："上今上皇帝书"。他深呼了一口气，又继续写下去："具呈举人康祖诒等，为安危大计，乞下明诏，行大赏罚，迁都练兵，变通新法……"

这个人，就是在中国历史上留下了浓重一笔的康有为。

康有为，1858年3月19日出生于官僚地主家庭。丰衣足食的生活，使之自幼不为吃穿操心。优裕的生活条件，使他从小有机会读书学习。加之他出生在书香门第教育世家之中，有博览群书、受良好传统教育的条件。传统的忠孝之道与儒家说教，并没有使康有为拘泥于效法祖宗与圣人的框子里，当他从官舍里看到清政府发往各地官署的《邸报》时，知道了当今朝廷的腐败无能，初识了曾国藩、左宗棠等人从事洋务运动的一线希望。只有办洋务才能富国强兵的观念，在他的脑海中留下了深深印记，从这时起他已"慷慨而有远志"了。

1879年，年已21岁的康有为到香港作短暂游历，开始阅读西学书籍，三年后又到达上海，广泛求购西学书籍，阅读之后，深感"西人治术之有本"，因此他抛弃中国传统故见而大讲西学，开始产生仿照西方进行变法维新的要求。西学对康有为的巨大吸引力，引导着他向西方寻求救国救民之路；中国的社会现实——由于清廷的腐败导致对外战争一败再败，列强步步进逼，清廷妥协退让，国家民族处于危亡之中——这些都激励着他从沉默中奋起，为救国救民而斗争。

1895年初，已经36岁的康有为再一次来到了北京，第三次参加科举考试。这一次与他一起来的，还有梁启超。本来这只是一次普通的会试，然而，由于甲午战争的惨败。一切变得都不一样了。

战败后，清政府只能派出李鸿章赴日本签订和议。在和议中，清廷不但要赔付日方两亿两白银，还要将辽东半岛和台湾岛划归日方。当这一消息传回北京时，民声大哗，群情激奋。朝中的一些强硬派官僚，坚决拒绝签署这一和议，在他们的策动下，大批现任官员纷纷上奏，数量竟达到数百件之多。

这一消息对于刚刚考完试、坐待发榜的举子们来说更是晴天霹雳，他们本是国家栋梁，一个个都有揽辔澄清之志，对于这个丧权辱国的条约自然不能接受。不少台籍举子甚至痛哭流涕，写血书以明志。

康有为当即联络梁启超等数千名全国各地来京的举人，联名向光绪皇帝请愿，请求他拒绝批准《马关条约》。他还在请愿书中说，要使国家富强起来，必须"拒和、迁都、练兵、变法"——这就是历史上著名的"公车上书"。

"公车上书"虽然没能阻止光绪皇帝在《马关条约》上签字，可是，康有为的变法主张，从此传到了全国各地，康有为也成了维新派的领袖。

此后，康有为领导维新派创办了强学会等多个团体和《万国公报》等多种刊物，并与封建顽固派展开了激烈的论战。全国议论时政的风气逐渐形成，维新的思想开始深入人心。

就在德国强占胶州湾的消息传出后不久，康有为第五次赴京上书光绪皇帝，再次提出变法自救的强烈主张。这份上书虽未被允许送达光绪皇帝的手中，但其内容已在京城广为传播，并于1898年初被光绪皇帝知晓。光绪原本想召见康有为，但受到恭亲王奕訢阻拦，只好指派翁同龢、李鸿章等五大臣接见康有为。

不久后，不屈不挠的康有为又第六次上书光绪皇帝（即著名的《应诏统筹全局折》）。在这份奏折中，康有为引述当时波兰、埃及、土耳其、缅甸等国，由于守旧不变，遭到分割或危亡的险境，认为世界各国的趋势，"能变则全，不变则亡；全变则强，小变仍亡"。中国所以面临危亡，就是由于保守旧法不知变革所致。

作为一国之君，光绪皇帝本来就一心想改变国家贫弱的局面，于是决心接纳维新主张。1898年6月11日，光绪颁布由翁同龢草拟的《定国是诏》，变法运动正式开始。

此后，光绪根据康有为等人的建议，颁布了一系列变法诏书和谕令。

主要内容有：一是经济上，设立农工商局、路矿总局，提倡开办实业；修筑铁路，开采矿藏；组织商会；改革财政。二是政治上，广开言路，允许士民上书言事；裁汰绿营，编练新军。三是文化上，废八股，兴西学；创办京师大学堂；设译书局，派留学生；奖励科学著作和发明。

这些变法措施，目的在于学习西方的文化、科学技术和经营管理制度，发展资本主义，建立君主立宪政体，使国家富强。

如果这些措施真能施行起来，完全能够像日本的"明治维新"一样使中国也强大起来，然而可惜的是，光绪皇帝徒有皇帝之名，根本没有掌握实权，无法施行新政。并且这些措施损害了朝中守旧派的利益，所以他们上书慈禧太后，要求杀了康有为、梁启超等，停止变法。慈禧太后基于自身利益的考虑，决定把变法派一网打尽，同时逼迫光绪退位。

9 月中旬，光绪皇帝几次密召维新派商议对策，但维新派既无实权，又束手无策，只是向光绪建议重用正在天津小站练兵的工部右侍郎袁世凯，以对付荣禄等反对派。当月 16 日和 17 日，光绪皇帝两次召见袁世凯，给以嘉奖。18 日，康有为等人得到光绪"朕位且不能保"的密诏，深感局势紧迫，于是铤而走险，决定包围颐和园，控制居住其中的慈禧太后，并杀死慈禧宠臣直隶总督荣禄，而这一任务则被维新派委托在袁世凯身上。当天夜晚，谭嗣同进入袁世凯寓居的法华寺，将"围园劫太后"的计划告知袁世凯，并胁迫袁世凯动员新建陆军来实施维新派的计划。袁世凯不得已答应了维新派的请求，打发走了谭嗣同。20 日上午，袁世凯受到光绪皇帝召见，同日乘火车到天津。

9 月 21 日凌晨，慈禧太后突然从颐和园赶回紫禁城，直入光绪皇帝寝宫，将光绪囚禁于中南海瀛台。然后发布训政诏书，再次临朝"训政"。又下令捕杀在逃的康有为、梁启超，逮捕谭嗣同、杨深秀、林旭、杨锐、刘光第、康广仁等人。

9 月 28 日，谭嗣同等六人在北京菜市口被处死，所有新政措施，除 7 月开办的京师大学堂外，全部废止。至此，进行了一百零三天的维新变法宣告失败。由于这场变法运动发生于中国的农历戊戌年，因此又被称作"戊戌变法"。

中国历史上的变革大多以失败而告终，即有所成也是暂时的，局部的，但这些变革留给后人的经验教训却极其丰富。历时一百零三天的维新运动，看似以毫无结果的失败而告终，但它的意义——正面的和负面的——仍然不容低估。因维新运动的失败，清政府中较为开明有为的官员大多被流被贬，未被流贬的也受到压制而丧失了话语权，由此间接导致清政府于日后的义和团运动中，判断错误。又因维新之败，主张推翻帝制政府的革命代之而起，并发展迅速。于此无奈情势之下，几年之后大清政府的立宪、修律活动，只好重拾百日维新之章程。而更为深远的意义则在于，维新运动开中国近代思想启蒙之先河，中国思想史图谱自此发生变化。

元气几乎伤尽

当义和团运动蓬勃兴起的时候，腐败的清政府以为依靠这些自称"刀枪不入"的壮汉，可以好好地教训一下那些恃强凌弱的强盗们，没想到却搬起石头砸了自己的脚……

维新变法虽然已被扑灭，但光绪皇帝对慈禧太后的抵制和不合作让慈禧颇为不满，因此她动了废帝的念头。她打算故伎重施，待废了光绪皇帝后，再次找一个小孩子作为傀儡，来加以控制。

然而，自从戊戌变法以来，西方列强就一直对中国的政局保持着高度的关注。对于列强而言，保持中国政局的稳定，有助于他们更好地从中攫取权益，而皇帝的更换，无疑会使政局动荡。因此，戊戌变法刚刚失败时，英国公使窦纳乐就直截了当地向李鸿章警告，不可对光绪轻举妄动。在这样的压力下，慈禧虽有废黜光绪的想法，但也只能采取比较温和的手段，徐徐图之。于是慈禧决定不直接废黜光绪，而是先行为光绪立嗣，然后再伺机拥立新君即位。慈禧选中的皇储，是端郡王载漪的次子，15 岁的溥隽。

1900 年初，溥隽受诏入宫，被封为"大阿哥"（清代皇帝之子均称阿哥，皇长子称大阿哥），实际上就是立其为储。为了给大阿哥继位做铺垫，慈禧对外界宣布光绪病得很重。各国公使不相信，要求派法国医生进宫探病，慈禧坚决不允许，在各国公使的极力强求下，才答应把法国医生召进宫来，去给光绪看病。没想到，这位医生看完病以后对人们说："皇帝血脉正常，根本没有什么病。"

因此，册封大阿哥的决定遭到了所有外国公使的强烈反对。

大阿哥的支持者们，大失所望之下，心中不免有无限的愤怒，愈积愈烈的怒火，犹如爆发前的火山，一俟条件具备，便势难阻挡地喷薄而出。极好虚荣的慈禧太后，更是觉得颜面尽失，对洋鬼子的厌恶，遂转化成一种强烈的仇恨。

恰在这时，义和团运动如火如荼地兴起。

义和团原叫义和拳，参加者以农民、手工业者居多。他们平时在家里从事各自的生产劳动，在劳动之余，在一起练习武术。加入义和拳组织，需要履行一种仪式：练拳时要先跪在地上给师傅磕头，面朝南发誓，还要口中叨咕咒语。师傅告诉徒弟，只要按照这种方法练下去，就会练成"神拳"，能躲避枪炮的射击，刀枪不入，所向无敌。这种因对西方火炮的野蛮而产生的幻想迷信对当时无知的民众产生了很大的吸引力，人们纷纷加入义和拳的行列。在山东，由于德国军队入侵胶州湾，德国教会变本加厉地盘剥，教会势力不断扩张，横行乡里，鱼肉百姓，终于激起了大规模的农民反帝运动。

1898 年 10 月，山东冠县义和拳首举义旗，揭开了义和团运动的序幕。此后，各地的义和拳运动呈星火燎原之势，迅猛发展开来。这引起了清政府的极大恐慌，他们多次宣布义和拳为"邪教"，严加禁止。以袁世凯等人为代表的"主剿派"，多次派兵镇压、围剿。

然而，山东省先后两任巡抚张汝梅、毓贤，均属极端仇外人士。义和拳堪称他们在 19 世纪快要结束时一个伟大的发现。他们认为，义和拳追杀教民、攻打教堂，简直就是爱国主义的壮举。他们向朝廷建议，改义和拳为团练，以便控制，并将其更名为义和团。他们把义和团的拳民称为良民，默许他们设厂练拳，甚至还为义和团做了必要的政治策划，为义和团提出了"扶清灭洋"的政治口号，以便将来能向政府推荐而为政府所用。

由于义和团割电线，扒铁路，烧洋货，捣毁教堂，打传教士和教民，后来甚至发展到但凡沾上些洋气的人和事物，必欲除之而后快。这引起了各国的极大不安和反对。

在西方列强的强大压力下，毓贤被免职。然而他进京觐见慈禧太后的时候，却向慈禧太后和王公大臣们详述了义和团的好处，认为可以招安义和团收为己用。也许是他的"妙计"起到了作用，慈禧并没有过多降罪于他，而是把他换到山西当了巡抚。

由于光绪皇帝在戊戌变法中曾经寻求英美日俄等国的帮助，因此，团结在慈禧周围，反对变法维新的一般守旧派官僚本来就对洋人没什么好脸色，接着又赶上了"大阿哥事件"，这些大臣对这些西方国家粗暴干涉清廷内政的行为更是十分愤怒。再加上1897年以后列强掀起的瓜分中国的狂潮，清廷内部已经弥漫着一股十分强大的排外气氛了。

在这种情况下，毓贤的建议不啻于是给这些盲目排外的群臣打了一针鸡血。

而对慈禧太后本人来说，自垂帘听政以来，慈禧对洋人一直妥协退让、求和自保，以此来保持"安定"局势。但侵略者总是恃强凌弱，对弱者从未有过同情之心。由于侵略者步步紧逼，大清帝国的主权不断丧失，慈禧的统治地位也越发不稳了。面对这空前的威胁，慈禧必须维持自己的统治，她要寻找机会报复打击洋人。恰恰义和团就在这个时候爆发了，慈禧终于找到了反击洋人的武器。对此，她毫不隐讳地说："予四十年来，忍辱含垢，卧薪尝胆，以谋报复，如越王勾践之心，未尝一日忘之。予待洋人，不可谓不宽大，从前我不是请公使夫人到西苑游玩吗？现在全国一心，同仇敌忾，必能战胜无疑矣。"基于这种认识，慈

禧对义和团的态度发生了一百八十度的大转变，觉得可以大加利用。

但为了进一步摸清情况，慈禧还是于1900年6月5日派赵舒翘和何乃莹、6月6日派刚毅，去涿州"劝散"义和团，实为考察情况。结果刚毅的态度是"力言拳民可恃"，赵舒翘等也赞成采取招抚的措施。再加之载漪等官僚的鼓动，慈禧遂决定利用义和团，给那些可恨又可恶的洋鬼子一个教训。

就这样，在一大群头脑发烫的中枢政要的支持下，大批义和团于1900年的初夏进入北京。庄亲王、端郡王的王府，变成了义和团的神坛，就连于谦庙这样高雅圣洁的地方，也都成了拳厂。黄莲圣母被请进了政府衙门，平日里高高在上的官员，此刻却恭敬地叩头下跪；大阿哥白衣赤带，一脸英气，出任义和团总坛二师兄。义和团的人气之旺超乎寻常，成为当年北京城最为流行的时尚。上自王公卿相，下自倡优隶卒，几乎无人不团，纨绔子弟或游手好闲之人大量参与其间。以致时人记载说，北京街头，"头裹红巾之辈满目皆是，以致红布价格为之顿昂"。

恰在此时，有许多子虚乌有的谣言在京城不胫而走，比如说洋人医院挖小孩子眼睛制迷药、神父用特制器具吸男童阳精等。在谣言的蛊惑下，人们出离愤怒了。

于是，在1900年剩下的日子里，来自大清帝国的义和团壮士，开始了他们疯狂的举动。北京城内大部分教堂和洋楼被烧毁，数千家民居和商店被连带；许多传教士和外国人、中国教民被杀；平民百姓，商家富豪，甚至高官显要，只要发现与"洋"有关，即遭屠戮。

当时的德国驻华公使克林德于6月20日去总理衙门交涉时也被射杀，酿成著名的"克林德事件"。自克林德被杀之后，在北京的外国使馆便成为攻击的目标。

在此严峻情势下，大英帝国、美利坚合众国、法兰西第三共和国、德意志帝国、俄罗斯帝国、日本帝国、奥匈帝国、意大利王国，不顾清政府的阻拦，正式组建"八国联军"，由级别最高的英国军官西摩尔为统帅，美国军官麦卡加拉为副统帅，率军自天津向北京进发。

在局势紧张的情况下，慈禧太后连续召开御前会议，并最终作出了以武力阻止联军进京的决策，但以当时腐朽的清军，自然无法对抗外国的先进武器。

8月13日，八国联军进抵北京城下，8月14日凌晨，八国联军对北京发动总攻，并攻破东直门、朝阳门、东便门、广渠门等进入北京城，由甘肃提督奉调防卫京师的董福祥的甘军（所部士兵大多加入义和团）和义和团坚持抵抗，而此时的慈禧太后见势不妙，带领光绪皇帝、隆裕皇后等与部分王公、太监于15日晨出神武门西逃。八国联军继续进攻北京，经巷战后于16日攻陷北京。

八国联军攻入北京后，苦的自然又是无辜百姓。联军士兵竟获其将领准许公开劫掠三天，更令人发指的，是除抢掠之外尚有奸淫。当时北京妇女深恐被强奸而自杀者不可胜数。官吏中也有很多因曾支持义和团而畏祸自杀的，甚至有全家自杀者。其中的"要犯"、刑部侍郎徐承煜及尚书启秀被日军捕获，牵至刑场处决。

在八国联军攻入北京后，靠拜神烧香的义和团自非敌手，拳民纷纷弃红巾而逃。义和团运动自此失败。由于1900年是中国的农历庚子年，因此人们又将上述事件统称为"庚子事变"。

眼看除了议和一途，已别无他法，慈禧太后只好再派李鸿章与各国谈判。

由于列强"分赃"不均，和谈从1900年12底开始，一直拖延至1901年9月7日，方由李鸿章与德、俄、英、美、法、日、意、比、奥、荷、西十一国签订了所谓的"辛丑条约"，要点包括赔款白银四亿五千万两，分三十九年清偿，连利息共九亿八千二百余两。北京划定使馆区域，区内由使馆团管理，各国并得派兵驻守。毁大沽至北京间炮台，天津、北京、山海关之间的交通要道允许各国驻兵。从此，外国可以驻兵于中国的首都和其他要津，等于彻底地摧毁了中国的国防。而赔款连利息九亿余两，更使中国陷入更贫穷的境地。而慈禧太后对此事的态度是，只要外国不追究她，不逼迫她归政，便几乎是什么都肯答应了。

就这样，在光绪一朝，大清帝国历经几次中外战争的失败，再经义和团运动的折腾，可以说已经元气伤尽了。

"新政"在千呼万唤中姗姗来迟

当实在穷途末路的时候，以慈禧为首的大清帝国的统治者们，终于主动祭出了变革的大旗。然而，这个千呼万唤始出来的"新政"，来得实在太迟了……

就在八国联军兵临北京城下，慈禧太后带着光绪等人慌忙西逃的途中，迫于内外压力，慈禧不得以于河北宣化鸡鸣驿，用光绪皇帝的名义颁布上谕，承认"负罪实甚"，表示要"涤虑洗心"。1900 年 12 月 1 日到了西安后，又许诺要改变当前的政治状况，对"酿此大衅"，再次表示"痛自刻责"。

1901 年 1 月 29 日，慈禧太后再次用光绪皇帝的名义下诏说："世有万古不易之常经，无一成不变之治法……盖不易者三纲五常……而可变者令甲令乙，不妨如琴瑟之改弦……要归于强国利民而已。"也就是说要改弦易辙，向西方学习，取他人之长补己之短。接着，在该诏中又命督抚以上大臣就朝章国政、吏治民生、学校科举、军制财政等问题详细议奏。

这道诏令一下，舆论大哗，没想到慈禧太后竟然也要实行新政。一时间朝野内外之人各怀心事，关注着政局的进一步发展。毕竟此时与洋人的和谈还没结束，大清的未来还难以判断。

此后清廷又数次发布上谕，再三申明变法对清帝国的重要性。在当年 8 月 20 日颁布的上谕中还出现了这样的话："变法一事，关系甚重……朝廷立意坚定，志在必行。""尔中外臣工，须知国势至此，断非苟且补苴所能挽回厄运，唯有变法自强，为国家安危之命脉，亦即中国民生之转机。予与皇帝为宗庙计，为臣民计，舍此更无他策"。这再次说明了变法的重要性和推进变法的坚定决心。

晚清的第三次，也是最后一次变法运动——新政，就这样在众人惊疑不定的目光中开始了。

实际上，慈禧太后对于变法一事从没有一味反对，甚至一开始就采取了默认的态度，否则戊戌变法不可能在她眼皮底下发生。而且，虽然她扑灭了戊戌变法，但并未对变法的内容加以反对，只是对康、梁等维新派借助外国人的势力推进维新这一点甚为不满；但在百日维新失败以后，随着整个政局的极端保守化，变法一事就无从谈起。然而八国联军的入侵，将所有的保守派打得粉碎，这样维新变法的最后阻力也消失了，而且在洋人的步步紧逼下，慈禧意识到了只有从政治体制上也学习西方列强的那一套，才有可能和外国人"益加修睦，悉泯前嫌"。

当然，还有一个重要的原因是，在当时，包括孙文、黄兴等在内的不少革命志士主张以暴力革命推翻由满族人建立的皇朝及帝制，建立类似法国及美国的共和政体。而且，他们已经付诸行动，在海外成立了"中国同盟会"，提出了"驱除鞑虏，恢复中华，建立民国，平均地权"的宗旨，还组织了一次又一次以推翻清朝政权为目的的暴动。

在重重的压力之下，慈禧等人认识到，与其坐等孙文们通过暴力手段将皇权颠覆，不如循康、梁之道，再度变法。因此，当慈禧太后于西安回到京城之后，决心奋力一变，以求帝国生存之路。历史再度开了一个玩笑，几年前被她一手废除的各项新法，如今又因她的大力提倡而得以推行。

1904 年 6 月，在戊戌变法被整肃六年之后，大清帝国政府宽免了戊戌变法所涉人员。已革职者，开复原衔；通缉监禁及交地方管束者，一律开释。但是，康有为、梁启超二人不在赦免之列，此外，光绪皇帝也没有获得他本来就应该拥有的权力。年事已高的慈禧在这场被人们称为新政的变革中，步法还是有些陈旧而凌乱。

这场迟来的新政涉及的内容极为广泛，概括起来主要包括：兴学堂，改科举；改兵制练士兵，举办武备学堂；游学西方，考查西方政治；兴

办商务、矿务事业等。其中影响最大的政策，是废除科举。

我们知道，科举是指始于隋炀帝大业元年（605年）建立的考试任官制度。发展到明清时期，科举制已定型为具有童试、乡试、会试、殿试四级考试的国家"抡才大典"。第一级为考秀才的童生试。第二级为考举人的乡试。第三级为会试，会试在乡试后的第二年春天在京城贡院举行，参加会试的是举人，取中后称贡士，第一名称会元。第四级为殿试，殿试在会试发榜后的次月就举行，名义上是皇帝主持的考试，考策问。参加殿试者是贡士，殿试没有淘汰者，只是考出名次，取中后统称为进士。殿试分三甲录取，一甲赐进士及第，二甲赐进士出身，三甲赐同进士出身。一甲录取三名，第一名称状元，第二名称榜眼，第三名称探花。

从唐代至清末，科举制对中国古代的官僚政治、教育模式、文学风尚等各方面都产生了重大而深远的影响，进士在中国社会上具有崇高的地位。1903年，有位西方人士在《中国的三年大比》一文开头指出："文学才能在中国享有最高的声誉，政府官员都选拔自受过教育的人。'万般皆下品，唯有读书高'，这是读书人信奉的信条，在许多方面可以把它看成柏拉图理想的哲学原则的注释。"确实，在古代中国社会，体现公平竞争精神的科举制有利于文化的传播和教育的推广，有利于稳定社会秩序、巩固集权统治，并且在相当范围内促进了社会阶层流动，是适应当时社会的一种考试选才制度，因此，在晚清时期，当时一些学者也想当然地认为"终古必无废科目之虞"。

但是，经历过鸦片战争的冲击和甲午战争的震动之后，中国社会面临着"数千年未有之大变局"，科举制的生存环境也起了重大的变化，时光进入20世纪初，中国社会的变化愈加明显。

1901年6月，梁启超在《过渡时代论》中说："今日之中国，过渡时代之中国也。……中国自数千年以来，皆停顿时代也，而今则过渡时代也。……科举议变矣，而无新教育；元凶处刑矣，而无新人才；北京残破矣，而无新都城。数月以来，凡百举措，无论属于自动力者，属于他动力者，殆无一而非过渡时代也。"

经历过庚子事变的强刺激之后，以慈禧太后为核心的清王朝统治集团痛定思痛，也认为改革科举制势在必行。

1901年8月29日，慈禧太后发布上谕，规定从次年开始，乡、会试头场考中国政治、史事论五篇，二场考各国政治、艺学策五篇，三场考《四书》义二篇、《五经》义一篇，"以上一切考试均不准用八股文程式，策论均应切实敷陈，不得仍前空衍剽窃"。废止八股文、采用与社会实际有关的问题为考试题目，这是清末科举制度方面的重大变动。这些规定在清末最后两科考试中都得到了遵守，在1904年的会试与殿试中也体现出考试内容改革的精神。

此后，要求彻底废除科举的呼声越来越大，声浪日甚一日。包括袁世凯、张之洞等在内的实力派人士也多认为科举阻碍了新式学堂的兴起，希望朝廷采纳梁启超早先提出的"合科举于学校"的办法，逐渐以学堂来取代科举。

在此背景下，1905年9月2日，清政府正式废除延续了一千三百多年的科举制度，开始兴办新式学堂。到辛亥革命前，全国已经有六万多所新式学堂。

除了废科举、兴学堂，新政的另外一个亮点，是在法律上的突破。

起草于1906年，但在保守派的攻击下，迟至1911年1月才正式公布的《大清新刑律》，突破了诸法合体、民刑不分的中国传统法律体系，呈现出与旧刑律迥然不同的整体特征。尤其可贵的是，罪行法定、罪与非罪的界定、惩治教育、道德责任等现代刑法原则，在该法中均有所体现。比如：

法律无正条者，不论何种行为不为罪。

非故意之行为，不为罪，但应论过失者，不在此限。

凡未满十二岁人之行为不为罪，但因其情节得施以感化教育。

精神病人之行为不为罪，但因其情节得施以监禁处分。前项之规定于酗酒或精神病间断时之行为不适用之。

——出自《（钦定）大清刑律》

第八章　无可奈何花落去

同一时期制定的《大清民律草案》则"注重世界最普通之法则"，大量吸收近代先进法学理论和国际通行法则。

　　可惜的是，对于大清王朝来说，这些法律都来得太晚，有些未及颁布，有的虽然颁布了，但未及实施，这个庞大的帝国就一命呜呼了！虽然未能扶大厦之将倾，但清末修律将中国沿袭已久的旧式法律推上现代化的道路，并确立了此后中国一百年的法律走向，这或许就是它最后的意义吧。

　　为了更好地施行新政，1905年，慈禧太后听从袁世凯的意见，派遣"考察政治大臣"五人出使西洋，实地调查各国宪政情况。不过，五人刚到火车站就被革命党人吴樾以"自杀式袭击方式"炸死，此事只得推迟。半年以后，清政府又成立了"考察政治馆"，为立宪改革提供智力支持和理论依据。同时，考察政治大臣们分为两批再次出发了。半年之后，考察团先后回国，写成了大量文字报告，力陈立宪之种种好处。其中，几位满族亲贵也对宪政持拥护态度，这极大地影响了慈禧的决定。

　　1906年，慈禧太后颁布谕旨，决定"预备仿行立宪"。预备立宪的工作紧锣密鼓的准备了起来。第二年，将考察政治馆改为宪政编查馆，由奕劻亲自负责；又成立了资政院筹备处。与此同时，全国各地也纷纷成立立宪公会，准备迎接立宪。1908年，众人"望穿秋水"始出来的《钦定宪法大纲》和《逐年筹备事宜清单》终于颁布了，与此同时还颁布了"臣民权利义务""议院法要领""选举法要领"三个附录。文件中的君权色彩虽然仍旧浓得化不开，但也体现了三权分立的原则，对现代公民的权利和义务都做了规定和限制。文件还决定，第二年实行地方咨议局和中央资政院选举，并以九年的时间筹备宪法。从此以后，整个中国急速地走上了宪政国家的探索之路。

　　遗憾的是，就在这一年，光绪皇帝和慈禧太后先后去世，而后来的接班人未能忠实地执行慈禧的立宪政策，终于使大清这艘沉疴不起、积重难返的巨轮彻底翻了船。

诡异的死亡与疑窦丛生的死因

一百多年前，史上著名的"傀儡"皇帝光绪与统治中国近半个世纪的慈禧太后在不到二十四小时内相继死去。死亡时间的诡异与巧合，让人不免心生疑窦……

1908 年 11 月 14 日，是为光绪三十四年十月二十一日。这天，北京城一片阴沉，寒意陡起。傍晚时分，光绪皇帝在中南海瀛台涵元殿走完了他仅有三十八年的人生之路。从此，他的悲哀、不屈、抗争与屈辱，统统留给了后世，任由评说。

光绪死时，慈禧太后也病入膏肓。在神志尚清醒时，她召见王公大臣，传下一道懿旨，召摄政王载沣之子、年仅 3 岁的溥仪继位，是为大清王朝最后一个皇帝——宣统。

11 月 15 日午后，慈禧太后在仪鸾殿去世，享年 74 岁。

仅仅相隔一天，手握权杖的大清帝国两位最高统治者相继死去，引起国内外一片震惊，

由于两人的相继谢世不到二十四小时，加之光绪皇帝在戊戌变法后就被慈禧太后囚禁，于是人们对于光绪之死议论纷纷，提出各种各样的说法。传统的说法是，光绪皇帝是被慈禧或他人害死的。

由于慈禧临死前几天神志十分清醒，还为光绪提前指定了继承人，所以人们有理由怀疑光绪皇帝先于慈禧太后一天猝死并不是历史的巧合，而是慈禧在临死之前，自知自己将要不行了，害怕光绪在她死后会重掌朝政。于是，便在安排好储君后，派人将光绪害死。在恽毓鼎的《崇陵传信录》以及徐珂编写的《清稗类钞》中就持这种观点。

至于光绪皇帝是如何被人"害死"的，通常的说法主要有种。

第一种说法是"酸奶毒死"说。这一说法来源于著名的历史学家启功。据启功先生生前所说，他的曾祖父当时为礼部尚书。作为主管礼仪、祭祀之事的最高官员，在慈禧太后临终前，他要昼夜守候在她下榻的乐

· 183 ·

寿堂外。慈禧太后得的是痢疾，所以从病危到弥留的时间间隔得比较长。就在慈禧太后临死前一天，启功先生的曾祖父看见一个太监端着一个盖碗从乐寿堂出来。出于职责，他就问这个太监端的是什么，太监回答说："是老佛爷赏给万岁爷的塌喇。""塌喇"在满语中是酸奶的意思。光绪住在中南海的瀛台，之前也从没听说过他有什么急症大病。但送后不久，隆裕皇后（1889年经慈禧钦点被光绪立为皇后）的太监小德张就向太医院宣布光绪皇帝驾崩的信息。随后不久，这边就传出慈禧太后去世的消息。由此推测一定是慈禧太后命人在那碗"塌喇"里下了毒，毒死了光绪。

此外据一位名叫屈桂庭的医生说，他曾亲自为光绪皇帝治过病。他说在光绪三十四年十月十八日（1908年11月11日）最后一次进宫为光绪诊病时，发现光绪皇帝本已逐渐好转的病情却突然恶化，在床上乱滚，大叫肚痛。三天之后，光绪帝就去世了。

还有一个人的记载也可以印证屈桂庭的说法。当时因担任起居注官而能接近光绪的恽毓鼎，写了一部《崇陵传信录》（又名《光绪外传》），记录了光绪临死前的状况：光绪三十四年（1908年）秋忽然传出病重消息，召京外名医入宫诊视。诊脉时，光绪静静地把双手置案上，自己写出病情。入诊者都说光绪身体尚健。十月初十（11月3日），逢慈禧万寿节（生日），光绪出瀛台，替太后祝寿，有人看见他为准备跪拜而活动筋骨。十九日（11月12日），宫廷大乱，增加侍卫，稽查出入，传言光绪驾崩。次日，宫中恢复了宁静，午后，传载沣监国、溥仪入宫待命。二十一日（11月14日），皇后入瀛台探视，光绪早已气绝身亡。太后闻此，仅叹息几声。

在这则记录里，恽毓鼎实际上暗示慈禧害死了光绪。恽氏长期任起居注官，他的话具有一定的可信度。这些都更加证明了光绪有可能是被慈禧太后等人毒死的。

第二种说法是李莲英害死了光绪。据两位曾经长时期近距离接触过慈禧太后的英国人濮兰德和巴克斯在合著的《慈禧外记》一书中记载："皇帝殡天之情形及其得病之由，外人无由详知，唯藏于李莲英辈之心中。关于太后、皇帝同时而崩，北京城中，言人人殊，然欲查其原因，则实毫无线索。但日处忧城之中帝，一旦再操大柄，自为李莲英辈之不利。可以断言，当日颐和园中之事，或为太后所不及知者。据当时目击者论之，此亦情势所可有。"也就是说慈禧太后的亲信太监李莲英等人，平日里狗仗主势，经常中伤和作弄光绪皇帝。他们怕慈禧太后死后光绪再操权柄，会不利于他们，所以就先下手为强，在慈禧太后将死之前，先将光绪害死。这一说法同时为德龄所写的《瀛台泣血记》等书所认同。

曾在宫中长期担任女官的德龄在其著作中，曾明确地指明正是李莲英下毒害死了光绪。她的书中写道："李莲英眼看太后的寿命已经不久，自己的靠山快要发生问题了，便暗自着急起来。他想与其待光绪掌了权和自己算账，不如自己先下手的好。经过几度筹思，他的毒计便决定了。""近来奴婢听许多人说，万岁爷的身子很不好"……"奴婢愿意瞧瞧他看，或者可以使他的身体好起来"……"就在李莲英说过这一番话的第二天，光绪便好端端地也害起很厉害的病来……只有光绪自己心里是明白的，他料定必是给李莲英在饮食里下了毒，存心要谋杀他。"

此外，还有人认为是袁世凯毒死了光绪皇帝。袁世凯在戊戌变法时辜负了光绪的信任，在关键时刻出卖了皇上。袁世凯担心一旦慈禧死去，光绪重新掌权，自己将死无葬身之地。于是便借进药的机会，暗中下毒，将光绪毒死。这种说法，在当时宫内太监中间流传很广，"末代皇帝"溥仪在《我的前半生》一书中就记载了这一说法，说："光绪皇帝在死的前一天还是好好的，只是因为用了一剂药就坏了，后来才知道这剂药是袁世凯使人送来的。按照常例，皇帝得病，每天太医开的药方都要分抄给内务府大臣们每人一份，如果是重病还要给每位军机大臣一份。据内务府某大臣的一位后人告诉我光绪皇帝死前得的不过是一般的感冒，他看过那些药方，脉案极为平常，加之有人前一天还看到他和好人一样站在屋里说话，所以当人们听到光绪病重的消息时都很惊异。更奇怪的是，病重消息传出不过两个时辰，就听说已经'晏驾'了。"由此可见，溥仪认为是袁世凯毒死了光绪帝。

上面的这些说法，都是言之凿凿。

还有一本叫《清宫琐谈》（清宫太监回忆录）的书则说光绪实则死于饥饿。这本书中说，光绪本无大病，诸医开方皆以平和之剂为药，然而，太监们在光绪死前已得到光绪驾崩的消息。当时，在瀛台侍疾者共六名，其中两人饿死，剩下几人食不果腹，"因饿失血者又凡三人"。光绪死前，在床上召唤医生周某，"他两眼瞪大，四次用手指口，周某知帝饿急，但实在是没有吃的，就连他本人也三天未进食了。后来，光绪便渐无声息了。不久，醇亲王入见，周报告说皇上已去世，醇亲王用镜子试皇上气息，确信其已死亡，于是匆匆而去。一会儿，皇后赶来探视，随后便把皇上驾崩的消息公之于世。"

在上述说法里，究竟哪种说法的可信度更高一些呢？让人实在难以辨别。

20世纪30年代，光绪皇帝的陵墓被军阀孙传芳炸开，后来有人对光绪皇帝的遗体进行过研究，却并未发现中毒的成分。那么，光绪究竟是怎么死的呢？想弄明白这个问题，就需要对光绪病案进行深入系统的研究。

前些年有学者通过分析档案馆所藏的清宫脉案中光绪皇帝的病案，发现光绪皇帝自幼多病，且有长期遗精病史，身体素质甚差。光绪自己所写的《病原》中也说："遗精之病将二十年，前数年每月必发十数次，近数年每月不过二三次，且有无梦不举即自遗泄之时，冬天较甚。……腿膝足踝永远发凉……稍感风凉则必头疼体……其耳鸣脑响亦将近十年……腰腿肩背沉……此病亦有十二三年矣。"

光绪成年以后，依然是经常生病，据光绪二十五年（1899年）正月初二的《脉案》记载："皇上脉息左寸关沉弦稍数，右寸关沉滑而数，两尺细弱，沉取尤甚。面色青黄而滞，左鼻孔内肿痛渐消，干燥稍减，时或涕见黑丝……进膳不香，消化不快，精神欠佳，肢体倦怠……下部潮湿寒凉，大便燥结，小水频数，时或艰涩不利等症。本由禀赋虚弱，心脾欠虚，肝阴不足，虚火上浮，炎及肺金，木燥风生而动胃火使然。"

光绪三十四年（1908 年）三月初九，御医曹元恒在《脉案》中写道："皇上肝肾阴虚，脾阳不足，气血亏损，病势十分严重。"

看来光绪皇帝的病并非是一日所得，而是从小就留下了病根子，并逐渐变得越来越严重。据曾经为光绪皇帝看过病的江苏名医杜钟骏说："我此次进京，满以为能够治好皇上的病，博得微名。今天看来，徒劳无益。不求有功，只求不出差错。"由此可见，其实医生们早就料定光绪的病早已是不治之症，并非是野史上所说的光绪皇帝平时没有得病的迹象，突然暴死。按照《脉案》的记载，光绪应该是久病而死。

当然，《脉案》也并非没有伪造的可能，不过相对于野史笔记来说，它的可信度应该是更高一些。

那么人们不禁又要问，光绪究竟是因何病而死的呢？用现代医学来分析，光绪皇帝主要是因肺结核、肝脏、心脏及风湿等长期慢性消耗性疾病，导致了抵抗力的下降，出现了多系统的疾病。其直接的死亡原因，可能是心肺功能的慢性衰竭，合并急性感染所造成。从光绪亲书的"病原"及其"脉案"所载的病因病状及死状来分析，他自病重至临终之时，其症状演变属于进行性加剧，并无特殊异常症状出现，既无中毒或其他伤害性的征象，也没有突然性暴亡的迹象，应该是属于正常的病亡，并非慈禧太后或他人加害。

但是，就算如此，也应当指出的是，对于光绪之死，慈禧仍然脱不了干系，而且有可能是最大的"元凶"。我们知道，光绪的心理健康从小就受到戕害。他 4 岁进宫，远离亲生父母，慈禧太后虽是他的亲姨妈，但对他的管束却非常严厉，不仅要他严格遵守各项宫廷礼节，还动辄严词训斥，使他从小就倍感孤独，对慈禧太后异常恐惧，见了面如同老鼠见了猫，惶惶不可终日，精神上压抑苦闷，非常人可比。戊戌变法失败后，光绪被囚禁在瀛台，不仅失去了自由，还受到慈禧太后的多方凌辱折磨，一度甚至想将他废掉。光绪终日惊恐，又无可奈何，曾哀叹道："朕并不如汉献帝也！"在这种长期的急怒惊心的处境下，光绪终于精神崩溃，旧病复发，日趋沉重，再也未能康复。现代医学早已证明，对一个人心理的伤害有时远大于对其身体的伤害，因此可以说，慈禧太后的精神折磨其实才是致光绪皇帝于死地的主要病因。

时间推进到2008年11月7日，《人民日报·海外版》推出一篇报道说，清西陵文物管理处曾于1980年对光绪及隆裕皇后的棺椁进行过清理封存，并将两人的头发存放在库房里。后经检测发现，光绪头发有两处砷含量明显异常，最高值竟是现在普通人的两千四百多倍。和同时代的隆裕皇后相比，也是她的二百六十多倍，应属中毒。

研究过程中有人提出，光绪生前长期服用中药，会不会是长期服药造成的慢性中毒呢？但通过与慢性砷中毒者的头发对比，结果显示光绪的头发上最高含砷量是慢性中毒患者最高含量的六十六倍，且砷分布曲线与慢性中毒者迥异。研究人员认为，如果是慢性中毒，发根部位砷值会比较高。但光绪的头发是发梢比发根要高，所以肯定不是慢性砷化物中毒。

那么，光绪头发上高含量的砷究竟从何而来呢？

为了弄清这一问题，研究人员对光绪棺椁内外的环境、衣服、遗骨进行了检测，结果发现，环境样品中的砷含量远低于光绪头发的砷含量，从而排除了环境污染的可能。

研究人员又用小白鼠做模拟实验，发现光绪头发、衣物等遗物上的砷化物由砒霜生成。研究人员由此得出结论，光绪死前摄入的是砒霜。也就是说，光绪系砒霜中毒死亡。

这一下，问题又来了，若果真如此，那又是谁给光绪下的毒呢？

看来，有关光绪皇帝死亡的原因，还仍然是一个待解的谜。

帝制，从此成为历史的尘埃

武昌起义的隆隆炮声，让早已奄奄一息的大清王朝终于咽下了最后一口气。从此，中国历史走入了另一个时代……

随着光绪皇帝和慈禧太后的相继故去，继位的宣统皇帝年幼无知，他的父亲、醇亲王载沣理所当然地成为摄政王。

此后，经过几年的争权夺利，以载沣为首的满族少壮亲贵集团在朝廷中占了优势。总理各国事务衙门大臣奕劻虽仍为首席军机大臣，但政事全听命于载沣。

此时，中国国内革命党人的活动已经越来越频繁，革命的火种已越烧越旺。面对越来越严峻的国内革命形势，清廷内部立宪组阁的呼声越来越高。有鉴于此，载沣于1909年3月，下诏重申预备立宪，令各省"切实筹办宪政"，务必在当年成立谘议局，这种致力立宪的姿态，使一部分立宪派对载沣及宪政产生了极大的幻想，纷纷表现出极大的热情，投身于各省的宪政运动中。

1911年5月，载沣以监国摄政王的名义任命庆亲王奕劻为第一届内阁总理大臣，组织责任内阁，而将原有的军机处及旧内阁均予裁撤，以显示实行宪政的决心。但好景不长，6月25日清政府出笼的新内阁名单人选中，汉族官僚四名，满族人九名，其中皇族又占五人，被讥为"皇族内阁"。至此，清政府借"预备立宪"欺骗国人的行径完全暴露，立宪派的幻想随之破灭，民主革命更加高涨，武装起义此起彼伏。各种迹象表明，清王朝的历史已经走到了尽头。

丧钟首先在黄鹤楼畔敲响……

1911年5月，清廷颁布了"铁路国有"法案，宣布将此前商办的所有铁道收归国有。这激起了民众的不满，正在修建中的渝汉铁路的各股东更是愤怒不能自已。四川很快成立了保路同志会，并掀起了骚乱。清廷为了镇压保路风潮，派遣原本驻扎在武昌的渝汉铁路督办、钦差大臣端方率兵入川。这样一来，湖北的清军力量顿时被削弱，从而为武昌起义提供了机会。

1911年9月14日，湖北的两大革命团体共进会和文学社举行联合会议，决定成立起义机构，确定中秋节起义，推举蒋翊武为临时总司令，孙武为参谋长。

　　但是，正在这关键时刻，却发生了意外。10月9日，孙武等人在俄国租界的宝善里制造炸药，不料却意外发生了爆炸，引来了俄国巡捕，将炸药、起义旗帜、名册、文告、盖印纸等物搜洗一空。

　　起义计划至此已经暴露。是坐而待毙，还是死里求生呢？革命党人选择了后者。紧急会议决定当晚12点起义；以南湖炮队的炮声为号；工程营第八营占领楚望台军械库；其他各营分别占领蛇山、凤凰山、黄鹤楼、青山等制高点，并扼守武胜关，进攻总督衙门。

　　当天夜里，蒋翊武、刘复基、彭楚藩等在指挥所里焦急地等待消息，却不幸被捕。10月9日晚准备起义的计划失败了。但是工程第八营的总代表熊秉坤却秘密联络同志，决定10月10日下午3时上晚操之际发动起义。但午后营中长官宣布晚操停止。熊秉坤等又约在晚间第一次点名之后、第二次点名之前的19点钟准时起事。

　　起义按时进行。熊秉坤率四十多人击毙了营中不合作的长官。不久，又毫不费力地拿下了楚望台军械库。起义军自命湖北革命军，集合了各地的新军约三千人，随即进攻武昌城，攻破湖广总督衙门。

　　武昌城自古为战略要地，易守难攻，其北为山后，南为山前。山前较广，东南为城内军兵驻地，西南为清总督府。总督衙门西面靠近城墙，一面同第八镇司令部隔街相邻，周围皆是一丈多高的城墙。正面的巷道狭窄，进攻兵力难以展开。

　　攻势开始时并不顺利，处于僵持状态。清军以机枪扼守阵地，起义军前进受阻。

　　此时，位于武昌南城外的"炮八标"，按起义总指挥部的指示也开始起事，当时炮八标约有一千七百余名士兵，携带有数门大炮。随着炮八标的入城，起义军火力大增，放炮猛轰总督府、第八镇司令部等要地。起义军攻势如潮，湖广总督瑞澂见大势已去，便带领家小仓皇逃命去了。

　　激战一夜，起义军终于占领武昌城。第二天，武昌已经变成别样的世界，一面红底的十八星大旗在黄鹤楼上飘扬，城里到处都是臂缠白巾的革命军。

武昌起义就这样取得了胜利。由于 1911 年是中国旧历辛亥年，人们又把武昌起义称为辛亥革命。

武昌起义的隆隆炮声，如阵阵春雷，震醒了神州大地。在随后的不到两个月的时间里，全国半数以上的省区已经宣布独立。各省的起义和独立汇合成巨大的革命洪流，清朝的统治土崩瓦解。全国革命的迅速发展，迫切要求建立统一的革命政权，改变各省独自为政的状态，巩固和发展已经取得的胜利成果。

12 月底，长期在国外领导反清革命的孙中山回到上海。由于孙中山的崇高声望，各省革命党人大都主张推举孙中山为临时大总统，立宪派和旧官僚也认为孙中山堪称总统的最佳人选。12 月 29 日，各省代表在南京举行会议，正式选举孙中山为中华民国临时大总统。

1912 年 1 月 1 日，孙中山从上海乘专列到南京赴任。当晚，孙中山宣誓就职；中华民国临时政府成立，以 1912 年为民国元年；选举黎元洪为副总统；通过孙中山提出的各部总长名单；成立临时参议院作为立法机关；规定南京为中华民国临时政府所在地。中华民国临时政府的成立，标志着中国历史上第一个资产阶级共和国的诞生。

然而，蓦然间成为中华民国"国父"的孙中山深知，此时的中华民国尚且空空如也，仅有简陋之极的架构而已，至关重要的军事和财政力量还相当薄弱。孙中山本人，用当时人们调侃的词汇，是为"伞兵司令"，手中并无一兵一卒。民国的军事力量皆掌控于各省都督之手，这些力量断非袁世凯北洋部队的对手。

随后，孙中山与袁世凯秘密协商，承诺若袁世凯逼清帝退位，就让位袁世凯继任大总统。

和孙中山谈妥后，袁世凯觐见隆裕太后和宣统皇帝。袁世凯跪在地上，毕恭毕敬，装出一副悲伤的样子，假惺惺地挤出几滴眼泪说："海军尽叛，天险已无，何能悉以六镇诸军，防卫京津？虽效周室之搬迁，已无相容之地……"

袁世凯的言外之意是请宣统皇帝退位。当时的宣统仅是个 6 岁的孩子，当然不能明白，主事的隆裕皇太后心里知晓，眼泪流了出来。她擦了擦眼泪说："大清天下断送在我们手中，我们愧对祖宗啊！"

袁世凯叹了一口气说："皇太后不要过于伤心，世事变迁，不能由太后一个人承担责任，俗话说，'识时务者为俊杰'……"

没待袁世凯没说完，隆裕皇太后急忙追问："如若退位，那民国将如何待我们？"

袁世凯说："紫禁城前边的三大殿归民国，皇上、皇太后等一切尊号不变，仍住在乾清门后的宫室，所有皇室财产仍旧归自己所有。这些优待条件鄙臣均已拟定好，请太后过目。"

说着，袁世凯从口袋中取出几张纸，递给隆裕太后。隆裕太后接过纸，只见上面主要写着如下内容：其一，大清皇帝辞位之后，尊号仍存不废，中华民国以待各外国君主之礼相待。其二，大清皇帝辞位之后，发银四百万两，俟改铸币后，改为四百万元。此款由中华民国拨用。其三，大清皇帝辞位之后，暂居宫禁，日后移居颐和园。侍卫人等，照常留用。其四，大清皇帝辞位后，其宗庙陵寝，永远奉祀，由中华民国酌设卫兵，妥慎保护。其五，光绪皇帝未完工之陵墓，仍旧按原计划修造。所有经费，均由中华民国支出。其六，宫内原有各项人员，照常留用，但以后不允许再招进太监。其七、中华民国保护大清皇帝之私有财产。其八，原有禁卫军，由中华民国陆军部管理，俸饷如旧。

看罢纸条，隆裕太后不禁抽泣呜咽了一阵，然后一把将宣统皇帝搂在怀里，轻轻地说了一句："可怜我们孤儿寡母……"

1912年2月12日，隆裕太后宣布接受清室《优待条件》，发布《逊位诏书》，宣布清帝退位，并授权袁世凯组织临时共和政府。至此，大清帝国正式终结。

这是一个久远历史的终结，此时，距离秦始皇第一次提出"皇帝"这个尊号，已经过去了两千一百三十三年。从此，中国历史走进了另一个时代……

第九章　大清王朝的世俗百态

清初帝王死后为何均化作青烟而去

中国古人讲究"盖棺论定","入土为安",对皇帝来说更是如此。可是,奇怪的是,清朝初年的几位皇帝却将自己的尸身化作一缕青烟,进行了火葬……

所谓"火葬",是一种处理尸体的方式,具体而言就是用火将尸体烧成骨灰,然后安置在骨灰瓮中或埋于土中或撒于水中等。印度教、佛教盛行火葬,伊斯兰教和基督教则盛行土葬。自从20世纪开始,随着世界人口的快速增加,火葬在世界各地得到提倡,以节约稀少的耕地。目前,我国也大力推行火葬。但是,我国的火葬形式并非始于当代。

关于火葬风俗的起源,《辞海》《辞源》都称始于佛教,最早盛行于古印度,是魏晋时期随佛教传入中国的,在宋朝时已流行开来。有宋一代,火葬较盛,在一些笔记野史中,此种记载屡见不鲜。但是,在讲究"盖棺论定""入土为安"的古代中国,传统的丧葬法仍为土葬。尤其是宋代理学大盛后,正统思想抬头,注重风俗教化,各朝官府均明令禁止火葬。因此,火葬不过是"陪衬品"而已,只在民间略有施行,难及皇亲国戚,更不必说"唯我独尊"的皇帝了。因为,皇帝就是皇帝,就是死了,也应当"金身"完好,高棺大椁,秘不示人,深埋于墓穴中,岂能焚于一炉。

不过,凡事皆无绝对,在清朝初年,还真有几个皇帝在死后让自己

的龙体化作一缕青烟的。这首当其冲的就是皇太极。

皇太极于明崇祯十六年（清崇德八年，1643 年）八月初九，突然暴死于沈阳皇宫清宁宫。因为天气太热，死后的第二天晚上，尸体就被放到了棺材中，梓宫停放在沈阳故宫的崇政殿内。九月二十一日，又将梓宫迁到沈阳城北的昭陵。当时没有另外新建陵墓，只是在昭陵上面新建了殿宇暂时安放棺材，并没有安葬入土，也没有进行火化。因为清朝的丧葬习俗是在没有新造好坟院以前，要停丧于家，造好坟墓，才能出殡。

一年以后，清朝为皇太极举行第二次安葬祭礼。章京、尚书、内大臣等百官守护着棺舆从昭陵中间的大道走出来，和硕郑亲王济尔哈朗侍奉了小皇帝顺治并率百官跪在地上，进献三爵酒、默哀。皇太后和所有的妃子也默哀进行悼念。这之后，大家就"恭捧宝宫安奉"。不过，记录清朝历史的史书如《清世祖实录》、《大清会典事例》都没有明确谈到皇帝尸体火化的事情，但"宝宫"却是入土了。那么，皇太极的尸体是否被火化了呢？

我国现代史学大师陈垣（1880 ~ 1971 年）认为：是否火化，关键要看一年前的"梓宫"到了一年后为啥变成了"宝宫"。他认为梓宫和宝宫大有分别，放尸体的叫梓宫，而宝宫所藏的必非梓宫原来放的尸体，而是尸体焚化后的骨灰。所谓宝宫，其实就是一个灰罐，在帝王家称为宝宫。所以 1644 年下葬的，其实是一个骨灰罐。

在康熙年间编修的《顺治实录》中也谈到皇太极的葬礼，说当时是"以国礼焚化大行皇帝梓官"，意思是说连棺带人一齐火化了。

顺治十八年（1661 年）正月初七，皇太极的儿子顺治帝驾崩。四月十七，即顺治帝死后一百天，康熙皇帝到他的梓宫前"行百日致祭礼"。一年以后的正月初七，康熙再次来到顺治的宝宫前"行期年致祭礼"，进行周年纪念。这时的梓宫也变成了宝宫，说明已经火化了。第二年的四月，康熙亲送顺治帝的宝宫到孝陵安葬。

不但顺治帝自己被火化了，而且他最亲爱的董鄂妃死后也是被火化的。外国传教士汤若望记载道："按照满洲习俗，皇后、皇妃的尸体连同棺椁，并那两座宫殿，连同其中珍贵陈设，俱都被焚烧。"董鄂妃住在东六宫的承乾宫。这样推说，不但董鄂妃尸体要被烧掉，就连承乾宫也同时被烧。焚烧尸体的地点，汤若望说是在故宫北面的景山，时间是存"三七"，也就是死后的二十一天。有个和尚当时为董鄂妃写了一偈："出门须审细，不比在家时。火里翻身转，诸佛不能知。"这也说明她死后是被火化的。

不但皇太极自己和他的儿子顺治帝死时火化，据说他的父亲死时也有可能是火化的。《清圣祖实录》说皇太极改造富陵地宫后，"安奉太祖高皇帝宝宫"，即对其父努尔哈赤的骨灰罐进行安葬。皇太极的弟弟多尔衮死后也是火化后入葬的。而且，即使公主死了，也要火化处理。皇太极第四女固伦雍穆长公主死于康熙十七年（1778），今天考古发掘仅发现她的骨灰而没有遗体。其他清初一些贝勒墓中，也是没有棺椁而仅有装骨灰的瓷罐。

让人不解的是，清初这几位皇帝及其亲人死后为什么要实行火化呢？

其实原因很简单，这不过是他们沿袭了女真民族的习俗而已。雍正皇帝曾说："本朝从关东发迹南下，靠了军事力量到处作战，迁徙无常。父母亲死了以后，弃之不忍，携之不能，所以只能用火化。"整个民族总在迁来搬去，对父母亲遗体处理的最好办法当然就是火化，带着骨灰既方便，也表达了思念之情。努尔哈赤时代的老百姓死了，第二天就在野外焚化，而到皇帝自己死了，也觉得这种方式很好。康熙以后，清朝统治稳定了下来，满族人大多迁往汉地，并且受到了汉人土葬的影响，才渐渐改变了火化方式。康熙以后的皇帝不再火化，一律改用土葬，并且下令百姓死后也一律禁止火葬，如果仍要这样做，就要按违反法律处理。

因此，自康熙开始，从满族到汉族、从上到下无不实行土葬，满族古老的火葬习俗方才基本被革除。

形形色色的考试作弊

　　根据媒体的报道，近年来，高考作弊现象屡有发生，有关部门也进行了卓有成效的打击。实际上，考试作弊现象古已有之……

　　在我国历史上，科举考试曾是封建社会选拔官吏的主要手段，许多人尤其是下层知识分子只有通过这条异常狭窄的独木桥，才能跻身社会上层。有人皓首一生苦读"圣贤书"，也有人铤而走险，致力于走"捷径"，致使科举考试时，作弊之风泛滥。有清一代也不例外。

　　当然，任何一个朝代也都会大力整顿考场作弊之风。清朝时，为了防范科举考试作弊，当时的官府也采取了许多措施。比如以清朝的乡试为例。当时的乡试每三年一次，时间是八月。每次考三场，每场考三天。第一场是八月初九，第二场是八月十二，第三场是八月十五。地点在省会的贡院。京师、山东、江南（康熙六年分为安徽、江苏两省）、浙江、江西、福建、山西、河南、湖北、湖南、广东、广西、四川、云南、贵州、甘肃、陕西各有一所。围以高墙，种植荆棘，故当时的贡院又名"棘闱"。上面是否还装有今日常见的尖尖玻璃渣或铁钉不得而知。贡院内有监视考生考试的明远楼，贡院的两旁是考生住和考试的号舍，一人一间。号舍高六尺，深四尺，宽三尺，只容一人起坐。这也就基本等同于在"看守所"里考试。要想自由出入，除非你练有绝世轻功。

　　考场有极严格的搜检制度和监考制度。考生手提装有食物、蜡烛、笔墨的篮子进场。入场时首先要点名识认，防止冒名顶替。查检严格，设两门查检，两人搜检一人。考生要打开被褥，脱帽，散发，脱鞋，解衣，据说连内裤都不放过。乾隆时还规定，考生的衣裤、帽子、袜子都是单层，糕饼要切开，砚台不许过厚，衣缝拆开，鞋底单层。搜身后，领卷按号入闱。监考人员逐一核对考生的年龄相貌。写有考题的题纸由监临、知贡、提调等官员分发到号舍。考生入号舍后即封门、查号。每号都有号卒看守。墙外日夜有人巡逻。至此，就算你真练成了绝世轻功，想要偷看"同桌的你"是如何答卷的，都是不可能的。

然而，虽然人们常说"魔高一尺，道高一丈"，但有时候也难免"道高一尺，魔高一丈"。在整个清朝时期，科举考试作弊现象仍然络绎不绝。

那么，作弊现象究竟是如何产生的呢？

其实方法有的是。

比如夹带。这个很多人都懂，也就是将与考试内容有关的材料带入考场。为了防范检查，考生通常把作弊材料用蝇头小楷抄在衣服里层，或抄在纸上，放在竹篮、酒罐或靴里。如果当时的检查如上所说那般严格而认真的话，有的人就干脆买通监考的差役，公然带进考场。这种情况在同治朝之后尤多。

根据媒体的报道，2005 年 9 月 28 日，曾在天津发现了一套完整的清朝考试作弊工具。这套作弊工具共九卷本，均长 4.5 厘米，宽 3.8 厘米，厚 0.5 厘米。每卷本内约有十余篇文章，共十多万字，并配有一双可藏匿卷本于鞋内底层的加厚底男布鞋，做工之精细让人称奇。更让人称奇的是，卷本内文字约有 1 毫米见方，通过牛角刻版印刷而成，可见当时夹带手段的高超，并已形成规模。

代考也是一种常用的作弊方法。代考又称假手，亦即我们现在所说的"枪手"。它又分为替名入试和就院假手两种。替名入试是指代替别人考试，替考者入场考试，被替者不入场。就院假手和替名入试方法差不多，但是替者和被替者都入场考试。如甲乙两个考生，甲替乙考试。考试的时候甲乙两人同时入场考试。但是甲的试卷写上乙的名字，乙的试卷写的是甲的名字。采用这种方法往往是甲有才但是无钱无势，乙有钱有势但无才。史载光绪九年（1883 年）举行的科举考试中，有人托浙江举人马星联代考，马星联说："给我八百两银子，我包你得第一名。"发榜后那人果然得了第一。可见代考这种作弊方式在清朝并不少见。

还有一种更"高级"的作弊方法是合谋。也就是考生向考官行贿，送上自己的字体，或在考卷中做记号。史载在一次科举考试中，某科诗题为《所宝惟贤》，考官与考生商定以"水烟袋"三字散见诗中以为关节。

考生在卷子里写道："烟水潇湘地，人才夹袋储"，考官就会轻易地认出试卷，判为佳作。

由于科考事关社稷的稳定和国运的兴衰，因而清朝时期对科考作弊者的惩罚十分严厉。

比如，清政府规定，凡是临场代考、冒名顶替、挟带小抄书籍、抄袭他人、传纸条、不按座位号就座或者喧哗不止的，一经查出，立即由负责考场安全的官员带上枷锁在考棚外示众。一个整天学习礼义廉耻的读书人在众学子面前带枷示众应该说是一种非常丢人的惩罚。倘若案犯牵扯两地，本地枷号示众之后还要到另一地枷号示众。秀才一旦违犯考场纪律，秀才的称号也将会立即被革除。对于冒名顶替、重金雇佣"枪手"等作弊情节恶劣者的惩罚是发配充军（介绍的人也要一起治罪），先枷号三个月，再发配边关荒凉地区充当苦差。人到发配地以后杖一百，折四十板，在面部刺"烟瘴改发"四字。如此惩罚，已与命案要犯相差无几。

然而纵然如此，清朝时期的科举作弊案仍层出不穷。

顺治十四年（1657年）顺天乡试，同考官李振邺等受贿，录取行贿者田耕与邬作霖为举人。顺治皇帝指示吏部、都察院会审。结果李振邺、陆贻吉（行贿者）、田耕等七人立斩，七家老幼家产籍没入官，妻子儿女百余人流放到尚阳堡（今辽宁开原东），另有二十五人受牵连，也被流放。

与此同时，江南乡试也曾发生严重舞弊现象。主考官方猷、副考官钱开宗与同考二十人录取一百二十名举人。其中很多是通过打通关节录取的。事情因一部《万金记》泄露。"方"去一点为"万"，"钱"去右半为"金"。"万""金"指两主考官和副考官。顺治闻之，令将两人与同考杀头，妻子家产籍没入官。

康熙朝的科考作弊案也不少。康熙三十八年（1699年）顺天乡试，正副考官修撰李蟠、编修姜宸英营私舞弊，受贿或凭关系录取举子。工部尚书熊一潇为儿子熊本，左都御史蒋宏道为儿子蒋仁锡能够中式而"直献囊金满万"。熊本只14岁，他们就由魏嘉谟为他代笔三场。督捕右堂刘国黼考前几天晚上跟姜宸英、李蟠打了"招呼"，他的儿子就中了。考场正门没打开，题目就已有人知道了；还没放榜，状元就预报了。此事闹得沸沸扬扬。康熙听说后说："此科考试不公已极，且闻代倩（代考）之人亦复混入，着将举人齐集内廷复试。"经过复试，原来中举的人落第的不少。最后姜宸英被逮捕下狱，死在牢中，李蟠被流放。

康熙五十年（1711年）顺天乡试。试榜一公布，无名者大哗。因为录取的多是盐商弟子。主考官为左必蕃，副考官为赵晋。盛怒的举子把"贡院"改为"卖完"还到贡院门前贴对联一副："赵子龙浑身是胆，左丘明有眼无珠"，讽刺主考官和副考官。康熙皇帝闻知后，令尚书张鹏翮、总督噶礼和巡抚张伯行共同审查。想不到噶礼与张伯行竟互相弹劾对方。康熙又令尚书张鹏翮与穆和伦先后审查噶礼与张伯行，二人均认定张伯行有罪。但康熙相信张伯行清白，对张、穆二人的结论有怀疑。于是又令九卿、御史、给事中会审，才查出噶礼与左必蕃勾结，胡作非为。结果噶礼与左必蕃被革职，赵晋等人被处决。

咸丰时期也查出过作弊案。如咸丰八年（1858年）顺天乡试，主考官是文渊阁大学士、户部尚书柏葰，副考官是户部尚书朱凤标、都察院左副都御史程廷桂，同考官是编修邹应麟、浦安等人。考试结束后录取了一名叫平龄的戏子为举人，引起人们议论。御史孟传金上报后，咸丰皇帝命令复查试卷，结果发现居然有五十份试卷有问题，如朱、墨两卷（举子考卷用墨写，叫墨卷；让人将墨卷誊写一遍，编号而不书姓名，给阅卷大臣看的叫朱卷）不符。咸丰大怒，剥夺了柏葰职务，令载垣、肃顺等会审。结果查出有行贿受贿、改动朱卷等违法行为。此案涉及面广，直接参与者有柏葰家人、邹应麟、浦安、兵部主事李鹤龄、刑部主事罗鸿绎等人，还涉及兵部尚书陈孚恩的儿子。肃顺向来与柏葰不和，坚持严办。最后柏葰与李鹤龄、罗鸿绎、浦安被处死，朱凤标被革职，陈孚恩降一级，程廷桂发往军台效力。

之所以科考作弊在整个清代不断出现，除了说明人总怀有侥幸心理外，另一方面也说明，在"万般皆下品，唯有中榜高"的时代，人们为了谋得一官半职，光宗耀祖，除科举外再无他途，因此就会不惜一切代价铤而走险。当然，更为重要的是，从中也体现出了清王朝的腐败已无所不在，在教育领域也不遑多让。这样的朝代不灭亡，那才真是天理难容。

"侠女"寇白门一生的恩怨情仇

今日的人们说起寇白门，不一定知其是谁。然而在清朝初年，她乃是名动一时的"秦淮八艳"之一。她的一生充满了传奇，她与朱国弼之间的恩怨情仇，更是让人唏嘘不已……

但凡对历史有些爱好的人，对"秦淮八艳"这一称号多半不会陌生。然而提及这一称号，人们通常会想起的总是"冲冠一怒为红颜"的陈圆圆，"桃花扇底送南朝"的李香君，以及柳如是、董小宛等，对于寇白门，即使听过这名字的人，也往往道不出个所以然来。实际上，相比其他"七艳"，寇白门不但毫不逊色，而且更富传奇。

寇白门，名湄，字白门，明末清初的一代名妓。关于她的情况，明末清初文学家余怀在其《板桥杂记》一书中记载说："白门娟娟静美；跌宕风流，能度曲，善画兰，相知拍韵，能吟诗，然滑易不能竟学。"正是由于寇白门为人单纯不圆滑，决定了貌美如花的她在婚恋上的悲剧。

悲剧的制造者是她的"丈夫"朱国弼。

朱国弼，生卒年不详。明末军事将领，被封保国公。明朝崇祯十五年（1642年）暮春，声势显赫的功臣朱国弼因久闻寇白门"大名"，便多次前往寇家一睹芳容。几次交往之后，他对寇白门的"风姿绰约，容貌冶艳"难以忘怀，遂差人提亲。寇白门也对他的斯文有礼、温柔亲切印象深刻。所以，在朱氏提出婚娶时，她便一口同意。

是年秋天的一个夜晚，年方十八的寇白门浓妆重彩地登上了花轿，被送入了朱府。

朱国弼为了显示威风和隆重，特派五千名手执红灯的士兵，从寇家所居的武定桥开始，沿途肃立到内桥朱府，盛况空前，成为明末南京最大的一次迎亲场面。用今日时髦的话讲，这堪称一场"世纪婚礼"。

寇白门的心里自然欢欣无比。她以为她的爱情终于有了可以终身寄托的归宿。

在青楼成长的岁月里，她观尽了男欢女爱；在乐舞升平中，她始终相信有真情的存在。朱国弼温文尔雅、知书达理，集才权于一身，这般婚配，可谓才子佳人，风光无限。这一嫁，了却了一生的归宿，她的喜悦和感动，在那个菁华的夜晚，也如那斑斓的彩灯一样，在心中流光溢彩。

然而，纵然她是"娟娟静美，跌宕风流"，依旧只是猜中了故事的开头，却没有猜中故事的结尾，或者过程。

她以为可以从此举案齐眉夫唱妇随，与他相知相伴，与他张敞画眉，与他"只羡鸳鸯不羡仙"。

然而事实的真相却是，她只不过是他猎艳经历中一次小小的胜利品。

或者说，他只是个美色的古董收藏家，她不过是他一时兴起随手拍下的一件"货物"。闲时听她唱唱曲，看她画画兰，读读她的新句。而更多的时候，她不过成了他古董收藏架上一件陈列的物品，甚至擦拭的时间都常常加以忘记。

作为一个圆滑、狡黠的官僚，迎娶寇白门的新鲜劲一过，朱国弼便积极投身到新一轮的美色竞拍中去了。她在闺房中寂寞画兰，他却夜宿明月楼，游走于章台柳巷。早将寇氏丢在一边，自个儿快活去了。

这时的寇白门不能不说没有一点悔意，但既已为人妻，何况又有不错的家境。对于丈夫的疏远和他的那些风流韵事，她也就"睁一只眼闭一只眼"。她相信，自己能在平淡中发现快乐。

然而，她的这种朴素的愿望并没有实现。

顺治二年（1645年），清军南下，朱国弼投降了清朝，财产也被没收。朱国弼本以为凭着自己的审时度势迅速投降用携家眷来到北京，可以保住荣华富贵，没想到，清廷却并未太过在意他，反而将他软禁起来，要求他再交出两万两银子方可获释。

　　人身自由被限制了，可是日子还是得过。然而过惯了骄奢淫逸生活的朱国弼一没有金钱，二没有特长，如何谋生、赎身？无奈之下，他只好靠卖掉家中歌姬婢妾度日。卖给谁呢？大概是北京城里的满族新贵们。

　　寇白门意识到自己不久也会被卖掉，她自幼与江南士大夫相交，耳濡目染，深怀民族大义，当然不甘落入异族之手，对于那些满族显贵之家，更是一点也不稀罕。于是向朱国弼提出："公若卖妾，所得不过数百金，若使妾南归，一月之间当得万金以报公。"

　　朱国弼虽然怕寇白门一去不回，但又有什么更好的办法呢？至少这是一个机会。于是放她回了南京。

　　常言道："时穷节乃见"，这次事件充分显示了寇白门的"侠女"本色。本来，她嫁给朱国弼后，生活并不如意。朱国弼只把她当成玩弄对象，毫无真情与尊重可言，玩腻之后立即抛诸脑后。现在又有心将她卖出换钱，二人之间可说早已恩断义绝。就算她真一走了之，撒手不管，也无可深责：你堂堂保国公，保护不了自己的姬妾，有何颜面叫一个弱女子对你负责？你身为大明宗室重臣，屈膝投降异族，社稷君恩民族大义一概抛诸脑后，又有何资格要求别人对你讲道论义？在那种国破家亡的情形下，多少须眉男子弃忠孝仁义如鸿毛，有谁还能对一个无名无分的青楼女子指责些什么？

　　但寇白门就是寇白门，尽管乱世当前，尽管你朱国弼对我绝情，我却不能对你不义。她只带一名婢女，身佩弓箭，短衣匹马，千里南下，从北京回到秦淮河畔，历尽艰辛筹得白银两万两，而后恪守诺言，将朱国弼赎回南京。

　　寇白门以其义赎朱国弼之举赢得了江南人的尊重，遂有"侠女"之称。

　　这时，朱国弼想重圆好梦，但却被寇白门拒绝了。她说："当年你用银子赎我，如今我也用银子赎你，我们两清。"当年，为了娶她，他花重金为她从妓院赎回自由身；现在，她也算是用万金买回了自己的自由。他们之间倘若说曾经有过恩情，也就此了结。

　　寇白门在一个女人的人生重大挫折中的举动，总是让人感慨万分。

也许，后人之所以称她为女侠，称道的就是她在其时所表现出来的那种果断的气势与行动。她不一味哀怨，她不痛哭流涕，她不胡搅蛮缠，她敢于也能够掌控自己的人生；她可以面对自己感情投入的失败，但她绝不允许自己就此悲切一生。或者即使悲切，她也要挣脱这种无为的束缚，宁愿以一颗孤寂但是自由的心，去面对和体验。

对于寇白门的侠义作为，当时有人做诗感叹说：

短衣风雪返金陵，

红豆飘零弱不胜。

尝得聘钱过二万，

哪堪重论绛纱灯。

寇白门的侠义之举就是在后世也评说不绝，甚至在前些年央视播放的《秦淮八艳》电视剧中，也用这样的歌词形容她：

烽火狼烟，河山半壁残，秦淮十里风流散。青楼黯，何须叹？

正是男儿驰骋时，羡煞红颜！饮马大江边，请君听阵阵，琵琶轻弹。

倘若，故事就在这里结束了该有多好，让历史画卷里留下个即使没有一份成功婚姻但是却洒脱从容帅气的寇白门该有多好。

可惜，历史终究是历史，它容不得任何童话，它真实得可以戳穿我们心中的每一个幻境。

寇白门最终还是又回到了青楼。她在南京构筑园亭，结交宾朋，每日与文人骚客来往。每当酒喝到酣畅淋漓时，或高歌或痛哭，嗟叹美人之迟暮、红叶之飘零，伤悲感情之凄清而无皈依。后来，她曾短暂归于扬州某位孝廉举人一段时间，不得意后又再返南京。

年华渐逝，可心还年轻，她仍喜欢跟少年们为伍。有一次生病，她召唤自己"包养"的韩生来陪伴。病人往往最难耐孤独寂寞，情绪也最不稳定，韩姓小伙子要走，她紧拉他的手不放（史书记载说"绸缪悲泣"），想留他同寝。可无论她多么情意绵绵，殷勤缠绕，悲伤流泪，青春年少的韩生都表示还有别的要事，坚决抽身去了——自然是嫌弃她红颜已老、残花败柳啦！

到夜间，寇白门却突然听到韩生竟然在隔壁的婢女房中欢声笑语。欺骗、背叛、侮辱就在自己的眼皮底下，她如何能咽下这口气？失意的怒火兼妒火，令她失控、失态，她挣扎着起身，唤来婢女，让她自己鞭打数十下；还气急败坏，大骂韩生冷酷负心、禽兽不如，怒不可遏到想咬下他的肉。

病重之人，哪里禁得住这么大悲大恸的情绪波动，她很快病情加重，医治无效而去世了。当时的文坛领袖钱谦益曾为此赋诗曰：

寇家姊妹总芳菲，十八年来花信迷。

今日秦淮恐相值，防他红泪一沾衣。

丛残红粉念君恩，女侠谁知寇白门？

黄土盖棺心未死，香丸一缕是芳魂。

悲兮？！哀兮？！叹兮？！

美丽的旗袍

如今，走在有华人居住的地方，我们很容易就能看到穿旗袍的女性。那婀娜的身姿，曼妙的曲线，高雅的气质，总是令人陶醉的……

中国有一款既传统又漂亮的服饰叫旗袍。旗袍堪称中国的"国粹"。

关于旗袍，在满族民间，流传着这样一个美丽动人的传说故事：

从前，在镜泊湖畔生活着一个叫黑妞的满族渔女，她的皮肤虽黑但很有光泽，模样长得很俊俏，身材又很窈窕，因此被人们誉为"黑里俏"。

她觉得穿着古代传下来的肥大衣裙，打鱼不方便，就自己剪裁了一种连衣带裙多扣拌长衫，既省布合体，又劳动方便。不久后，她被选进宫中封为"黑娘娘"，因过不惯宫廷生活，穿不惯皇宫里又肥又大的山河地理裙，她整日愁眉苦脸，没有一丝欢笑。

后来，她就穿起从前自己剪裁的多扣拌长衫，以寄托自己对家乡的思念。但皇上认为她擅自改变宫廷服饰有罪，于是敕令她立即出宫。

谁曾想，听此消息，黑娘娘却立刻想到了家乡的秀丽山川，想到从今后不必再被囚禁在深宫内院，她仿佛是听到了自由的召唤，于是喜出望外，直到皇帝跟前盈盈下拜："谢主隆恩！"待抬起头来，脸上不见一丝愁苦，竟是入宫后从不再现的欢笑。

谁知这一拜一笑却犯了皇上的大忌："想朕一国之君，将你幸召入宫，你未曾感激。而今逐你出宫，你却无一丝不舍，竟是笑得如此欢愉，难不成离开朕就让你这般快慰么！"

大怒之下抬腿向她踢去，黑娘娘猝不及防，心口给踢个正着，立时便香消玉殒了。

关东百姓听说黑娘娘惨死后，大哭了三天。旗人家的妇女为了纪念黑娘娘，就都穿起她剪裁的那件连衣带裙的多扣拌长衫。后来，这种长衫就被称为"旗袍"了。令人惊奇的是，凡是穿上旗袍的妇女，都变得十分苗条、秀美、漂亮，人们都说这是勤劳俭朴、心灵手巧的黑娘娘在暗中帮助打扮的缘故。

传说当然不能当真。实际上，旗袍的形成来源于满族人的生活习性。

17 世纪初，努尔哈赤在统一女真各部的征战中，逐渐建立了八旗制度，满族人为方便半耕半牧、开拓疆土的生活，逐步形成了男女老少都穿无领、宽腰、全身直筒式服装的习俗，这也是最初的旗袍款式。这种旗袍的款式为右衽火襟、扣襻圆领，下摆有直筒和两面开衩或四面开衩之分，袖口较窄，并且要用布带束腰。

旗袍起初不分男女老少，都是同一款式，只是按季节分单、夹、皮三种。此时的女袍长度一般不超过膝盖，只有姑娘出嫁时，才能穿长过脚面的袍子，这是作为出嫁礼服的样式。

清军入关后，旗袍开始在中原流行。清朝统一中国后，随着满汉人民的融合，旗袍也被汉族妇女所接受。但汉族妇女虽然也喜欢穿旗袍，但是她们穿的旗袍袖子明显比满族妇女的旗袍宽大，流露出受明代服饰影响的痕迹。而满族妇女所穿的旗袍也受到汉族服装的影响，有了很大的演变。大多不再是马蹄袖而是平袖，袖口也不再像男子袍服那样紧。

旗袍的颜色一般以大红、浅蓝、淡绿、藕荷地色为主，皇家旗袍则多用黄色。到了清末，旗袍的袍袖和袍身已经变得比较窄瘦，袖长也缩短了一些，同时下摆也收敛了不少，已经初步形成在民国时期广为流行的旗袍样式了。

我们今天看慈禧太后的老照片，可以对清朝特别是清朝后期的旗袍有一个比较直观的印象。穿旗袍的慈禧在花样年华时，也曾迷倒过一国之君咸丰皇帝的。

当然，再美的人也会老去，慈禧晚年的形象，却依然雍容华贵，这在一定程度上也得益于她的旗袍。这一时期她的旗袍不同凡响，刺绣着繁复的花鸟图案，而且镶嵌金边。袖口和下摆都呈喇叭状。她最尊贵的旗袍当属她垂帘听政时所穿的那一身礼服，恐怕是所有旗袍中最尊贵的一件，多多少少带有"龙袍"的性质。在那风云变幻的半个世纪里，大清的江山就是由那一袭旗袍裹身的人所控制的。

清亡以后，旗袍却并未随之烟消云散。毕竟，江山由谁来主宰，普通的黎民百姓做不了主，但穿什么样的衣服，却是自己可以说了算的。

前些年有一部十分叫座的电影叫《花样年华》，片中由张曼玉主演的女主角苏丽珍身着那二十六套婉约幽雅的旗袍，紧紧包裹出玲珑曼妙的曲线时，的确给人一种美不胜收的享受。

今天，旗袍历经数个世纪的变迁，依然是服装界不倒的流行元素，依然为中国妇女包括海外华人妇女所青睐——即便从未穿过的，恐怕内心深处依然会有一丝旗袍情结的。

令人唏嘘的"杨乃武与小白菜"冤案

发生在清朝同治、光绪年间的"杨乃武与小白菜"一案，是晚清四大奇案之一。因戏剧影视作品的渲染，在中国民间可谓家喻户晓。那么，真实的情况究是怎样的呢……

清朝同治、光绪年间的浙江省余杭县仓前镇，塘河穿镇而过，镇上川流不息的人群忙碌着、招呼着。镇上有一家豆腐店，店主姓葛，因排行第一，人称葛大，娶妻喻氏，生下一子，名叫品连，人称葛小大。后来葛大病死，豆腐店不开了，品连就到余杭一个豆腐作坊当伙计。母亲葛喻氏改嫁给一个名叫沈体仁的木匠，故又称沈喻氏。1871年，沈喻氏托品连的干娘冯许氏做媒，迎娶毕秀姑为品连之妻，这一年秀姑17岁。

毕秀姑也是浙江余杭人，因为平时喜欢穿一件绿色的衣服，系一条白色围裙，人又清秀，街坊给她起了个绰号叫"小白菜"。她幼年丧父，母亲王氏改嫁给了一个叫喻敬天的小贩。到了喻家以后，她虽然聪明能干但是继父并不喜欢她，经常遭到市井无赖的调戏侮辱。

小白菜嫁给葛品连以后，因丈夫长得像《水浒传》中的武大郎，而她貌美如潘金莲，人们又叫她"毕金莲"；又因丈夫是做豆腐的，也有人叫她"豆腐西施"。

葛品连与小白菜结婚后，家里的房子不够住，便暂时寄住在喻敬天家里。但喻敬天家的房屋也较狭窄，久居不便，于是葛品连夫妇打算在外面另租房屋。恰好这时县城内澄清巷口西边有一户姓杨的人家请沈体仁修房子，房屋修好，除了自己居住以外还有一间空屋子。葛品连便托沈体仁向杨家租了这间屋子，月租一千文。

这户姓杨的人家世代居住在浙江余杭县，以养蚕种桑为业，家境小康。主人杨乃武，字书勋，排行老二，人们都称他杨二先生。他20多岁考取了秀才，30出头又中了举人，令街坊邻里羡慕不已。

葛品连向杨乃武家承租了住房后，便于1872年5月与小白菜搬入居住。由于葛品连每天半夜就要起床做豆腐，因此常常住在豆腐作坊里，十天半月才回家与小白菜欢聚一次。杨乃武夫妇见小白菜聪明伶俐，性情温顺，都很喜欢她。因为葛品连经常不在家，杨乃武之妻詹氏常叫小白菜到家里与杨家人一起吃饭。小白菜也常请杨乃武教她识字念经，两家相处很融洽。

小白菜从前经常遭到市井无赖的欺侮，自从搬到杨家后，因为杨家

是当地的富户，加之杨乃武对那些无赖向来不客气。因此那些无赖再也不敢来了。

但是那些人还是念念不忘小白菜的美色，便到处散布谣言说"羊吃白菜"，意思是说杨乃武与小白菜之间有奸情。谣言传到了葛品连耳里，他渐渐起了疑心。开始跟踪杨乃武与小白菜，偷听他们谈话。但发现杨乃武只是教小白菜读书识字，并没有什么奸情。不过，葛品连仍然不放心，就告诉了母亲。沈喻氏又把这件事向亲友说了，亲友又跟别人说了。这样一传十，十传百，街头巷尾都知道了。

这下子葛品连脸上挂不住了，便和小白菜搬出杨家，搬到一个亲戚家的隔壁居住。

不久后的一天，葛品连感到身体不舒服，忽冷忽热，后来竟然医治无效死了。过了几天其尸体渐渐腐败，口鼻内有淡血水流出来。葛母沈喻氏见死去的儿子脸色发青，就怀疑他是中毒而死。她又联想到那个"羊吃白菜"的传言，加之觉得人们成天"毕金莲""豆腐西施"地叫着儿媳，分明是儿媳举止轻浮所致，于是就更加怀疑了，便告到县衙。

余杭县令刘锡彤接到沈喻氏的状纸后，派人开棺验尸，结果发现银针呈青黑色，于是就认定葛品连是被毒死的。他将小白菜带回县衙审问，小白菜一开始拒不承认是自己毒死了丈夫，但在严刑拷打之下，只得违心地承认以前曾与杨乃武通奸，搬家后，杨乃武就给了她一包砒霜，谋害了亲夫。刘锡彤接着传杨乃武到庭对质，杨乃武坚决不承认，但小白菜害怕再次受刑，始终一口咬定是杨乃武和自己合谋害死丈夫的。刘锡彤认为案情已查明，便将情况上报杭州知府。

杭州知府陈鲁见杨乃武没有承认罪行，认为此案并非"铁案"，就对杨乃武再次进行严刑逼供，杨乃武最后也屈打成招。陈鲁于是判决小白菜凌迟处死，杨乃武斩立决。然后草草结案。

杨乃武的姐姐杨菊贞听说弟弟被判了死刑，就私下走访了另外的几个证人，发现他们的口供都不一致，觉得弟弟是冤枉的，便跑到京城告御状。杨菊贞带着杨乃武的妻儿向当时的最高"法院"——都察院提起诉讼，但都察院问都不问，就将他们遣送回浙江，第一次告御状以失败而告终。但杨菊贞并不死心，誓死要为弟弟洗冤，准备二次进京告状。她二次进京时，得到了当时非常著名的"红顶商人"胡雪岩的大力支持，最后甚至惊动了慈禧太后。慈禧太后亲自下令叫刑部彻底调查。

刑部大审，开棺验尸后，认定葛品连并非中毒而死。冤案终于真相大白，审理此案的知府、知县，也都被免去了官职。

杨乃武虽死里逃生，但回到余杭后，已是家产全无，生活困难。只得依靠亲友帮助，赎回了几亩桑地，继续以养蚕种桑为生。直到1914年去世，终年74岁。

小白菜出狱后，回到余杭，万念俱灰，便出家为尼。从此就在青灯古佛旁、晨钟暮鼓中了却残生，于1930年去世。

从此，杨乃武与小白菜一案便成为"清末四大奇案"之一，至今让人唏嘘不已。

蝶恋花·出塞

——（清）纳兰性德

今古河山无定拒。画角声中，牧马频来去。满目荒凉谁可语？西风吹老丹枫树。

从前幽怨应无数。铁马金戈，青冢黄昏路。一往情深深几许？深山夕照深秋雨。